管理实践在中国

CRITICAL POINT

The Underlying Logic of
China's Industrial Transformation
and Upgrading

临界点

中国产业转型升级的底层逻辑

刘长征 ◎著

机械工业出版社
CHINA MACHINE PRESS

图书在版编目（CIP）数据

临界点：中国产业转型升级的底层逻辑 / 刘长征著 . —北京：机械工业出版社，2023.4（2023.10 重印）

（管理实践在中国）

ISBN 978-7-111-72934-1

I. ①临⋯ II. ①刘⋯ III. ①产业结构升级 – 研究 – 中国 IV. ① F269.24

中国国家版本馆 CIP 数据核字（2023）第 057169 号

机械工业出版社（北京市百万庄大街 22 号　邮政编码 100037）

策划编辑：谢晓绚　　　　　　　　责任编辑：谢晓绚　张　楠
责任校对：丁梦卓　周伟伟　　责任印制：张　博
保定市中画美凯印刷有限公司印刷
2023 年 10 月第 1 版第 2 次印刷
170mm×230mm・17.5 印张・3 插页・204 千字
标准书号：ISBN 978-7-111-72934-1
定价：89.00 元

电话服务　　　　　　　　　　网络服务

客服电话：010-88361066　　机　工　官　网：www.cmpbook.com
　　　　　010-88379833　　机　工　官　博：weibo.com/cmp1952
　　　　　010-68326294　　金　书　网：www.golden-book.com
封底无防伪标均为盗版　机工教育服务网：www.cmpedu.com

FOREWORD

总序

中国管理实践智慧：让世界更美好

宋志平

中国上市公司协会会长、中国企业改革与发展研究会会长

1978年12月召开的中国共产党第十一届中央委员会第三次全体会议，实现了新中国历史上具有深远意义的伟大转折，开启了改革开放和社会主义现代化建设的伟大征程。截至2022年底，我国登记在册的市场主体数量达1.69亿户，企业和个体工商户分别历史性地跃上5000万户和1亿户的大台阶。而在1978年底，我国乡及乡级以上工业企业只有34.84万户。在2022年揭晓的《财富》杂志世界500强榜单中，中国企业145家，美国企业124家，日本企业47家。而1995年我国第一次参加世界500强评选时，只有3家企业进入榜单。改革开放至今，中国企业实现了长足的进步。

在这一进程中，一批国内著名大学与国外大学合作，开设管理博士学位项目，培养出一批又一批企业高管博士。这些企业高管带着大量企业鲜活实践经验和管理实践问题，百战归来再读书。在博士课程学习过程中，他们系统地将实践经验上升到管理理论，通过撰写博士论文，以问题为导向，完成

实践到理论的思维蜕变。经过课程学习，这些企业高管博士既有实践根基又有理论基础，成为中国本土管理实践非常有代表性的一个群体。他们撰写的DPS博士论文（DBA博士论文）或构建了极具实践价值的管理模型，或增加了现有管理理论体系的实际应用价值，或融合了中西管理理论体系精髓并创造性地提出了适合中国企业管理的新思路。

北京大学国家发展研究院DPS博士项目与机械工业出版社华章分社牵头，联合国内著名大学的DBA博士项目，从这些企业高管博士论文中挑选出优秀的进行深入遴选和市场化改造，形成管理实践专著。在世界大历史发展背景下，讲好中国管理实践故事，以"管理实践在中国"系列丛书之名出版，从实践到理论，从理论再回到实践。系列丛书准备连续出版十年。我想，这不仅有助于总结和传播中国优秀企业的管理实践思想，还可以建立中国式企业管理体系，并助力中国企业迈向世界一流，为世界管理实践贡献中国管理的"实践智慧"。

我在大学时期学的是管理工科，毕业后长期从事管理工作，先后攻读了MBA和管理工程博士课程，系统地学习了现代企业管理理论。在过去40多年的企业生涯中，我有35年都在从事大企业的管理工作，其中做过10年厂长，做过18年央企的董事长。长期的管理实践让我认识到，企业管理者既要学习现代管理理论，也要精通管理方法，关键是要结合自己的企业情况，创造出适合自己的管理思维和管理方式。DPS和DBA博士将博士论文二次创作，形成的"管理实践在中国"系列丛书，就是管理实践到管理理论，管理理论再到管理实践的循环提升过程中所产生的管理思维和管理方式的结晶。

我始终认为管理是一门以实践为主的学科。在我把中国建材和国药集团双双带入世界500强的经历中，我认为，首先得益于这个伟大的时代，是时势造英雄，感谢改革开放给我们这些企业管理者带来的机遇。其次，做企业是一分耕耘，一分收获，机遇不会永远垂青侥幸者。中国建材和国药集团先天的企业基础并不好，把它们做起来并不轻松。说到秘诀，我唯一的体会是"干中学，学中干"，并把实践中的体会尽量归纳和整理，带着这些经验再去"干中学，学中干"。

我国企业的管理经营思想，既来源于我国对发达国家先进企业的学习，也来源于我们民族博大精深的历史文化，但最重要的是来源于改革开放后我国企业这些年的深度实践。作为DPS、DBA博士这样的管理实践者，应当像陈云同志所提倡的那样，"不唯上，不唯书，只唯实"。发挥企业家精神，实事求是，不断地在管理实践中"知行合一"，将实践、理论、再实践、再理论推向深入。

这些DPS和DBA博士来自不同地域、不同行业、不同产业、不同企业，通过系统课程学习和论文写作，总结和提炼了多年管理经验，将实践经验与科学研究方法相结合并上升为具有应用理论高度的博士论文。而"管理实践在中国"系列丛书，又将多元性和多样化的管理博士论文二次创作成为管理实践专著出版，必将引发人们对中国高质量发展、产业转型升级、中国企业"走出去"等管理实践案例和议题再次进行深度思考。该丛书的出版，会对管理实践创新、管理理论与实践的结合及应用，产生积极的推动作用，对中国管理实践思想未来走向世界具有正向的现实意义。

当今世界面临着全新的变化和全新的挑战。无论是气候变化问题、能源安全问题、粮食安全问题还是人类健康问题，哪一个问题，都不是一个企业、一个国家所能解决的。因此，我们有理由相信，世界依然是一个你中有我、我中有你的世界；依然是一个需要互相帮助、和平相处的世界。我们期待，未来十年，"管理实践在中国"丛书将以一本又一本有分量的管理实践专著，见证中国管理实践思想的成长。为世界管理实践贡献中国管理的"实践智慧"，让世界更美好！

PRAISE

赞誉

　　工业化伴随着现代化，它使人类社会得以摆脱马尔萨斯陷阱，不断提高生产力和生活水平，也导致了人类社会的大分流。实现工业化、现代化，追赶西方发达国家是第二次世界大战后摆脱殖民地、半殖民地统治的各发展中国家的共同愿望。然而，七十余年已过，成功实现这个目标的发展中国家仍属凤毛麟角。本书是一位有家国情怀的中国知识精英，结合自青年以来的所思、所学；成败经验的分析和自身职场的实践，从宏观、中观、微观的层次，揭示了近代以来中国工业化波澜壮阔历程中的道理、学理，很值得关心此目标的各界人士一读。

　　——林毅夫　北京大学新结构经济学研究院院长，著名经济学家汽车产业的发展过程是中国工业化进程的一个缩影。但是我国关于汽车工业发展历程的研究还不多。刘长征博士基于他在汽车行业几十年的实战经验及其在产业经济学方面的扎实研究，梳理了中国汽车产业的演变规律，探讨了该产业兴衰、转型升级与产业集群形成的内在逻辑，对改革开放后中国民营企业与企业家群体的出现及崛起做了生动形象的阐述。本书对汽车产业的分析和中国新能源汽车的崛起研究出于其独到的经济学视角，可以视为一部精练的当代中国汽车产业发展简史。虽然该书以汽车产业为代表，但它阐述的规律对其他行业和国家来说也很有借鉴意义。如果想了解中国的产业发展规律和走向，本书非常值得一读。

——张晓波　北京大学光华管理学院经济学讲席教授，北京大学企业大数据研究中心主任，《中国产业集群的演化与发展》作者

为什么现代工业化进程值得研究？为什么产业转型升级值得企业界、政府界与大众人士关注？产业的转型升级关乎每个人与社会各阶层当下与未来的福祉。以产业视角看懂经济、政策、企业与个人的发展，能够在认知上站高一级，谋划变局时代的增长、升级策略。

刘长征博士的著作从三个层次阐述分析了中国现代工业化进程，从不同发展阶段的产业发展与转型升级，以及与其相关的不同类型企业和企业家群体崛起的经济学逻辑出发，视角新颖独特，值得企业家、企业管理人士学习参考。

——陈仁尧　美国福坦莫大学终身教授

什么是现代化国家的必要充分条件？我认为，这是刘长征博士的新书尝试回答的问题。我的理解中，国家的现代化，是人的现代化，是人的物质生活、社会生活、精神生活三方面的现代化。长征博士的《临界点：中国产业转型升级的底层逻辑》一书，站在经济学视角，从宏观、中观、微观三个层次，用历史纵向分析和多国横向归纳的办法，将我国工业化的历程进行系统梳理和分析，指出发挥好有为政府、有效市场的作用，发挥企业家精神，是我国实现现代化的重点。

——张宇伟　北京大学国家发展研究院管理博士项目主任

中国的工业化发展历程是一部跌宕起伏的奋斗史，见证了中国的经济奇迹，树立了"大国制造"的世界标签。在世界百年未有之大变局中，中国亟待通过产业的转型升级来获得长期可持续的国际竞争力，"大国制造"要向"强国制造"转型，这离不开产业的转型升级。同时，产业的转型升级为社会民生、经济福祉的创造带来持续的增长引擎，这将是未来实现中国式现代化的重要共识与共同努力的目标。

刘长征博士的新书从新结构经济学的视角出发，分析阐述了中国工业化发展历程，通过分析不同类型产业发展与转型升级案例，揭示其底层逻辑，可视为一部浓缩的中国工业化进程史，视角独特，观点新颖，内在逻辑深刻。我诚挚推荐给中国企业实践者和研究者研读。

——文一　上海交通大学安泰经管学院特聘教授，知名经济学家，
　　　《伟大的中国工业革命》《科学革命的密码》作者

长征老师以新结构经济学的理论逻辑剖析了世界工业强国的崛起之路和我国工业化升级面临的临界点，带我们了解了西方国家工业化的发展脉络和成功经验，分析了我国仁人志士强国富民的探索足迹，回望了我国汽车产业的发展历程和转型之路，总结了中国工业化进程的规律和独特路径，更让我们看到了中国经济无可阻挡的发展大势和中华民族伟大复兴的历史必然。

——刘春华　铁塔能源充换电总经理，工学博士

PREFACE

自序

中国工业化的希望与未来

1985年，笔者大学毕业后进入政府外经贸系统工作。在接触大量国外发达国家的产品资料后，一个令笔者非常困惑的问题开始不断萦绕心中，强烈地刺激和影响着笔者的思考方向、阅读偏好，并影响了人生之路上的种种选择，这个问题就是：中国工业化有希望和未来吗？作为生在新中国、长在红旗下的"60后"，笔者曾经历物资匮乏时代，在接受了大学教育，进入外经贸系统工作，逐步了解到外部世界后才发现我们与世界发达工业国家之间的差距很大。

"中国工业化有希望和未来吗？"这可能是改革开放后的一代人的共同困惑。我们抱着这个困惑读书学习、探究辩论，希望可以找到合理的答案。笔者1990年从政府部门调到深圳特区国企集团工作，从事机电产品进口业务，主要与香港、台湾地区的商人打交道。与这些同文同种但不同环境的企业界人士交流开拓了笔者的思路,借深圳近水楼台先得月的信息便利,笔者可以感受到当时中国与发达工业国家的距离,尽管改革开放后的中国已经显现出勃勃生机和发展希望,但差距依然巨大。

1994年,笔者到法国留学并研究考察,法国作为法国大革命和巴黎公社的摇篮,拥有伏尔泰、卢梭、巴尔扎克、居里夫人等伟大的思想家、科学家,对于想要看世界的笔者来说,法国的留学之旅令人满怀期待。

第一次离开中国,踏上法国土地之后,不同国家和地区间工业化和城市化程度的差别成为笔者学习研究的巨大动力。为什么科学革命发生在欧洲?为什么工业革命发生在英国?为什么欧洲有些国家率先成为工业化国家?现代化的本质是什么?困惑转变成很多具体的问题,笔者经常向老师、同学们请教,在日常生活和旅行途中观察询问,在法国企业实地考察中仔细观察,探寻可能的正确答案。经过一年多的观察、学习、研究,透过法国城市生活的表象,笔者发现了欧洲国家现代社会的诸多问题和不足,在中欧工业化和城市化的差距里更是看到了中国工业化的希望与未来,以及可能的发展路径。

想要研究欧洲经济一体化的问题,必然需要了解欧洲经济、政治、历史,理解工业化进程与城市化的发展历程。于是笔者利用法国诸多假期,呼朋唤友驾车实地走访了欧洲十几个大小国家,包括摩纳哥、安道尔、列支敦士登、圣马力诺等微小国。研究考察欧共体建立机制的经历令笔者大开眼界,了解了欧洲历史的变迁,欧洲战争频率之高,战争原因之复杂,令人不可思议,民族独立、领土之争、宗教对立、利益冲突、合纵连横等,大大小小的战争频率之高,恍如中国的春秋战国时期,而两次世界大战留下的阴影使欧洲人渴望通过欧洲经济一体化,实现永远和平的美好愿望。

笔者对这段留学经历印象深刻,这段经历也部分解决了笔者的困惑——中国有希望实现工业化强国梦,但道路必然复杂曲折。英国、法国、德国、意大利、俄罗斯等欧洲国家的工业化发展之路都经历了流血、流泪、流汗的痛苦曲折历程。工业化和城市化是欧洲的崛起之路，也必是中国现代化强国的必由之路，中国与欧洲的差距也是中国企业家最大的历史机遇。

归国后，笔者反复思考，决心成为中国数十万下海创业大军的一员。创业艰难百战多，处处有机会，处处是挑战，在二十年艰苦奋斗的企业实践中，笔者来不及停下脚步再次思考研究"中国工业化有希望和未来吗？"，看到的结果则是中国在改革开放道路上的快速崛起，逐步成为世界制造业中心。

2015年笔者退出商场，再次探究中国工业化的未来发展问题，初步研究后发现，三十多年来中国沧桑巨变的结果，已远远超出了自己当年下海创业时最乐观的预测。事实胜于雄辩，中国的工业化快速崛起已成为不争的事实。

从比较优势到自生能力

笔者当年辞职下海创业时顾虑良多，曾向校友师兄请教，获赠林毅夫教授所著的《中国的奇迹》一书，此书分析了中国经济发展的逻辑和必然趋势，坚定了笔者辞职下海创业的决心。二十年后蓦然回首，发现林毅夫教授的分析预测竟然如此精准，2010年中国超越日本成为世界第二大经济体，2011年中国超过美国成为世界最大的工业品生产国，是世界工厂。

林教授何以做出如此准确的预测？现实中绝大部分人坚持眼见为实，甚至在事实面前依旧有很多质疑，对未来的悲观态度或者乐观主义似乎都来自猜测，而非客观事实。

为了深刻理解中国过去数十年沧桑巨变的发展逻辑，前瞻中国工业化未来的发展趋势，笔者再次来到北京大学国家发展研究院，研读博士课程，非常幸运有机会师从林毅夫教授研习新结构经济学理论，研究中国工业化进程与产业转型升级的因果逻辑。

新结构经济学从一个经济体的要素禀赋结构的比较优势出发,研究判断一个产业是否具有企业自生能力的简单逻辑令人茅塞顿开,帮助笔者理解了自己二十年创业成败的核心秘诀。基于从比较优势到企业自生能力的简单逻辑而形成的五种产业类型划分,后来者优势与产业政策,有效市场与有为政府的有机结合,以及"一分析三归纳"的研究方法,构成了新结构经济学一以贯之的理论逻辑体系。这不仅令笔者有豁然顿悟的感觉,而且训练笔者掌握了一套分析方法和逻辑,可以理性地观察研究现实世界的各种经济现象。

现象不能解释现象,理论不能否定理论,必须用理论解释现象,用实践验证理论的真伪,如果现有的理论解释不了现象,就要创新理论做出合理解释。新结构经济学就是应运而生的经济学理论创新,既可以解释中国工业化发展反复曲折的经济现象,也可以解释拉美"中等收入陷阱"⊖以及发展中国家经济转型成败等经济现象。同时,新结构经济学不仅可以从宏观上解释一个经济体的转型转轨现象,而且可以从中观层面解释一个经济体不同产业的迭代发展与转型升级现象,以及从微观层面解释企业成败的生存发展现象。新结构经济学一切从具有物质第一性的要素禀赋结构出发,坚持运用"一分析三归纳"的研究方法研判企业自生能力,秉承因地制宜、因时制宜、因结构制宜的实事求是的治学态度,是对以欧美发达国家发展阶段和产业结构为研究暗含前提的西方主流经济学的一场理论创新的"结构革命"。

产业转型升级与中国工业化历程

本书的创作基于笔者探索"中国工业化的希望与未来"的心路历程和博

⊖ "中等收入陷阱"(Middle-income Trap):中等收入的经济体往往陷入了经济增长的停滞期,既无法在人力成本方面与低收入国家竞争,又无法在尖端技术研制方面与富裕国家竞争,无法成功地成为高收入国家。

士论文《中国汽车产业转型与发展实证研究——基于新结构经济学理论的分析》,以及二十年创业实践中关于中国企业和企业家的经验与认知;遵循新结构经济学的理论逻辑和"一分析三归纳"的研究方法:坚持约束条件下的理性人本体分析,运用历史纵向归纳法、中外横向归纳法,以及多现象综合归纳法的研究方法。

本书包括丰富的数据图表,用理论逻辑来解释中国工业化进程的多种经验现象,将理论分析与案例研究相结合,通过世界工业革命前后的历史纵向归纳、中外横向归纳等研究论述,致力于使用生动的案例、简明扼要的图表,抛弃艰深晦涩的学究笔调,在保持相对严谨的理论分析中,尽可能使用通俗易懂的行文风格,让读者理解本书的核心逻辑,笔者期望与持有同样困惑的中国各界人士分享心得体会。

本书的上篇从宏观层面分析工业革命前后的世界经济本质差异。第一章主要介绍了先发国家的崛起,以及全球化和产业转移的现象。第二章主要介绍欧美的工业化进程和亚洲的工业化进程,拉美工业化及"中等收入陷阱"。第三章主要介绍了近现代中国强国富民的探索,中国工业化启动与渐进式双轨制改革,结合改革开放后中国工业化进程发展的阶段与特点,推测中国工业化的未来发展趋势。

中篇以笔者的博士论文为主体,从中观层面分析了产业转型升级的底层逻辑,也就是经济体要素禀赋结构比较优势不断变迁推动企业自生能力变迁,而相关产业必须转型升级的新结构经济学核心逻辑;同时有为政府因势利导的产业政策助力,加上软硬基础设施的改善,使生产成本与交易成本趋于最优。第四章系统介绍了新结构经济学的主要理论体系、研究方法论和产业钻石模型,以及产业转型升级的新结构经济学比较优势与自生能力的底层逻辑。第五章主要分享了世界汽车产业的来龙去脉、演变发展以及四次转移，分析了新能源汽车的发展趋势，是针对汽车产业强国的比较研究。第六章重点研究阐述中国汽车产业发展历程以及四个不同发展阶段的特征。第七章扼要分析了中国新能源汽车的历史机遇和有为政府与产业政策，研究分析了中国汽车产业的潜在比较优势，需求侧超大市场规模效应。

下篇主要从微观层面介绍了企业发展理论演变、典型企业案例以及中国企业家群体的诞生及进化。第八章主要介绍经济学企业发展理论的形成发展与演变逻辑。第九章重点介绍新结构经济学企业自生能力分析框架及其逻辑，并用三个知名企业作为案例研究。第十章则介绍了中国企业家群体的形成与分类，分析改革开放后中国企业家来源、价值和群体的崛起，以及中国供给侧比较优势、需求侧超大市场规模效应优势这些需要把握的机遇。

简而言之，本书的核心逻辑是：中国工业化进程的顺次展开依赖于中国符合要素禀赋结构比较优势，具有自生能力的产业持续转型升级，而推动产业转型升级的核心力量既包括有效市场中的中国企业和不同特质的企业家群体，又依靠有为政府因势利导的产业政策和软硬基础设施的不断完善。中国的工业化进程经历数十年的高速增长，已进入产业由大变强的临界点，而完成跨越临界点的使命既要依靠中国企业家"敢为天下先"的创新精神发挥，同时也有赖于有为政府创造有利于企业家创业创新的软硬环境，坚持有效市场中企业家的核心作用，发挥有为政府因势利导的产业政策作用，中国必能克服各种不确定因素的挑战，完成中国的工业化进程，实现中国现代化强国的伟大目标。

书中观点为笔者一家之言，挂一漏万，难免有谬误遗漏之处，不敢期望为所有人释疑解惑。读者若能从中获得感悟启发，可以理解中国多年来工业化快速发展的因果逻辑，会心一笑，则笔者深感荣幸之至、善莫大焉。

致谢

在此感谢林毅夫、张晓波、陈仁尧三位教授对笔者博士课程学习期间的思想启迪,对课题研究的耐心指导。特别是林毅夫教授针对新结构经济学理论逻辑指导、研究方法的训练,以及中国阳明心学"知行合一"的实践主义哲学思想,都令笔者终身受益。

张晓波教授精于产业经济学研究,关于中国江浙地区产业集群的研究令笔者受益匪浅,笔者曾多次实地研究长三角地区的产业集群现象,"一镇一品"按产业链家庭企业分工的产业聚集,很好地解决了规模与效率的矛盾,是长三角经济圈民营企业崛起的最优模式之一,也是理解中国乡镇企业群体成功崛起的重要视角。

陈仁尧教授长于金融领域研究,其授课和论文指导使笔者深刻理解了世界金融服务产业的发展历程、产业本质、运作逻辑及其内在矛盾,可以多角度认识现实世界中影响经济发展的金融学逻辑。

感谢新结构经济学研究院的王勇、付才辉、赵秋运、翁东辰、魏志武等同事的交流讨论,令笔者不断深化理解新结构经济学的理论精髓;感谢北京大学国家发展研究院管理博士项目主任张宇伟老师多年来始终如一的关心支持,并与机械工业出版社合作推出"管理实践在中国"丛书,使本书得以顺利完成并纳入其中。感谢多位编辑的专业指导和诚挚建议,使本书得以付梓。

最后,感谢家人,特别是妻子和女儿们对笔者写作期间昼夜颠倒、不正常生活状态的包容和理解,家人的理解和包容让笔者得以将对人生之问的探索和博士论文的研究心得奋笔成书,通过本书厘清了多年的人生探索和思考中的底层逻辑。

INTRODUCTION

导论

工业革命与工业化进程

工业革命和工业化发展历程的重要性不言而喻，但如何才能顺利启动工业化进程并不断转型升级实乃一大谜题。

自 1840 年鸦片战争开始，中国大一统的农业国遭遇西方工业化的巨大冲击，从此中国有志之士开始了强国富民的探求历程，先后经历了洋务运动的赶超和初级工业化、戊戌变法与辛亥革命的制度探索、新文化运动的文化觉醒，均未能找寻到正确开启中国工业化进程的钥匙。

中华人民共和国成立，中国人民从此站了起来，但"落后就要挨打"的痛苦经历，促使中国的领导者必然选择重工业优先发展的赶超战略，以尽快实现强国梦。但是由于中国处于传统农业社会状态，劳动力丰富，但资本匮乏，技术落后，资本密集型的重工业优先发展战略与中国要素禀赋结构所决定的比较优势不相匹配。经历了近三十年的自力更生、艰苦奋斗之后，我国初步建立了一套相对完整的重化工业体系，为中国工业化奠定了一定基础，支撑着中国的国防安全和经济运行。1978年改革开放，中国开启了工业化快速发展之路：遵照比较优势，借助后来者优势，要素禀赋结构不断变迁升级，有为政府推动软硬基础设施跨越式发展完善……从劳动密集型的轻工业启动到资本密集型的重工业二次起飞，再到技术密集型的高端制造业崛起，产业结构逐步转型升级，推动中国出现了四十多年的经济增长奇迹和城市化的高速发展。

改革开放四十多年以来中国发生了翻天覆地的变化，1979～2018年中国平均每年的经济增长速度为9.4%，经过快速发展，中国人均GDP从1978年的156美元上升至2018年的近1万美元，成为中等偏上收入国家。2010年中国GDP总量超过日本，成为世界上第二大经济体；2011年超越美国成为全世界最大的工业品生产国；2013年贸易总量超过美国，成为世界第一大贸易国。在此过程中，超过8亿人摆脱贫困，中国为第二次世界大战之后世界减贫做出巨大贡献。2013～2021年，中国对世界经济增长的平均贡献率超过30%。这一系列的变化在人类发展史上是不曾出现过的，足以称为中国经济的"增长奇迹"。中国在四十多年的时间内，几乎取得了西方国家百余年的工业化成就。但是中国在顺利进入重工业化阶段后半期时突然面临长期性全球经济衰退周期，同时也面临着人口老龄化、产能过剩等种种变化，经济增速开始放缓。中国如何在2035年成为现代化工业强国，是一个重要的经济学问题。

改革开放四十多年，中国已跨越了轻工业启动阶段和重工业发展阶段，目前正处于由工业大国向工业强国转化的临界点，从资本密集型的重工业发展阶段转型升级到技术密集型的高端制造业赶超阶段。

本书旨在基于中国工业化进程的探索历程及其顺次发展阶段研究分析，

解密中国工业化进程中不同发展阶段的临界点和产业转型升级的底层逻辑，并试图回答中国如何成功完成高端制造业的赶超，如何实现中国式现代化的目标等一系列问题。

一、从沧海到桑田：改革开放后中国经济的巨变

中国改革开放拉开了中国工业化进程快速发展的序幕，1978年，按照当时的市场汇率计算，中国人均国内生产总值为156美元，排名全球133位。1978年中国经济非常"内向"，进口总额占国内生产总值的5.6%，出口总额占国内生产总值的4.1%，两项加起来占国内生产总值的9.7%。

改革开放四十多年，中国经济持续快速发展，出现了中国经济的"增长奇迹"，人均GDP从1978年的156美元上升至2020年的1万多美元，经济对外开放的速度非常快。此外，出口结构也发生了巨大的变化，1978年中国出口体量较小，出口商品的75%为农产品或初级加工品，而2017年95%以上的出口商品为制造业产品。在改革开放、经济发展的过程中，中国政府发挥了强有力的作用。1997年东南亚金融危机爆发，波及东亚、东南亚各国，中国政府发挥有为作用：一是保障人民币不贬值；二是维持了中国8%的经济增长率，稳定和拉动周边国家地区经济迅速复苏。

我们不禁要问，为什么中国经济自改革开放后开始进入高速增长？是什么让中国可以正确开启工业化进程和现代化城市建设进程？又是什么使得中国经济具有巨大的韧性？

究其原因，中国能够实现"经济奇迹"的关键在于成功顺次启动了工业化进程，促使中国进入经济高速增长阶段，不仅是中国，世界上大部分国家都是在顺次完成工业化进程后进入高收入国家行列的，因此工业化也可以看

作一个国家的分水岭。

二、现代化国家的分水岭：工业革命

工业化的前提是工业革命，工业革命由英国引领，以蒸汽机的发明和使用为标志，是机器取代人力，以大规模工厂化生产取代个体手工劳动作坊的一场生产方式与科技革命。由于机器的发明和使用成为这个时代的标志，因此历史学家称这个时代为"机器时代"。然而纵观历史，工业革命的出现不单是机器取代人力这么简单，工业革命的出现，改变了人类传统农耕时代千百年来的经济增长方式，提高了劳动生产效率，从而给社会经济、政治、文化、艺术等各方面都带来了深刻的变革。

由于工业革命，人类社会的经济发展历程可以简化为两个阶段，即工业革命之前和工业革命之后。根据安格斯·麦迪逊以及许多经济史学家的研究，在工业革命之前，世界上最发达的西欧国家人均GDP的增长每年只有0.05%，要1400年人均GDP才会翻一番。从18世纪开始，西欧发达国家人均GDP的增长突然加速至原来的20倍，增加到每年1%，人均GDP翻一番所需要的时间从1400年减少到70年。从19世纪中叶到现在，西欧和北美工业发达国家人均GDP的增速又翻了一番，提高到每年2%，人均GDP翻一番所需的时间进一步降至35年，库兹涅茨将西欧等地的发达国家18世纪以后出现的经济加速增长称为现代经济增长。

毫无疑问，英国在工业革命之后，由一系列技术革命引发了从手工劳动向动力机器生产转变的重大飞跃。以蒸汽为动力的机器的出现首先改变了英国，成就了日不落帝国，进而技术外溢影响到当时整个西欧，改变了当时的生产方式和制度结构。工业革命的助力，使得欧洲工业列强崛起，推动了全球殖民战争和殖民地扩张的进程。

这一过程，一方面体现为工业化的欧洲列强享受技术进步的超级红利；另一方面体现为被殖民国家的进一步落后、贫穷、收入差距不断扩大。用今天的话来说，在18世纪之前"世界是平的"，当时国家之间人均GDP的差距最大也就四五倍，国家之间经济规模的差距主要取决于人口规模的差距。

不难发现，在19世纪中叶世界经济开始加速增长，而促使这种加速增长的就是工业革命。以中国古代为例，农业社会经济增长主要来源于人口基数增长，农产品产量提升，以及个体手工业作坊的产品生产交换。依靠精耕细作的小农经济和手工业技术发明，中国古代农业劳动生产率长期居于世界领先地位，支撑中国作为中央集权制农业大国的正常存在和运行。中国长期处于文明主导地位。但是工业革命之后，机器的出现和普遍应用，使得英法等国生产效率数十倍、百倍地提高，欧洲逐步崛起。近现代工业化社会崛起，弱肉强食的丛林法则成为世界各国竞争博弈的主要原则，强者借助工业化力量巧取豪夺，而弱者陷入落后就要挨打的被动境地。

事实上，对于现代经济增长的详细定义却是在西欧国家工业革命结束后才逐步确定的。1937年，库兹涅茨出版了他的专著《国民收入和资本构成》，此书概括地说明了国民收入和国内生产总值（GDP）的定义和估算方法。1941年，建立在这一专著之上的《国民收入及其构成》一书问世。库兹涅茨利用大量的统计资料，详细地研究了国民收入及其构成的含义，建立了现代国民收入核算体系的基本结构。1944年召开的联合国货币金融会议（布雷顿森林会议）决定把GDP作为衡量一国经济总量的主要工具，工业革命后的GDP指数型增长也被称作现代经济增长。

由此可见，现代经济增长的特点是经济增长率呈指数型上升，而造成这一现象的原因是：工业革命改变了人们传统的生产方式，新技术的出现使得劳动生产率大幅提高，而劳动生产率呈指数型提升之后，体现为经济增长率的指数型上升。机器的出现让人们对煤炭、钢铁等原材料的需要逐步扩大，无论是以农业为主还是以手工业为主的地区，工业革命的爆发都改变了整个社会的生产面貌，人口从乡村转移，集中至工厂及其周边居住，城市开始不断出现，规模持续扩大，从而逐渐形成城市人口占大多数的现代社会结构。因此，工业革命是一个国家迈入现代化社会转折的开始，也是一个国家和地区摆脱贫困落后的第一步，是国家现代化的分水岭。

三、顺次启动工业化进程的重要性

我们在谈论一个国家时，往往喜欢用"富国""强国"和"穷国""弱国"进行初步的大众化的定义，从经济学角度看，"富国""穷国"往往对应的是一个国家的收入，即"富国"是"高收入国家"，"穷国"是"低收入国家"。然而，对于"强国"和"弱国"的定义则不尽相同，"强国"不仅仅是指国民收入的多寡，还包括其工业体系、政治影响、军事实力、科技水平、人口规模、社会结构等综合评价的结果。尽管各个机构对于"强国"的定义和认知不尽相同，但我们依旧可以对"强国"进行粗略的画像，比如，有些国家通过出口石油矿产资源成为高收入"富国"，但其工业体系薄弱，基本依赖进口，不能称其为"强"；有些离岸金融中心和人口不足百万的微型国家，尽管人均GDP处于极高水平，但由于国土面积和人口规模太小，主要以第三产业为主，因此也不能称其为"强"。当然还有一些国家，因为国土面积或人口的制约，尽管不具备"大而全"的工业能力，但在某些特殊产业领域具有领先水平，从某种意义上说，这些国家可以被称为"工业强国"，而对于"强国",比较典型的例子就是 G7 国家,它们是"强国"的典型代表。

目前世界上大部分国家仍处于低收入的传统农业社会,或者中等收入的发展中国家阶段。任何国家不论规模大小,如果想成为强国,就必须按照比较优势顺次启动工业化进程,完成从农业社会向工业社会的转型,否则就很难摆脱低收入国家的命运。如果其工业化进程未能按照要素禀赋结构顺次启动,则难以转型升级,也很难迈入高收入国家行列,更不可能成为"强国"。

这一点拉美主要国家最为典型,在第二次世界大战前后,拉美主要国家纷纷推行进口替代战略,尽管在初期经济发展出现过短暂繁荣,但由于在进口替代战略背景下,主要生产资料和生产装备都从西方国家进口,实施进口替代战略,尤其是重工业进口替代,不符合这些国家的比较优势。随着美国在 20 世纪 70 年代出现滞胀和产业转移,拉美主要国家初级产品出口量大幅下降,出口外汇收入减少,债务危机不断。拉美主要国家在推行全面私有化改革模式后,重工业经济停滞不前甚至衰退,为了保障就业,只能给不具备比较优势的重化工产业补贴输血,陷入"中等收入陷阱"。

日本在第二次世界大战前已基本完成重工业发展阶段,战后进入高端制造业赶超阶段,通过 20 年的努力,完成工业化进程,于 20 世纪 70 年代末期迈入发达国家行列。之后,东亚地区出现了"经济奇迹",韩国、新加坡等经济体顺次启动工业化进程,推动其经济持续高速发展,即从劳动密集型产业开始,实施出口导向战略,遵循比较优势,发挥后来者优势,从中低端产业逐步升级到高端制造业,实现了经济的可持续快速增长,于 20 世纪 90 年代中后期陆续完成工业化进程,成为发达经济体。

改革开放后中国开启全球化进程,以"摸着石头过河"的实验主义思想和实践主义精神推进改革,开启了中国渐进式双轨制的、独特的改革发展道路。遵照比较优势，发挥后来者优势，要素禀赋结构不断变迁升级，政府推动软硬基础设施逐步完善。依照劳动密集型的轻工业启动阶段到资本密集型的重工业发展阶段，再到技术密集型的高端制造赶超阶段顺次展开，产业结构持续升级，中国出现了40多年的经济"增长奇迹"和城市化高速发展，促成了中国超大规模市场的逐步形成和持续扩张。

目录

总序　中国管理实践智慧：让世界更美好

赞誉

自序　中国工业化的希望与未来

导论　工业革命与工业化进程

上 篇　工业化进程与中国独特改革道路

第一章　先发国家与后发国家　003

一、先发国家的崛起　004

（一）从《国富论》到工业革命　004

（二）七国集团　006

（三）中国工业化的探索历程　007

二、全球化与产业转移　　009
　　(一)部分国家纺织业的产业转型升级　　011
　　(二)全球化:产业转型升级与产业转移　　013

第二章　迭起与兴衰　　015

一、欧美的工业化进程　　015
　　(一)欧洲:从大航海到工业革命　　016
　　(二)北美地区对西欧的赶超　　017

二、亚洲的工业化进程　　020
　　(一)日本的工业化进程　　020
　　(二)韩国和新加坡的工业化进程　　023

三、拉美工业化及"中等收入陷阱"　　025

第三章　中国工业化进程与独特道路　　029

一、强国富民的探索　　029

二、中国工业化启动与渐进式双轨制改革　　032
　　(一)有效市场与价格双轨制　　032
　　(二)从双轨制到经济特区　　033

三、中国工业化进程发展阶段　　034
　　(一)1978~1995年:轻工业启动阶段　　035
　　(二)1996~2010年:重工业发展阶段　　040
　　(三)2011~2035年:高端制造业赶超阶段　　047
　　(四)2035~2049年:数据科技创新阶段　　051

总结与思考　　056

中 篇　**产业转型升级的底层逻辑**

第四章　新结构经济学与产业钻石模型　061

一、新结构经济学与产业发展转型逻辑　063
（一）要素禀赋结构与比较优势　063
（二）生产成本与交易成本　066
（三）千里之行，始于足下：企业自生能力　069

二、产业特征与分类：五大产业与转型升级　071
（一）从追赶、领先到换道超车：五大产业类型　072
（二）五大产业类型的发展战略与转型升级　075

三、产业发展与转型升级　078
（一）比较优势与后来者优势　079
（二）有效市场与有为政府　080
（三）交易成本与产业转移　081

四、产业转型升级与产业钻石模型　082
（一）产业组织理论与 SCP 框架　083
（二）产业钻石模型与分析逻辑　085
（三）产业钻石模型优点与五大产业类型应用　089

第五章　汽车产业案例分析　091

一、汽车诞生与产业崛起　092
（一）汽车产业发展简史　092
（二）汽车产业发展特征　095

二、汽车产业转移与技术扩散　098
（一）第一次转移：从德国发明到美国制造　099

（二）第二次转移：回归欧洲多元化风格　　104

（三）第三次转移：日本汽车崛起的"精益模式"　　105

（四）第四次转移：开辟中国"新能源时代"　　109

三、新能源汽车的发展趋势　　112

（一）技术创新与"换道超车"　　112

（二）产业政策与新能源汽车发展　　114

第六章　中国汽车产业的发展历程　　117

一、1.0时代：我们要有自己的汽车　　118

二、2.0时代：合资经营可以办　　121

三、3.0时代：民营汽车企业的崛起　　125

四、4.0时代：新能源汽车时代与换道超车　　129

第七章　中国汽车产业的历史使命　　140

一、中国新能源汽车的历史机遇　　142

二、有为政府与产业政策　　145

三、供给侧的比较优势和后来者优势　　149

四、需求侧超大市场规模效应　　151

总结与思考　　154

下篇　企业理论与发展历程

第八章　企业从何而来　　163

一、企业劳动分工理论　　166

二、企业生产决策理论　　168

三、企业交易成本理论　　170
四、企业竞争战略理论　　172
（一）产业组织理论的形成和发展　　173
（二）企业竞争战略理论　　174

第九章　企业自生能力理论　　177

一、企业自生能力 EIGP 分析框架　　181
二、企业自生能力与企业类型划分　　186
三、企业能力与企业绩效　　195
（一）企业自生能力与产业平均利润　　195
（二）企业竞争能力与产业超额利润　　197
（三）企业核心竞争力与产业"垄断"利润　　198
四、企业自生能力理论框架的案例应用分析　　199
（一）比亚迪，从电池大王到新能源汽车领先者　　199
（二）福耀集团，从乡镇企业到中国汽车玻璃大王　　208
（三）三星集团，从商贸创业到芯片制造业　　214

第十章　中国的企业家精神与新征程　　221

一、企业家定义与特质　　222
二、中国企业家来源与分类　　225
三、中国企业家精神的含义与价值　　231
四、中国供给侧比较优势　　234
五、需求侧超大市场规模效应优势　　236

总结与思考　　239
参考文献　　242
后记　　248

上 篇

工业化进程
与中国独特改革道路

CHAPTER 1 | 第一章

先发国家与后发国家

世界银行把全世界经济体依收入划分为四个组别，即高收入、中等偏上收入、中等偏下收入和低收入，这是判断一个经济体强弱贫富水平的标准之一。几乎每个中等偏下收入和低收入经济体都试图让自己跻身高收入行列，但是第二次世界大战结束后，仅有 13 个经济体成为高收入经济体，只有 2 个经济体从低收入进入高收入行列。部分经济体虽跻身中等偏上收入行列，但在经济发展道路上面临着多种发展"陷阱"，部分经济体尚未进入中等偏上收入或高收入行列就陷入了经济衰退或停滞不前，成功进入高收入行列的经济体实在少之又少，为什么走向国强民富的道路如此艰难曲折？本章就是要尝试揭开这个谜思。

一、先发国家的崛起

一个国家如果开启了工业革命并顺次走上了正确的工业化进程,那么这个国家大概率能够走上现代经济增长和强国之路,这些国家又是如何崛起的呢?

(一)从《国富论》到工业革命

1776年亚当·斯密发表了经济学的开山之作《国民财富的性质和原因的研究》,简称《国富论》。《国富论》的出版标志着经济学理论体系的诞生,亚当·斯密首次系统分析解释了国民财富的性质和形成原因,涉及生产要素、劳动分工、商品交换、货币中介、政府税收等政治经济学领域的各个方面,由此奠定了古典经济学的基础,开辟了政治经济学的研究领域,吸引了李嘉图、马尔萨斯、马克思、萨伊、穆勒等一大批思想家和学者展开了系列研究,诞生了《人口论》《资本论》《政治经济学》等一批巨著,对人类社会发展产生了巨大的影响力。

亚当·斯密在《国富论》中构筑了一个相对完整的经济思想分析体系,同时也描述了当时的社会经济活动现象,使人们开始理解经济活动这一抽象的概念。然而亚当·斯密在撰写《国富论》的时候,正值英国工业革命发生之际,在《国富论》出版的同一时期,瓦特改良后的蒸汽机被启用,英国工业革命的进程加快。

英国的工业革命将人类社会的经济发展历程简单分为两个阶段,即工业革命之前和工业革命之后。在工业革命之前,一个国家的经济增长主要表现为人口基数的增长带来的GDP总量的增长,但人均GDP水平基本不变化，在工业革命之后，人均GDP水平才出现持续增加。

这种人类经济发展巨变的原因是工业革命所带来的工业化，即机器替代了手工劳动。工业革命带来了机械化水平和相关技术的不断进步，劳动分工不断细化，从一个工厂劳动者的不同分工发展到产业链的工厂化分工，不同生产工厂的规模聚集效应促进了生产效率的持续提高，同时工厂吸引农业劳动力从周围的乡村向工业化城镇聚集，工业化推动城市化，带动城市相关生产与消费服务业的进一步分工发展，由此新的附加值更高的工业和服务业涌现，使得生产力水平和生产效率呈几何级数的增长。在农业劳动力向城市不断转移到相对稀缺状态时，城市劳动力人均收入水平将不断提高，农业劳动力向城市转移的过程，也是人口不断降低对土地密集型农业生产的依赖过程，随着越来越多的人离开乡村，开始城市化生活，一国的人口土地矛盾将不断弱化，因此工业化也成为国家最终跳出马尔萨斯陷阱恶性循环的成功路径。

英国率先通过工业革命转型成为工业化国家，并借此建立了世界上最早的纺织工业体系，借助横行全球的远洋舰队扩大殖民地，建立了日不落帝国。美国、德国、法国、日本等国也随英国之后陆续启动工业化进程并先后成为工业化强国。工业革命的技术溢出效应逐步扩散，使北欧、西欧等地的中小型国家也先后开启并陆续完成了工业化进程，进入发达国家行列。于是出现了引领工业革命的工业化国家与工业化进程滞后的国家之间人均收入水平差距的迅速扩大，出现了发达的工业化国家与落后的依赖传统手工业和农业的国家之间的"大分流"。

英国工业革命的技术溢出效应由近及远逐步向西欧、北欧、南欧、中东欧扩散，同时英国主导的北美殖民地较快受到工业革命的影响，美国、加拿大也逐步开启了工业化进程。日本自明治维新后开始改革，实施"脱亚入欧"的工业化运动，全面向西方学习，动员举国之力量，开启工业化进程，成为亚洲最早开启工业化进程的国家。基于工业革命，陆续开启工业化进程的欧洲、北美和亚洲等地先后出现了工业强国。截至目前，全球约有两百个经济体，但成为高收入经济体的却极其有限，主要分布于欧洲、北美、东亚、大洋洲等地，总计三十多个，人口约11亿，仅占世界人口总数的不到15%。

（二）七国集团

第二次世界大战结束后，完成工业化进程的国家实际上凤毛麟角。20世纪60年代后，美国、法国、德国、日本、意大利等陆续完成或接近完成工业化进程。1973年爆发的第一次石油危机重创了西方工业国家经济，在法国的倡议下，1975年11月，美国、英国、德国、法国、日本、意大利六大工业强国成立了六国集团，1976年加拿大加入，七国集团（G7）就此诞生。尽管在当代G7的政治意义远大于经济意义，然而从20世纪70年代直到21世纪初，G7的GDP总值曾长期占全球总额的60%以上。

为什么G7在当时如此重要？从数据来看，1976年G7成立时，这七个国家的GDP约占全球GDP总额的63%，到20世纪80年代末期，该集团GDP达到顶峰，接近全球总额的70%，并且在之后的十多年里G7依旧在全球GDP总额中保持在60%以上。但是随着中国经济的快速增长和其他发展中国家经济的持续增长，G7的GDP在全球总额中的占比不断下降，2012年其GDP占全球总额的50%并逐年降低。

尽管G7在全球经济发展中占据举足轻重的地位，但是G7真的能代表全球进行产能和经济政策协调吗？事实并非如此，我们从人口看，在 G7 的 GDP 占比最大的 1989 年，其总人口只占全球总人口的 12.9%。

但在此强调的是，至今，G7 国家仍以全球约十分之一的人口创造了将近全球 50% 的 GDP，究其原因，则是强大的工业化能力使得 G7 可以用较少的人口创造巨大的工业产能，进而保证了人均收入长期居于高收入水平。

（三）中国工业化的探索历程

中国是四大文明古国之一，在工业革命前的传统农业社会，我国农耕技术、传统手工技术和基于人口规模的经济发展成就曾长期领先于世界，在 18 世纪爆发工业革命并启动工业化进程之后才落后于西方国家。据马克斯·韦伯的研究，在 13～14 世纪时，中国已处在资本主义萌芽的边缘。根据李约瑟的文献研究，中国在近现代之前是世界上最先进的国家之一，但是在 18 世纪下半叶英国爆发工业革命并启动工业化进程之后，情况产生了本质变化。1949 年新中国建立时，经济总量占世界的比重不足 5%。中国虽然传统手工技术和精耕农业发展水平在世界上处于领先位置，但在英国工业革命后的近现代化转型中长期未能正确启动工业化进程。

1. 新中国重工业优先发展战略的失效

1949 年新中国成立到 1978 年改革开放之前，中国的人均 GDP 较低，难以实现资本积累。

传统农业社会国家的要素禀赋结构特点一般是劳动力较为丰裕，而资本相对短缺、技术落后，因此应该首先发展劳动密集型轻工产业，实现产业盈利，资本快速积累，人口从农村向城市转移。而重工业为资本密集型产业，需要较为丰富的资本积累和技术人才储备。由于新中国成立初期资本匮乏，受中等教育以上的技术人才缺乏而农村劳动力富余，主要为资本积累稀缺的土地密集型农业经济，这就使得重工业优先发展战略基本不可能通过市场机制得以实现。

总之，当时中国重工业优先发展的赶超战略需求和要素禀赋结构所决定的供给侧比较优势之间是互相矛盾的，而解决这一矛盾的主要办法只能是通过政府补贴或者扶持来降低重工业发展的生产要素成本，如低利率政策、低汇率政策、低投入品价格以及低生活必需品价格等，以降低重工业优先发展的门槛。这就需要建立一套以全面计划的产品与生产要素市场为主要内容的、高度集中的经济体制，这样由特定要素禀赋结构与重工业优先发展而组成的三位一体计划经济体制便形成了。

由于重工业属于资本密集型产业，初始投资巨大，产业链很长，以制造业为主，必须依靠规模化生产销售才能够降低成本，实现盈利和良性循环。而重工业优先战略需要规模化市场、零部件规模化生产配套以及相应的交通运输物流体系，并且保障原材料的不断供应，才能逐步积累和增长。20世纪50年代，中国各产业对钢铁、机床、汽车等重工业生产资料商品的市场需求十分有限。大力发展钢铁、化工、汽车、机械制造等资本密集型工业，不符合当时中国的要素禀赋结构的比较优势，虽然中国当时因国家战略安全需要发展重工业，但是难以达到良性循环发展的规模要求。

2.改革开放后工业化进程成功启动和快速发展

1978年，中国抓住了历史所赋予的机会，充分利用劳动力丰富的比较优势快速启动了以纺织、食品加工等劳动密集型产业为主的轻工业。中国从劳动密集型轻工业启动阶段到资本密集型重工业发展阶段，不断积累资本，培养人才、研发技术，持续提高要素禀赋比较优势，进而启动技术密集型高端制造业，实现层层递进的产业结构转型升级，从而成功开启并顺次完成了一场持续的工业化进程。因此，在具备一定市场竞争要素前提下，启动工业化进程的正确顺序，遵循由产业链低端向中端和高端逐步拓展的产业结构升级步骤，加上与开拓全球市场为目标的出口导向的发展战略配合，是工业化进程启动成功的关键，也是一条符合中国要素禀赋比较优势结构变迁的道路。

一个国家工业化进程推进的程度和速度，与其启动工业化的顺序及其所具有的要素禀赋结构比较优势密切相关。改革开放之初，中国的要素禀赋比较优势是劳动力多、丰富廉价，启动工业化的顺序应当是首先发展劳动密集型轻工产业，同时有为政府积极改善局部软硬基础设施环境，建立产业园区，招商引资，启动轻纺、食品加工、电子产品装配等各种劳动密集型轻工业。随着资本的积累，利润的增多，要素禀赋结构的比较优势提升，此时再启动资本密集型重工业发展阶段，最终开启并进入技术密集型高端制造业赶超阶段。中国逐步生产轻工业消费品，跨越了"低收入陷阱"，而且生产重工业产品乃至高端制造业产品，最终启动科技创新阶段，迈入现代化工业强国之列。这正是中国改革开放后所走的工业化道路。

二、全球化与产业转移

如何启动工业化进程，引进发展什么产业一直是发展经济学研究的核心问题。发展经济学的结构主义理论核心思想主张发达国家"有什么就学什么",因此各国推行重工业优先发展战略和进口替代政策,结果普遍失败,不仅计划经济国家失败,市场经济国家也失败;新自由主义理论核心思想主张全面市场化、私有化、自由化,除英美两个国家改革实施比较成功(英国撒切尔夫人国企改革和美国里根经济自由化改革)之外,邯郸学步的拉美国家经济改革和俄罗斯"休克疗法"却彻底失败,重化工业国企体系崩溃,经济停滞不前,掉入"中等收入陷阱"。

改革开放后的中国实事求是地按照渐进式双轨制的独特的改革模式成功启动了中国快速工业化进程,维护了新中国前三十年重化工业积累的软硬巨额资产,实现了数千万名国企技术人员和产业工人群体的平稳过渡,将他们逐步转化为中国工业化进程发展中的重要人力资本。改革开放推动了我国四十多年的高速经济增长,事实胜于雄辩。基于日本、韩国、新加坡的"经济奇迹"和中国渐进式双轨制独特改革道路的成功事实,林毅夫教授提出了发展经济学第三代创新理论,即新结构经济学,不仅可以逻辑自洽地解释日本、韩国、新加坡和中国的成功事实,而且能分析拉美、俄罗斯等失败的案例,更能解释东南亚、南亚、非洲等不能顺次启动工业化进程的中低收入经济体的逻辑。

事实上,大多数工业强国的产业结构并非一成不变,其产业结构的变化是根据其要素禀赋结构的不断变迁而持续转型升级的,除了最早开启工业革命的英国,其他工业化国家都是后发国家,它们的成功都是按照本国的要素禀赋结构比较优势,通过国际化的产业转移开启了本国的工业化进程,并依据要素禀赋结构的变迁顺次推进工业化进程,产业不断转型升级,最终成为发达经济体。中国发展同样离不开产业转移,而经济全球化则加速了产业转移的速度。

（一）部分国家纺织业的产业转型升级

英国工业革命所开创的工业化进程，不断创造了高于手工劳动数倍、数十倍，甚至数百倍的劳动生产率。1853年英国棉纺织业在世界市场上的地位达到顶点时，可以满足世界棉布需求量的45%，棉纺织品的出口值占其总出口值的比重也不断上升。英国纺织业在世界市场上的这种地位和作用，成为它当时称为"世界工厂"和世界贸易中心的一个重要原因。

在经历一个多世纪的辉煌以后，随着英国平均工资水平的上涨，英国的纺织业在19世纪末、20世纪初时开始出现停滞、萎缩的趋势。1897～1910年，英国棉纺织业的生产力停止增长，而其劳动力成本却在不断上升。

19世纪后半叶，后发国家美国以英国为追赶国家，逐渐将英国的纺织业转移至本国，当时美国的人均国内生产总值为英国的77%，1900年英国棉花消费量和生丝消费量都被美国超过。1913年，在世界棉纺织总产量中，美国占了27.5%，英国只占18.5%。美国成为继英国之后的世界纺织品产量的第一大国。然而，从20世纪20年代开始，美国的纺织业也步入了下降阶段。

比英国晚100年左右才开始启动工业化进程的日本，其纺织业的发展也经历了从繁荣到衰减的过程。日本纺织业产值在20世纪20年代初期占到工业总产值的一半，纺织品出口额达到商品总出口额的67.3%。但是到了20世纪60年代，日本纺织业也趋向衰减，从20世纪70年代后期开始，日本的产业转移进入了一个活跃发展的时期，推动了东亚地区的产业结构调整，加速了跨国经济区域间产业分工的形成，促进了区域经济一体化和经济全球化产业转移进程。

对于发达国家来说，随着纺织技术的广泛传播和日益标准化，本国劳动力廉价的优势逐渐消失，劳动力和资本的价格开始起关键作用，拥有充足原材料和丰富廉价劳动力的后发国家占有了生产成本低的比较优势。这时发达国家就会把劳动密集型的纺织制造业由国内转移到劳动力成本较低的后发国家进行，而自身则从出口国逐渐变成进口国。20世纪70年代后期，日本纺织制造业已逐步失去比较优势，开始持续向中国转移，因而促进了中国的纺织制造业的快速发展。从20世纪80年代开始，日本、韩国以及中国港台地区的劳动密集型轻工纺织服装产业陆续大量转移至中国大陆，先是珠三角地区，随后又逐步扩展到以上海为中心的长三角地区。

各种类型中外合资企业的建立，带来了比较先进的技术与管理模式，中国可以充分利用后来者优势，这对中国相关产业的技术快速发展和管理水平提升作用明显。同时中国乡镇企业异军突起，为吸纳当时农村的剩余劳动力，发展劳动密集型产业发挥了巨大推动作用，如今中国部分产业中的领军企业，很多就是在此阶段起步的。通过引进国外先进设备和管理经验，中国纺织产业链高速扩张发展，进而开启了中国工业化进程的第一个阶段，即轻工业启动阶段。

就历史机遇而言，可以说中国劳动密集型的轻工业阶段的启动符合了天时（全球纺织业的转移）、地利（中国的劳动力丰富的比较优势）、人和（中国改革开放，招商引资，政府建立经济特区、出口加工区等）的条件，中国抓住了历史所赋予的窗口期。

历史经验告诉我们，现代经济增长的本质是以技术不断创新和产业不断升级为特征的结构变迁过程。只要懂得如何在基础设施普遍落后和营商环境总体恶劣的状况下，根据要素禀赋结构的比较优势创造局部优势条件，促进符合比较优势的产业发展，并在要素结构变迁过程中善于利用后来者优势，任何一个发展中经济体都有加快经济增长的机会，积小胜为大胜。同时，通过有效的竞争市场和因势利导的有为政府，发展中国家就能够利用比较优势的潜力，做好招商引资、出口导向，从而创造就业、减少贫困，实现有活力的经济增长，启动工业化进程。

（二）全球化：产业转型升级与产业转移

从历史纵向比较观察，第一次世界大战前，国家之间的产业转移并不活跃，更多的是后发国家引进先进工业化国家的设备和技术，甚至偷师学艺，以发展本国的产业，满足自身市场需求，条件成熟后出口国际市场，参与国际市场竞争。随着工业化溢出效应明显，越来越多的欧美国家开启了工业化进程，参与国际市场竞争，推动工业技术加速进步，生产力水平和生产效率也不断提升，工业化国家也从短缺经济逐步进入供过于求的过剩阶段，周期性的经济危机开始出现，因此争夺原材料和产品市场的战争在欧洲列强之间从不停歇，终于诱发了第一次世界大战。战争令欧洲各国付出了巨大的代价。这是先发工业化国家工业化的早期阶段，以发展自身工业化，争夺原材料和国际市场势力范围为主的控制产业转移阶段。

第一次世界大战结束了，但市场萎缩、没有消费能力的后遗症开始发作。1929年，一场席卷全球的经济大萧条爆发，全球性的经济危机引发了工业化国家中小企业、金融机构的倒闭潮，很多欧美大型重化工业集团也陷入经营困境，由此作为先进工业国的德国、美国向后发工业国大规模转移设备技术以摆脱自身经济危机，其间，苏联、日本等从德国、美国获得了大量重工业设备技术，开始启动各自的重工业发展道路。这是重化工产业转移的第一次高潮。

在第二次世界大战结束之后，美国不仅摆脱了经济危机，而且发展成为全球技术最先进、实力最强大的世界工厂。战争结束后，美国为了解决产能过剩问题，启动了"马歇尔计划"，开始向欧洲转移过剩的工业产能。同时美国也开始扶持日本、韩国的工业化发展，转移部分产业。苏联也崛起为重化工业强国，开始向外转移重化工业设备技术，中国因此获得了大量重化工产业项目，开启了重工业优先发展的工业化进程。这是第二次世界大战结束初期阶段的重化工产业全球化转移第二次高潮。

真正按照经济规律的产业转移发生在20世纪70年代之后，美国、日本、德国、法国等工业化国家不仅从战争后恢复，而且先后完成了各自的工业化进程，陆续进入后工业化阶段。劳动力成本持续上升，许多劳动密集型产业已不符合本国的比较优势，经营难以为继，只有转移到劳动力丰富廉价的发展中国家才能继续盈利，因此全球化的劳动密集型产业转移开始兴起，并出于物流运输的成本考量优先向周边国家和沿海地区转移。比较典型的是美国向墨西哥、巴西等拉美国家优先转移；日本向东亚周边国家优先转移；德国向中欧国家优先转移。日本经济学家提出的著名"雁阵理论"，比较形象地描述了这种全球产业转移的现象。这次的产业转移属于按照不同经济体比较优势，符合经济发展规律的第三次产业转移，推动了劳动密集型产业的全球化转移，也促成了目前的全球化产业格局。

CHAPTER 2 | 第二章

迭起与兴衰

一、欧美的工业化进程

欧洲和美国各自在开启工业化的过程中也非一帆风顺,开启工业化进程有先后顺序。英国率先启动工业革命,工业革命的效应由近及远逐步波及西欧、北欧、中欧等。

美国工业化进程开启时间约在 19 世纪初,美国第二次独立战争结束后北方的劳动密集型轻纺工业开始发展,处于原始资本积累阶段。美国南北战争后实现了国家经济发展战略与政策的一体化,工业化进程开始加速发展,基于规模优势先后赶超英国、德国,在 19 世纪末成为第一大经济体,但大而不强,与欧洲相比,在科学、教育、文化与技术水平方面仍存在较大差距。

第一次世界大战后，欧洲资本、人才开始逐渐大量转移至美国，这推动了美国重化工业快速崛起，美国在 1930 年前后基本完成了重化工业发展阶段，开始在高端制造业和科技研发方面实现对西欧的赶超。

第二次世界大战前后，欧洲资本和各种高端科技人才、文化精英更大规模向美国转移，进一步加快了美国科技、教育、文化和工业化的发展，美国逐步在科学研究、大学教育、金融资本、技术创新应用等各方面达到世界领先地位。

（一）欧洲：从大航海到工业革命

早在 15 世纪之前，欧洲和亚洲就有贸易往来，丝绸之路延伸到地中海沿岸地区，地中海东岸是东西方贸易的中转站。当时东方的香料、丝绸、瓷器等在欧洲市场很受欢迎，是上流社会的生活必需品，但是经过阿拉伯人和意大利人的转手，价格一抬再抬，成为昂贵的奢侈品，甚至经常出于多种原因中断供应，由此推动了欧洲大航海时代的开启。文艺复兴之后欧洲资本主义萌芽，跨地域的海洋贸易规模不断扩大，尽管如此，当时的欧洲还是以农业和手工业产品交易为主，劳动生产率提升并不明显，因此即便是开启了海洋贸易的国家，如西班牙、葡萄牙和荷兰等，其人均 GDP 水平差距并不显著。

亚当·斯密在《国富论》中通过法国大头针工厂的例子解释如何通过劳动分工来提高劳动生产率。以大头针工厂为例，大头针的制造环节大致可分为把铁丝拉长、拉直、裁剪、削尖、抛光、与针头结合等步骤。相较于让每个工人从头到尾一手包办，改成让每个工人只专注于其中一项环节，反而能大幅提升生产效率。

17世纪的荷兰和18世纪的法国是当时欧洲发展手工业工厂的典型。荷兰在17世纪是欧洲经济最发达的国家,但是本国煤、铁产量有限,其他燃料也很少,必须从邻国输入。从国外进口煤、铁,不仅使荷兰不得不付出高昂的代价,而且使本国经济置于他国商业政策支配之下。法国在1763年之前商业规模大于英国,1780年时铁产量是英国的3倍,然而法国本身所产煤、铁不能自给,需要从国外远距离大量输入,这为法国工业发展带来了严重的制约。1789年,英国年产煤约1000万吨,而法国受到大革命的影响却只能年产70万吨。受到影响最大的是铁工业,1780年英国铁产量仅为法国的三分之一,而到1840年时却是法国的3倍以上。

英国开启了工业革命,也是第一个通过开启工业化进程成为工业化国家的,并借此成为"日不落帝国"。随着英国工业革命效应扩散,西欧的法国、德国、荷兰,北欧诸国,南欧的意大利等国家也陆续开启工业化进程,直到第一次世界大战结束前,欧洲大陆一直是世界上工业最发达的地区。

(二)北美地区对西欧的赶超

美国由于极为有利的自然条件和作为移民国家的特点,形成了独特的国家独立发展道路。由于欧洲移民的持续涌入,美国的工业化进程在19世纪初启动,但在美国南北战争后才迅速崛起,在第一次世界大战前,美国已凭借其比较优势和规模优势先后超过英国、德国,成为世界头号工业大国。

在独立战争前,北美作为英国的殖民地,主要出口农产品及矿产资源，而各种加工品、制成品甚至优质劳动力，都需要从海外进口。美国独立战争结束后，美国同西欧国家签署了一系列的贸易条约，在国际贸易上获得了互惠的平等关系，也使得美国市场的要素价格开始趋于合理，为美国的工业发展提供了便利条件。

美国工业化进程以美国南北战争为界，分为前后两个阶段。前段主要是学习英国建立轻纺工业；后段是启动重化工业发展阶段，马克·吐温的《镀金时代》就是对这个时期的真实描绘。随着战争的结束，基础设施的大量建立使得工业区可以源源不断地获得价格较为低廉的原材料、产品市场和新移民劳动力。

美国进入重工业发展阶段后具有两个特点：一是资本在轻工业阶段不断积累，人口增长，新移民的持续引进，让产业转型升级有了强有力的动机；二是随着国家一体化和政府管理制度不断完善，统一市场形成和规模扩大，收入不断提高，中小学教育逐步普及，劳动力素质提高，形成很多工业巨头。美国从镀金时代进入进步时代，同时新闻监督、食品卫生、反垄断等相关法规陆续出台。

美国一直从西欧引进大量先进技术并加以改良，当时绝大多数技术创新起源于欧洲，但是由于在美国市场中可以实现规模经济，技术一旦被引入美国，美国的科学家和工程师就能够较快研发出生产率优于欧洲的新产品和新工艺。如19世纪90年代，美国使钢产量由1865年的1.9万吨增至1000万吨。随着钢铁业的发展，机械设备工业到1900年成为美国最大的重工业制造产业。

与此同时，美国还大力发展科研机构，对引进技术和新技术进行改良和创新，科技综合研究所和工业实验室纷纷建立。美国第一个大型的专业实验室由爱迪生于1876年建立，有近百名科学家及工程师进行技术研发创新，到1941年美国相关工业实验室已达到365个，科研人员近万名。另外，美国在进入高端制造业赶超阶段还具有后来者优势，如在第二次工业革命中，新兴的电学理论和电机制造技术起源于英国和德国，但是美国实现了发电机的完善和电力的大规模应用。这也从侧面说明了在重工业发展阶段，美国虽然具备了一定科研能力，但主要还是通过对西欧先进技术的模仿改良以及应用创新，实现商业化应用和对西欧原创技术的追赶。1920年美国城市化率超过51.6%，基本完成了重工业发展阶段，并且出现产能大量过剩现象，最终在1929年爆发了经济危机。

美国产能全面过剩导致大萧条，开始了艰难时代。美国通过实施凯恩斯主义的罗斯福新政，发行国债，增加政府公共开支，大搞高速公路等基建投资，经济逐步复苏。第二次世界大战期间，美国经济全面恢复，逐步趋于繁荣。由于美国本土并未受到战争摧残，并借此机会军需市场规模增长，刺激了重化工业部门高速发展。在第二次世界大战结束后的十多年里，美国制造业继续处于不断转型升级的状态，到1969年基本完成工业化进程，城市化率超过70%，主要人口在城市生活，以家庭农庄为主的美国农业机械化全面展开，现代化的大农业庄园经济成为美国农业的主流。

随着工业化进程的推进，美国进入后工业化阶段，同时随着美元作为国际结算货币流通地位的确立，美国经济结构重心逐步向第三产业转移，传统的中低端制造业因劳动力成本不断上涨，开始持续向东亚和拉美等地区转移，经济开始"脱实向虚"，但科技创新等高端、高价值产业留在本土。20世纪80年代里根启动经济改革，并开始了第三次工业革命，即信息产业革命，美国开启了以硅谷为代表的新经济时代。

然而大量的制造业转移使得美国逐步失去了中低端制造业体系，同时导致美国流失了大量的熟练"工业人口",即具备中低端制造业技术要求的熟练劳动力。制造业空心化最终形成了以第三产业为主导的经济模式。2008 年金融危机的爆发,使美国制造业雪上加霜,随着美国三大汽车企业的破产重组,传统重化工业为代表的制造业在美国也急速萎缩,原本的五大湖工业城市群逐渐变成了"铁锈地带"。

2012 年之后,美国在推动数字经济创新发展的同时,提出了制造业回流的战略,然而彼时的美国已经不再具备全产业链的生产模式和充足的熟练劳动力。总而言之,美国现在的要素禀赋结构对于中高端制造业回流存在巨大客观难度,制造业回流计划实行艰难。

二、亚洲的工业化进程

1994 年,著名经济学家保罗·克鲁格曼在《外交事务》上发表了《东亚奇迹的神话》一文,提出东亚的经济增长完全可以用要素投入的增加来解释,全要素生产率没有贡献,即东亚经济的增长是粗放型的而非集约型的,是非可持续发展的"纸老虎"。然而,查看历史数据不难发现,日本在第二次世界大战之前已成为工业强国,战后政府实施积极的产业政策不断推动产业转型升级,日本于 20 世纪 80 年代成为高收入发达经济体。另外韩国和新加坡两个经济体也于 20 世纪末成为高收入发达经济体,其发展模式对全球发展中国家具有重要的参考意义。

(一)日本的工业化进程

亚洲的经济增长可以分三个阶段。

第一阶段是第二次世界大战结束后到 20 世纪 80 年代,这个时期东亚经济主要的增长点是日本。在这段时间里,日本完成了战后重建并重新回到主要工业国家行列,到 20 世纪 80 年代末期日本的经济规模几乎达到当时美国 GDP 的 70%。

第二阶段是 20 世纪 90 年代到 2000 年,东亚经济主要增长点则是东亚新兴经济体,这些经济体的经济增长带来了一定的外溢效应,带动了部分东南亚国家的经济发展。

第三阶段是千禧年之后,随着中国加入 WTO,中国成为东亚经济高速增长的主力,并且其经济高速增长保持至今。

日本是东亚地区第一个完成工业化进程的发达国家,人均 GDP 曾超过美国。20 世纪 80 年代日本在中高端制造业领域几乎全面追上美国,部分产业甚至已实现了超越,在此背景下,美国和日本发生了严重的贸易摩擦,美国对日本制造业祭出了"组合拳"。

美国首先对日本的相关出口产品征收惩罚性关税,其次通过政治施压要求其强制购买美国产品或限制其生产的产品出口至美国的数量,最后美国通过行政手段对日本大型制造企业施压,自此日本芯片制造业一蹶不振,直到今日依旧没能重新崛起。

日本经济的快速增长,一方面是明治维新后工业化的持续积累,第二次世界大战前日本已完成重化工业发展阶段,可以自行设计制造主要的重化工业产品;另一方面得益于其发展战略和产业政策。从战后日本社会的劳动力结构看,大量人口失业,流离失所,劳动力成本处于较低水平,但是由于日本从明治维新开始打下的工业化基础,教育普及程度高,劳动力素质和文化水平远高于亚洲其他国家。因此日本不仅可以快速地恢复其轻工业的生产能力,而且具备快速恢复重化工业的生产能力。

20世纪六七十年代，其造船、化工、机床制造等重化工业和装备制造业能力基本恢复。同时随着资本积累和技术进步，日本企业开始进军家电、汽车、电子、半导体等产业，当时日本民众将黑白电视机、洗衣机、冰箱称为"三神器"（类似于中国的"四大件"概念），日本许多著名家电品牌都是20世纪70年代初期崛起的。

随着日本经济的快速增长，日本在20世纪70年代中期进入"中速增长期"，即GDP增长率维持在5%～6%。而且20世纪70年代开始，随着布雷顿森林体系的瓦解，跨国的资本流动开始变得容易，日本的一些大型制造业集团开始将目光投向海外，走上了海外扩张之路。同时日本国内的产业结构也不断转型升级，传统的纺织行业开始大量地向海外转移，取而代之的是家电、电子零部件、半导体和汽车工业等的发展。

日本的产业升级一方面是因为资本不断积累和人力资源的充足，资本密集型产业和技术密集型产业逐步形成比较优势；另一方面是地缘政治的因素，20世纪70年代时日本相比于其他东亚国家更容易从西方发达国家处获得技术。日本的汽车工业在20世纪70年代与美国存在不小差距，但由于日本地域狭小、资源匮乏，日本汽车具有油耗低，价格便宜等特点，中东石油危机导致的石油价格暴涨为日本汽车工业带来了机会，日本的汽车工业基于原有特点不断优化设计生产，逐步打通美国市场，开始在世界汽车市场中逐步占据主要位置。

20世纪80年代的日本产业结构虽然仍以重化工业和高端装备制造业为主，但是高科技产业也已在日本生根发芽，尤其是电子产品、电脑、半导体行业，在20世纪80年代中期日本在汽车工业和半导体行业对世界第一的美国开始形成强有力的威胁，最终导致日本和美国爆发了激烈的贸易摩擦。

日本经济增长的一个显著特点,即产业结构随经济增长不断转型升级,从而实现对发达国家的追赶和超越。以日本退出的产业为例,20世纪70年代纺织行业开始退出,到20世纪80年代轻工业占出口的比重已大幅减少。21世纪开始,日本的白色家电、电脑制造份额也开始萎缩,到2010年前后,日本白色家电产业基本退出,诸多老牌白色家电品牌被中国企业收购,并且将生产基地转移至中国。

(二)韩国和新加坡的工业化进程

新加坡和韩国推行出口导向型战略,重点发展劳动密集型的加工产业,开启了工业化进程,用约50年的时间实现了经济的腾飞。它们的主要特点是利用日本和欧美发达国家向发展中国家转移劳动密集型产业的机会,发挥自身的比较优势,吸引大量的国外产业资本,吸纳设备技术,实现自身的产业发展,不断转型升级,迅速走上了工业化道路。

韩国在朴正熙时代模仿日本的经济增长模式,开始大力发展劳动密集型的纺织业、食品加工业等。当时韩国一穷二白,但是具有大量的廉价劳动力,劳动力成本相对较低,因此当时的韩国更适合发展劳动密集型产业而非资本密集型产业。我们熟知的三星,在20世纪五六十年代也以发展制糖、制药、纺织等劳动密集型产业为主。随着日本经济腾飞,20世纪60年代日本纺织业开始从日本本土转移到韩国,但从数据上看,日本纺织业向韩国的迁移并不明显。

20世纪60年代开始,韩国逐步积累资本,同时韩国同日本的关系逐渐缓和,获得了大量来自日本和美国的投资,韩国资本积累增速大幅上升。1964~1970年,韩国的资本积累同比增长率大幅提高;韩国第二波资本积累总额大幅增加是在 1972～1980 年，这一阶段韩国的中低端制造产业开始快速发展，韩国制造业增加值占 GDP 的比重大幅上升，韩国从以农业和劳动密集型轻工业为主的传统农业国家开始向以中低端制造业为主的工业化国家转型发展。

劳动密集型产业的发展带来了高速的经济增长和城市化，但是随着经济增长，资本不断积累，劳动力成本不断上升，劳动密集型产业在这些地区逐步失去比较优势，无法继续获得利润，这些地区必然面临产业结构转型升级的压力。而在产业结构转型升级这一过程中，不同的经济体要因时制宜、因地制宜、因结构制宜，走出适合自身条件的不同发展路径。

例如，新加坡作为城市型国家，土地面积狭小、人口多、人均土地稀缺，但占据着极为有利的地理位置，因此新加坡政府从劳动密集型产业直接转型发展以零售业、旅游业、房地产业和金融服务业等为主的第三产业。而韩国在 20 世纪 70 年代开始发展化工、钢铁、造船等资本密集型的重化工产业，另外，韩国还承接了日本部分家电制造业务，如三星、LG 等进军日本家电制造业。

韩国在经历了 20 多年的经济高速发展后，城市化率提升显著，人均收入大幅提升。到 20 世纪 80 年代后期，韩国的劳动力成本快速上升，出生率下降，早年的人口红利逐步消退，因此韩国需要大力发展资本密集型和技术密集型的高端制造产业，从而实现产业转型升级。韩国的产业结构重心在这一阶段由重工业开始向技术更加密集的电子芯片制造业转移，从 20 世纪 90 年代开始，高新技术产业在工业增加值中占比大幅提升，而原有的纺织、食品加工等产业大幅萎缩，高新技术产业成为韩国工业增长的主要动力，并且比重不断上升，2017 年时占工业增加值的 63%。

三、拉美工业化及"中等收入陷阱"

自19世纪上半叶，拉美大部分国家开始摆脱西班牙统治，走上了独立自主的经济发展道路，近百年间拉美国家经历了不同的发展阶段和发展模式，个别国家成功迈过高收入国家门槛，但大部分国家陷入了"中等收入陷阱"。

20世纪70年代中期开始，拉美地区的主要国家墨西哥、巴西、阿根廷、智利、委内瑞拉等相继进入中等偏上收入国家行列，可以说在此阶段，拉美国家的经济增长有目共睹。20世纪80年代开始，拉美地区经济受到冲击，先是拉美债务危机对拉美国家经济带来负面影响；20世纪80年代中期，拉美国家受新自由主义思潮的影响开始走国企全面私有化改革之路，在改革初期拉美经济开始缓慢复苏，但随着全球化水平的不断加深和受到欧美国家周期性金融危机的影响，拉美国家的经济发展情况变得起伏不定，重化工业不断亏损萎缩，农产品、石油、金属矿产品出口成为主要产业，经济发展停滞不前，持续至今。

拉美国家的经济发展历程基本可以分为三个阶段：第一阶段为拉美国家独立后到20世纪三四十年代；第二阶段为第二次世界大战结束后到20世纪80年代；第三阶段为20世纪80年代至今。

第一阶段自19世纪20年代开始，拉美国家开始实施初级产品出口导向战略。这一发展战略是在特定的历史条件下形成的，殖民地时期拉美地区是西班牙、葡萄牙获得工业原材料和作为产品市场的重要地区，同时两国在拉美地区的殖民政策也主导了拉美地区的经济发展。拉美国家独立后，国民经济和贸易逐步摆脱了原宗主国的绝对控制，有了相对的经济发展自主权，开始独立自主发展，但并未彻底摆脱原有的经济发展模式，依旧以自然资源开发出口为主要经济活动，向欧美国家出口初级产品。因此该阶段也可称为初级产品的出口导向发展阶段。

在当时由于欧美工业资本主义扩张所形成的国际分工体系中，拉美国家继续以自然资源开发出口为主要经济活动，这种初级产品的出口促进了拉美国家资本的原始积累以及国家经济的发展，一些拉美国家开启了工业化进程。但殖民统治时期遗留下来的问题并没有得到根本性解决，其中拉美国家的二元化问题变得更为突出，由于以初级产品出口为导向，因此地区间发展不平衡的问题日益突出，初级产品产区、沿海地区、港口城市的经济发展较为迅速，而偏远地区经济处于停滞状态。同时，一些地区进入军人独裁或大地主统治阶段，因此主要初级产品的生产和运输集中在少数地主和资本家族手中，社会发展的贫富两极分化问题变得越来越严重。尽管在这一时期拉美国家开始现代化发展，铁路、邮电设施逐步建立起来，但其工业化主要是围绕加强初级产品生产出口建设的，并未从根本上改变经济增长模式，其工业化进程以及后来的进口替代产业都不能实现持续转型升级。

第二阶段最早可追溯至 20 世纪 30 年代，20 世纪 80 年代末期结束，这是拉美国家从传统的农业经济向工业化经济逐步过渡的阶段。20 世纪 30 年代初期，欧美国家经历了大萧条，经济危机的爆发导致经济衰退、需求下降，因此欧美主要市场对初级产品的需求也大幅减少，拉美国家初级产品的出口量大幅下降。在此历史背景下，拉美主要国家开始实施进口替代战略，就是一国采取各种措施，尽可能利用本国的劳动力、原材料，引进设备技术，生产本国所需的重要工业化产品，通过贸易壁垒和产业保护政策限制工业品进口，逐渐在国内市场上以本国产品替代进口产品，为国内工业发展创造有利条件。这种模式通过出口初级产品的资本积累，从工业强国购入生产工业品的设备技术，然后对本国原材料进行加工生产所需产品，从而实现进口替代。在产业政策方面，主要是通过贸易保护主义和关税壁垒实现对本国工业产品在国内市场上的保护，也有的国家对初级产品生产的企业征收重税，然后对本国工业生产企业进行补贴。

在这一阶段，拉美部分国家建立起了自己的制造业体系，工业增加值占GDP的比重大幅上升。巴西、阿根廷、墨西哥、智利等国进入了新兴工业国的行列，大多数国家的经济结构发生了较大的变化；同时由于对本国工业的过度保护，拉美国家的劳动生产率水平低下，生产效率增长缓慢，工业产品价格高昂，在国际市场上缺乏竞争力。由于进口替代中所扶持的国有企业不具有比较优势，这就导致其不具有企业自生能力，需要国家大量财政补贴生存。为此拉美国家不得不依靠高负债来维持进口替代战略，最终20世纪80年代拉美爆发债务危机。

第三阶段始于20世纪80年代拉美爆发债务危机后，新自由主义思潮及其经济改革理念逐步主导了拉美国家政府决策层和理论界。新自由主义经济学源于美国芝加哥大学，20世纪80年代初期开始向其他国家传播，代表是智利的"芝加哥弟子"所实行的智利经济改革，其强调市场开放、金融开放和私有化。新自由主义思潮对拉美国家政治、经济、社会和发展模式造成了深刻的影响，使拉美国家在债务危机之后达到了经济稳定的目标，为拉美国家建立了稳固的宏观经济政策框架。但随着时间的推移，新自由主义推崇的国有企业私有化控制了原国有企业的私人资本，国际资本结合的垄断性不断加强，政府能力弱化，失业问题更为严重；收入分配不公和社会分化加剧，贫困人口增加。

金融自由化和外向型经济加深了国家经济和金融体系的脆弱性。因此，在新自由主义的影响下，拉美大多数国家先是出现了债务危机，后来陷入了经济衰退，比较典型的阿根廷是第一个从发达国家降为发展中国家的拉美国家；巴西、墨西哥、秘鲁、委内瑞拉等其他拉美国家普遍经济发展停滞不前，困于"中等收入陷阱"，至今难以自拔。

拉美国家经济发展有两个主要特点：一是传统的进口替代战略难以为继，由于优先发展重工业的赶超战略并不符合拉美国家的要素禀赋比较优势，只能负债补贴发展，到一定阶段后弊端不断显现，最终必然爆发债务危机而被迫倒闭；二是不能与时俱进调整发展战略与产业政策，在政府不干预、国有企业私有化的影响下，拉美国家建立的部分国有企业被私有化。在国有企业私有化后，企业不仅不会帮助国家承担政策性负担，相反会索要更多保护补贴，甚至官商勾结。国家为维持就业与社会稳定，必须持续给予财政补贴，结果就是拉美国家大量负债，形成周期性债务危机，无力偿还。另外在国有企业大规模私有化后国家财政能力下降，政府难以实现财政预算平衡，只能加印钞票，导致恶性通货膨胀，从而陷入长期的经济衰退。

CHAPTER 3 | 第三章

中国工业化进程与独特道路

众所周知,中国现在是全球经济增长的重要引擎,在全球产业链中具有举足轻重的地位。全球经济增长的动力,也从过去的西欧、北美逐步转移到东亚。然而,中国工业化进程并非一帆风顺,经过数代仁人志士的不懈努力,中国最终找到经济高速增长的正确药方,真正拉开了工业化进程快速转型升级的大幕。

一、强国富民的探索

人类社会自诞生以来始终面临一个困境:物质生活的贫乏和人类繁衍需求之间存在矛盾,即简单意义上的马尔萨斯陷阱。跳出马尔萨斯陷阱的方法有三种:一是降低人类的物质生活要求;二是减少人类繁衍;

三是扩大对现有物质资源的开发和利用，比较典型的就是通过工业化和技术进步来提高劳动生产率。

中国是四大文明古国之一，也是唯一的文化绵延不断的文明古国，在历史上曾有 1500 年领先于全世界。中国曾经是世界最富裕强大的国家之一。中国在传统农业社会能够长期保持领先水平主要取决于领先世界的精细农耕和发达的手工业技术，较高的农业生产力和精湛的手工业技术孕育并促进了中国古代经济的繁荣。

在公元 1 世纪初，欧洲的人均 GDP 要略高于中国，但是到了公元 1000 年，在罗马帝国衰落之后，欧洲进入封建社会，成百上千的封建城邦林立，每一个城邦就是一个自然经济体，市场规模狭小，缺乏交易条件，欧洲的人均产出水平长期停滞不前。与此同时，中国农业技术进步，手工业技术种类多样且领先，丝绸、瓷器、茶叶、铁器等产品大量参与远距离国际贸易，商业的繁荣开启了经济扩张周期，中国人均产出水平大幅提高。

相对于中世纪的欧洲，中国政权统一，相对发达的农业技术和人口众多形成的市场规模，使生产与交换的范围不断扩大，市场规模远大于欧洲。伴随人口的增长，劳动分工成为经济发展的动力之一，生产力水平不断提高，长期经济增长促进了城镇和农村地区的经济紧密联系。同时"海上丝绸之路"兴起，海外商贸管理制度出现，大量中东、西亚地区的商人通过海路进入中国，开辟远洋贸易。

中国在传统农业社会时主要是土地密集型的农业经济，其特点为采用精耕细作的生产方式，社会生产生活的各个层面都以农业经济为基础，因此奉行重农抑商的思想。由于农业的发达程度、粮食的亩产量、人口的增长规模都关系到中国古代社会的发展与进步，因此那时大部分的技术发明都与农耕及农产品加工技术相关，中国历史上耕地的增加和农产品单产的提升更多地反映了农业技术进步。因此，人口增长的长期趋势基本上也反映了中国传统农业技术进步的情况。

翻开史书我们不难发现，中国历史上出现过多次自然灾害，引发了社会动荡。因此粮食产量和人口数量的矛盾，往往关系到社会的稳定与发展，而传统农业社会的经济总量基本上是由土地面积与人口规模所决定的。

中国在1500多年里一直是世界的经济中心，丝绸、瓷器等产品行销海外被视为珍品，社会稳定、文化繁荣。宋朝发达的手工作坊，远距离的国内外贸易，纸币"交子"的出现等，已具备明显的资本主义萌芽，但资本主义为什么没有首先出现在中国？

英国剑桥大学著名科技史学家李约瑟在完成鸿篇巨制《中国科学技术史》时，也提出了类似的问题，并将这个问题称为"李约瑟之谜"。李约瑟认为，中国直到明朝仍是世界上技术发明与创新最领先的国家，并对人类技术进步发展做出了很多重要的创新贡献，但为什么工业革命没有首先在中国发生？

关于李约瑟之谜有多种解释，笔者认为，一是中国传统社会重农抑商的思想；二是中国精耕细作的农业模式形成了强大的人口基数，使劳动力成本长期处于低价格状态，对于花钱投资机器替代劳动力的需求不高；三是从事数理化研究和进行科学试验需要较大的投入成本，风险偏高，个体难以承担，所以基于数理化研究与科学试验的科学革命没有发生在中国，因此以科学革命为基础的工业革命也难以发生在中国。

科学革命和工业革命首先出现于欧洲，数百个诸侯国之间的生死存亡的竞争鼓励工商业的发展，海商文明传统有其必然逻辑。而中国手工业技术发达的原因在于地广人多，为了更好地生产生活会凭借经验开发出一些先进的实用技术，尤其是农耕相关技术，但缺乏标准化和统一性。从 19 世纪初开始，工业革命在欧洲逐步扩散，期间中国觉醒的一代代仁人志士不断探索强国富民之道，试图找到一条正确的强国富民之路。

二、中国工业化启动与渐进式双轨制改革

中华人民共和国的成立真正开启了举国之力的工业化进程，基于"落后就要挨打"的共识，新中国首先实施了重化工业优先发展战略，经过近三十年的自力更生、艰苦奋斗，中国建立了一个初级的重化工业体系，完成了研发"两弹一星"的壮举。但我国当时轻工业发展相对滞后，加之外部环境的压力，中国人民的生活水平改善不大，因此对内改革、搞活经济，对外开放、招商引资就成为我们的必然选择。

中国改革开放的起点是 1978 年，中国走上了渐进式双轨制的改革开放探索之路，1992 年中国正式确立了社会主义市场经济体制，从计划经济体制转轨到市场经济体制，这是中国经济转轨和社会转型最重要的阶段。

（一）有效市场与价格双轨制

从计划经济转型到市场经济的核心其实是生产资料和生活商品要素的价格形成机制问题。因此当从计划经济体制转轨为市场经济体制时，一个能够正确反映生产要素和生活用品市场价格的有效市场就显得尤为重要。

但是，如果短时间内全面快速放开市场机制，又可能产生新的社会经济问题。全面快速地放开市场价格，必然会使得当时不具备比较优势的重化工业工厂面临亏损倒闭的风险；中国轻工业处于起步阶段，全面的市场开放可能会使刚起步的轻工产业受到国际产品竞争冲击影响而难以生存。

本着"摸着石头过河"的实验主义精神，1984年9月在专家学者、官员充分讨论基础上，首先提出了计划轨和市场轨并存和逐步过渡的"价格双轨制"改革思路。这种具有实验主义的渐进式改革思路意义巨大，对于中国政府下决心推进市场价格形成机制和管理体制改革，搞活消费品和生产资料市场，发挥了重大的历史作用，自此中国走上了渐进式双轨制的改革之路。

（二）从双轨制到经济特区

价格双轨制尽管在实施过程中出现了一些问题，但是双轨制这一思路却成为中国改革开放之后的一个重要实验主义实践方法，即通过建立试点和特区、示范区等，在小范围内实施全面深化改革。一是这种方式充分体现了集中优势力量，二是随着试点和试验区的成功，可以扬长避短，将其经验总结后进行大范围推广。通过建立特区来弥补当时各地尚未健全的价格形成机制、基础设施短板，消除关税壁垒等，以快速推动特区内，包括后来的保税区内、自贸区内的企业创建发展，都可以看作双轨制思路的应用创新。

站在今日回顾历史，一个特区或产业园区的创建和良好发展是带动一个地区或城市经济快速发展的重要抓手，通过小范围内的制度创新和基础设施建设，使得该地区实现招商引资，从而搞活经济、推动产业快速发展，拉动周边相关经济产业的聚集。

深圳经济特区和浦东新区的先后建立，拉动了中国珠三角地区和长三角地区的产业集聚和城市化扩张，并形成了工业化和城市化联动发展。珠三角地区和长三角地区直到今日依然是中国重要的两大经济引擎区域，并进一步升级为粤港澳大湾区和长江经济带。随着中国经济的不断发展，以产业聚集为主的经济技术开发区、以技术创新为主的高新技术产业园区的出现培育了一批批先进制造相关企业，也促进了传统产业的转型升级。一些自贸区的创立，带动了中西部内陆地区的经济发展，比较典型的例子有郑州和合肥两个非沿海省会城市的崛起。郑州得益于自贸区的建立，拉动了当地外向型制造产业的发展，以及交通中枢城市物流业的快速崛起；合肥则通过产业园区建设和产业投资基金引导带动了一批高新技术科技企业进驻、做大做强，为内陆地区产业转型升级提供了示范样板。

三、中国工业化进程发展阶段

笔者在此将中国的工业化进程划分为四个阶段：轻工业启动阶段、重工业发展阶段、高端制造业赶超阶段和数据科技创新阶段。与计划经济时代不同，改革开放后中国工业化进程开始顺次启动，从以轻工业为主，到重工业二次起飞，再到高端制造业赶超。目前中国正处于高端制造业赶超阶段，而数据科技创新阶段也将要开启。在中国基本完成工业化进程后，中国必将迈进高收入国家行列。

（一）1978～1995 年：轻工业启动阶段

始于 1978 年的经济体制改革，实际上是中国政府对新的社会主义实现方式的探索。随着改革开放的不断深入，中国的经济体制改革向纵深方向发展，实现指令性计划经济体制逐渐退出和社会主义市场经济机制逐渐形成。

进行经济体制改革，可以助力中国长期推行的重工业优先发展战略实现预期目标，与周边地区相比，我们还有许多发展空间，这引导着中国进行根本性的改革。另外，计划经济时代微观经营单位经济效益不高、劳动者缺乏生产积极性，需要借助改革来加速经济增长与发展，使得人民生活水平提高得更快一些，这也是中国进行改革的重要推动力。

为此，1978 年之后，中国首先调整了重工业优先发展战略，而进入符合要素禀赋结构比较优势的劳动密集型轻工业发展轨道上。由于本阶段中国劳动力丰富廉价、资本匮乏，因此劳动密集型轻工产业具有潜在比较优势，在当时的背景下发展以轻工业为主的劳动密集型产业成了工作的重心。该阶段具有如下两个特点：一是 20 世纪 80 年代改革开放以后，轻工业的发展主要从乡镇企业开始，当时国内轻工产品短缺，外国轻工产品进口受限，因此给了乡镇企业发展的空间和机遇，同时，农村家庭联产承包责任制促使大量农村劳动力可以就近转变为乡镇企业劳动力；二是中国政府抓住天时、地利，创立经济特区以尽可能改善局部营商环境，克服产业发展中存在的软硬基础设施的问题，积极承接国际劳动密集型产业转移和吸引相关产业劳动密集型产业投资。

1979～1995 年，中国政府先后批准了深圳、珠海、汕头、厦门四个经济特区，在对外开放和经济建设方面取得了一定的试点经验，为产业园区建设全面启动奠定了一定的实践经验和共识基础。建设经济特区和各种工业园区是中国当时因地制宜解决基础设施限制，改善投资软环境的成功举措，从"三来一补，两头在外"的招商引资，到发展劳动密集型产业乡镇企业，中国快速进入了轻工业启动阶段。

"想致富，先修路"就是一个当时积极改善经营环境的生动说法，道路交通等基础设施的持续改善，不断降低着中国劳动密集型轻工业产品的交易成本，使得中国劳动密集型轻工产品从潜在的比较优势转化为国际市场竞争优势，从而得以快速发展。同时，产业得以积累资本，引进先进设备技术，学习国际先进的管理方法，消化吸收后逐步发挥出后来者优势。

乡镇企业崛起更是中国改革开放初期的一个显著特点，福耀玻璃、美的电器、杉杉股份、吉利汽车等，都是在改革开放初期建立和逐渐发展起来的。中国乡镇企业为何能够在改革开放后首先崛起？这是因为在改革开放初期，农村大量的富余劳动力因推行土地承包责任制被释放出来，很多农村保留了一定的集体财产和设备工具，以及少量拥有一定技能的工匠能人，"穷则思变"，这些能工巧匠和有企业家精神的能人成为乡镇企业的创始人和致富带头人。而城市居民主要由政府工作人员和重化工业为主的国有企业职工组成，敢于下海创业者较少。因此，1978年开始的改革是从农村微观经营机制首先入手的，这是农村家庭施行联产承包责任制和乡镇企业崛起的历史背景。

20世纪70年代末期，在政府的推动下家庭联产承包责任制在全国农村逐步得以推行。推行家庭联产承包责任制带来了效率的提高，以及大量富余农业劳动力的释放，他们愿意寻找新的发展，这为发展以轻工业为主导的乡镇企业储备了最重要的劳动力资源。

家庭联产承包责任制的成功，催生出大量的农村富余劳动力，然而当时的劳动力转移渠道十分单一，主要靠城市吸纳。以资本密集型为主的重化工业吸纳就业能力有限，地方政府希望找到方法快速发展区域地方经济，为农村富余劳动力寻找出路。同时农民有了资金积累之后，可以从市场上购买设备、原材料等进行投资生产，生产出来的产品亦可以卖到外地的市场上，而不受限在本地销售。有了劳动力和资金之后，乡镇政府以农村集体土地所有制为基础，将土地、资金与农村富余劳动力汇集起来，组建乡镇企业，进行规模化的小商品生产，由原来的自给自足逐渐向远距离贸易转型。

不同于重化工业发展中存在的不具备比较优势而企业自生能力不足的企业，乡镇企业成立的目的在于盈利，因此不会投资不具有比较优势的产业。乡镇企业从一诞生就在市场规则下运行，它们的创立不是安排的。

以轻工业为主的乡镇企业主要从事食品加工、纺织、制鞋等劳动密集型产业，符合当时中国要素禀赋结构的比较优势。从沿海地区开始，乡镇企业在全国蓬勃发展起来，渐成燎原之势。1978～1988 年，乡镇工业总产值从 515 亿元增加到 7020 亿元，增长超过 12 倍；乡镇工业的就业人口从 2800 万人发展到 9500 万人，增长超过 3 倍；农民总收入从 87 亿元到 963 亿元，增长 10 倍；乡镇企业总资本存量从 230 亿元到 2100 亿元，增长超过 8 倍。

1992 年，乡镇企业吸收了从农村转移出来的约 1.03 亿名劳动力，占农村劳动力总数的 24.2%。其中，乡镇企业吸收的劳动力占整个农村非农产业吸收劳动力总数的 61.4%。就全国而言，在农村富余劳动力的转移总量中，大约只有 12% 的劳动力转移到各类城镇部门，而约 88%

的劳动力在农村工业、商业和服务业实现就业转移。

乡镇工业产值占全国工业总产值的比重呈直线上升。1978~1995年，乡镇工业总产值占全国工业总产值的比重由10%增长到接近60%。在出口方面，1987年出口产品中乡镇企业生产的产品占11%，1994年时已经达到35%。乡镇企业能够在出口的比重中占据比例如此之大且提速如此之快，主要是因为乡镇企业充分发挥了中国当时的比较优势和后来者优势，进入国内国外两个市场。这一上升趋势直到20世纪90年代末期重工业化二次起飞后减缓，逐步让位于重化工业。

中国轻工纺织业的快速发展源于中国乡镇企业的崛起，同时抓住了20世纪80年代全球纺织业的第四次转移机遇。1979年7月，广东和福建两省在对外开放中先行一步，执行特殊的政策和灵活措施。1980年8月，广东的深圳、珠海、汕头被指定为经济特区；10月，福建的厦门也成为经济特区。四个特区具有相似之处：享受特殊的财政、投资、贸易优惠政策；具备招商引资的物质环境和人际环境；具备以通电、通水、通路、通信、通煤气、通排污、通排洪和平整土地为主体的"七通一平"的基础设施，具备社会条件、管理水平、招商优惠等方面的制度环境。在上述一系列政策的引导下，中国港台地区及日本、韩国以纺织、食品、玩具、电子组装等加工业为主体的劳动密集型产业开始大规模落户于中国最早的经济特区，经济特区内的软硬基础设施及制度环境的逐步完善和廉价劳动力的适当结合带来了中国轻工纺织业的高速增长。

1984年，中央政府创立了另一种发展形式的经济特区，即"经济技术开发区"，一般称为"国家级工业园区"。1984~1988年，中央政府在其他沿海城市建立了14个经济技术开发区，随后又在珠江三角洲、长江三角洲和厦漳泉三角洲建立了开发区。1989年，上海浦东新区也被批准为综合性经济特区。政府在上述经济特区和经济技术开发区内实施因势利导的产业园区发展政策，包括土地优惠、税收减免、快速通关，给予企业和投资者汇回所获利润和投资的权利，制造出口产品而进口的原材料和中间品享受免税待遇，出口税收减免和有限开放国内市场等。通过针对经济特区和经济技术开发区实施一系列的因势利导的产业园区政策，中国不但促进了经济持续快速增长，还利用外资引进了技术，提高了产品质量，增强了产品竞争力，更有利于我国学习现代经营管理经验，培训管理人才。

通过乡镇企业的发展以及经济特区等一系列因势利导政策的实施，中国的轻工业获得了发展并快速推进，形成了轻工业发展的黄金时期。在这一时期，作为第一次工业化发展旗舰产业的纺织工业的增长最为突出。1988～1995年，纺织、服装、食品和家具等规模化轻工业产业高速增长，轻工业增加值由2413亿元增长到11 181亿元，增长接近4倍。

由《中国工业经济年鉴》的数据发现，这一时期轻工业与重工业的工业增加值、固定资产原值、资本与劳动投入的比值均呈现飞速的上升趋势。1997年，纺织业的工业增加值达到1117亿元，与1978年相比增长超过7.5倍。1978～1995年，中国轻工业增加值增长了13倍，年均增长率约为13.6%。经过价格调整后，年均增长率约为11%。与20世纪80年代相比，20世纪90年代轻工产业的工业增加值比重大多呈上升趋势，其中食品加工、服装、电子工业等增长明显。而除交通设备制造业外，重工业行业的工业增加值比重大多呈下降趋势，这个趋势在完成以劳动密集型轻工业为主导的轻工业启动阶段（即20世纪90年代中后期）结束，中国重新进入重工业起飞阶段。这些巨大变化都为中国加入WTO做足了准备。1995年，中国成为世界最大的纺织服装品生产国和出口国，并且从此一直占据主导地位。相反,由于很多发展中国家没有做好这样的准备,因而在加入WTO之后经济没有任何起色,没有复制中国式的经济腾飞。

1978~1995年是中国轻工业高速发展的黄金阶段,乡镇企业如雨后春笋般在中国生长。经济特区和经济技术开发区的建立完善了局部软硬基础设施以承接并发展从国际转移来的产业。在轻工业启动阶段,以乡镇企业为代表的食品、纺织、制鞋等劳动密集型产业发展起来,与改革开放前相比,轻工业产品产量剧增。

1993年,粮票取消,这意味着中国在一定程度上实现了国内衣食供给无忧,从生活日用品严重短缺逐步实现了供需平衡。一个国家只有完成轻工业启动阶段才能跳出马尔萨斯陷阱。例如坦桑尼亚、尼日尔以及马拉维等许多非洲国家的人均GDP长期停滞不前,被困于"低收入陷阱"之中,缺衣少食,根本原因在于未能开启并完成轻工业启动阶段。

(二)1996~2010年:重工业发展阶段

轻工业部门的快速发展为重工业的发展提供了条件和机会,自此中国顺次启动了工业化进程。轻工业启动阶段的完成为发展重工业创造了所需要的资本积累和市场需求,重工业的发展从而具备了自生能力。

由于工业化进程第一阶段中,中国按照要素禀赋结构所决定的劳动密集型轻工产业快速发展,经济剩余可达到最优,资本得以快速积累,要素禀赋结构的改善提升最快而资本逐渐变得充裕,同时劳动力工资水平不断上涨,资本的价格逐步下降,企业在生产过程中会根据要素相对价格来调整要素投入,最终使得原来不符合比较优势的资本密集型重化工产业逐渐符合比较优势，原来缺乏企业自生能力的国有企业开始具备了自生能力。

根据《中国工业经济年鉴》的数据发现，在轻工业启动阶段中，轻工业占工业总产值稳定维持在40%～50%，直到1995年轻工业启动阶段完成，这一比重才呈下降趋势，中国重新进入重工业起飞阶段，开启了以规模化方式制造生产工具和原材料（包括中间品和耐用消费品）为特征的重工业发展阶段。重工业发展以钢铁、汽车、船舶、家电、水泥、建材等代表性制造业的高速增长为主，同时公路、铁路、机场、港口、通信等硬的基础设施出现了跨越式发展，城市化快速扩张，全国统一的大规模市场渐趋形成。

笔者之所以认为1996年和2010年为重工业发展阶段的临界点，主要基于以下三个方面的原因。

其一，以要素相对价格所导致的劳动收入占比持续下降为表征。伴随经济的不断发展和自身资本的逐渐累积，资本劳动相对价格上涨，资本较为密集的产品的相对价格上升，中国的比较优势开始向资本较为密集的产业转移，吸引劳动力不断从轻工业向重工业转移，但劳动收入占比下降。随着重工业部门在整个经济中比重不断提升，整个经济的流动要素，即劳动收入占比下降。1996年之前，重工业劳动收入占比大致在55%～60%这个比较窄的范围内波动；1996年之后，劳动收入占比开始一路下行，到2003年低于55%。同时重工业投资产出比从1997年的26%上升到2010年的36%，资本密集型产业资本总量与劳动密集型产业的资本存量比从1997年的1∶2.4上升到2010年的1∶4；资本密集型产业的总收入与劳动密集型产业的总收入比从1997年的1∶1上升到2010年的2.5∶1。

其二，依据这一时期中国重工业的发展战略规划。其中的关键事件是 20 世纪 90 年代中期，第八届全国人民代表大会确立了在未来十五年优先发展资本密集型产业的战略部署，资本密集型产业尤其是通信、能源以及制造业能够优先获得银行的长期贷款。1995 年 9 月 28 日，中国共产党第十四届中央委员会第五次全体会议通过了《关于制定国民经济和社会发展"九五"计划和 2010 年远景目标的建议》，该计划提出继续加强基础设施和基础工业，大力振兴支柱产业要求 1995～2010 年必须在以下两方面取得明显进展。一是加强能源、交通、通信等基础设施和基础工业建设，使之与国民经济发展相适应。能源方面，建设山西、陕西、内蒙古煤炭基地；交通和通信方面，建设南昆铁路、南疆铁路和神黄铁路，公路国道主干线，通信光缆干线网络，以及一批大型港口、机场等。二是振兴机械、电子、石油化工、汽车制造和建筑业，使之尽快成为带动整个经济增长和结构升级的支柱产业。该文件对中国未来十五年的战略布局表明了 1995～2010 年中国经济产业结构调整、着力发展重工业的要求。基础设施和基础工业建设要与重工业发展相适应。1996 年 3 月，第八届全国人民代表大会第四次会议审议通过了《中华人民共和国国民经济和社会发展"九五"计划和 2010 年远景目标纲要》，这是中国特色社会主义市场经济条件下的第一个中长期计划，是一个跨世纪的发展规划。该计划的目的是调整未来十五年中国的产业结构，进一步加强基础设施（交通、通信）以及基础工业（电力、煤炭、原油、天然气、黑色金属和有色金属冶炼及压延领域、化工等）并且振兴支柱行业（电气机械、石油加工、汽车、房地产等）。通过上述数据和政策会议可知，1996 年为轻工业逐步让位于重工业的临界点，中国开启了重工业发展的进程。

其三，根据轻重工业的比例可以窥见一斑。根据《中国工业经济统计年鉴》数据，自20世纪90年代中期开始，轻工业发展相对于重工业达到顶峰。1996～2010年，中国轻工业与重工业的工业总产值、工业增加值、固定资产原值、资本与劳动投入的比值呈下降趋势。在重工业发展阶段，随着重工业部门生产规模的扩大，日益扩大的重工业品贸易对更大规模、更高效的交通运输方式和能源产生了巨大的需求。同时，工业企业对原材料、中间产品、机器以及分销网络的需求也日益增长，能源、动力、交通运输在20世纪90年代中期成为经济发展的限制因素之一。当时中国基础设施和基础工业比较薄弱，工业技术水平和专业化程度不足，机械电子工业自主开发能力不强。日益扩大的重工业部门对更大规模、更高效率的能源、交通、基础设施产生了巨大的需求；有了第一阶段积累的巨额资产和市场需求，对能源、动力与交通运输的产业结构升级便变得可行，从而在政府基础设施投资拉动和主导下，中国开启了重工业跨越式的发展进程。

在这一阶段，原来不具备企业自生能力的大型国有企业开始逐步发挥经济主导作用，尤其在能源、交通等硬的基础设施建设方面发挥了举足轻重的作用。相对于民营企业，国有企业更具有耐心，在耐心的支持下，资本密集型的重工业开始迅猛发展并发挥重要作用。由于在改革开放初期阶段，中国并未对国有企业进行私有化，而是进行渐进式双轨制改革，即通过"市场轨"放开符合比较优势的劳动密集型产业的市场准入和发展；同时通过"计划轨"为改革前形成的不具备比较优势、缺乏自生能力的重化工业大型国有企业继续提供必要的转型期保护补贴。1998年"抓大放小"的改革，就是推动中小型国有企业私有化，对关系到国计民生经济安全和国防战略安全的大型国有企业则予以产业政策保护。保护下来的大型国有企业在重工业发展阶段的能源、交通、通信等基础设施建设和能源电力、粮食安全、国防军工等方面发挥了举足轻重的作用。

首先,重工业的生产与远距离运输离不开能源的支持,城市化发展对能源的需求也急剧上升。1978 年,中国能源生产总量为 6.3 亿吨标准煤,1995 年翻了一番。自 20 世纪 90 年代末期起,中国能源生产总量开始加速增长,达到一个新的拐点,到 2010 年达到约 30 亿吨标准煤。进入 21 世纪后,电力、冶金、化学和建材等主要耗煤行业均保持较快的发展速度,拉动了煤炭需求的强劲增长,煤炭价格持续攀升,从 2002 年开始,中国煤炭行业进入了一个史无前例的繁荣阶段,经历了"黄金十年"。

进入 21 世纪后,原有的国有煤矿不足以支撑重化工业发展的消耗。而石油炼化行业又处于起步阶段,因此私营煤矿的出现补充了当时主要产业发展的相关能源缺口。一个典型的事实就是,中国发电量节节攀升,1978 年,全国发电量为 2566 亿千瓦时,并保持着平稳增长,1995 年,全国发电量达到 8358 亿千瓦时。21 世纪以后,电力行业加速度发展,年发电量起飞,至 2010 年达到 41 413 亿千瓦时。2011 年中国的总发电量超越美国居世界第一。

其次,在硬的基础设施方面,自 20 世纪 90 年代起,中国通过高速公路建设、铁路提速与高铁建设,使得交通运输业发展迅速,形成了日益完善的全国交通网络。中国公路里程、铁路里程等在 20 世纪 90 年代末期增速大为提高。1978 年中国公路里程为 89.02 万千米,1995 年为 115.7 万千米,至 2010 年已达到 400.82 万千米。1998 年底,我国高速公路通车里程居世界第八位,2010 年中国高速公路里程达到 6.5 万千米,跃居世界第二。1996年底中国铁路运营里程达到了6.49万千米，2010年达到9.12万千米，中国横贯东西、沟通南北、干支结合的具有相当规模的铁路运输网络已经形成并逐步趋于完善。1997～2007年，中国共进行了6次铁路大提速，货运列车时速超过了120千米，比20世纪90年代初期时提高了3倍。2008年8月，中国开通运营第一条时速超过300公里的高速铁路——京津城际铁路，截至2010年底，中国高速铁路营业里程达8358千米。

再次，船舶制造业亦得以突破。2003年全国造船完工量为641万DWT（载重吨），占世界份额的11.8%，突破了中国造船业近10年来占世界市场份额5%～7%的局面，超过了整个欧洲国家造船完工量的总和。2008年，中国造船完工量为2881万DWT、承接新船订单5818万DWT、手持船舶订单超过2亿DWT，分别占世界市场份额29.5%、37.7%和35.5%，三大指标已全面超越日本，位居世界第二；2010年中国造船完工量6120.5万DWT，承接新船订单5845.9万DWT，手持船舶订单19 291.5万DWT，分别占世界市场的41.9%、48.5%、40.8%，造船三大指标第一次全面位居世界第一。

最后，在汽车制造领域中国也开始快速发展。中国汽车产业是中国渐进式双轨制改革的典型产业，也是重工业优先发展的核心产业。1995年中国汽车年产量约为150万辆，2010年汽车年产量增长到1826.53万辆。汽车产业的快速增长源自人均GDP不断提升带来的市场规模扩大和全国公路网基础设施扩张。中国民用汽车拥有量在20世纪90年代末期开始加速上升。1995年中国民用汽车保有量约为1040万辆，到2010年中国民用汽车拥有量达到9086万辆。同时，中国汽车出口量也不断提升，1995年中国汽车出口量为1.7万辆，2010年中国汽车出口量增长到

54万辆。2010年中国汽车产销量均成为世界第一。

20世纪90年代末期，在能源、交通、动力等硬的基础设施建设高潮下，中国规模化重工业生产开始迅猛发展，钢铁行业和交通、电气、电子与通信设备制造业的增长尤为显著。而多数轻工业行业的增加值与总产值比重下降，特别是食品工业与纺织业。

中国轻工业与重工业重要经济指标的比值所呈现的特点和驼峰形的发展趋势，是对1978年以前的工业化进程的调整。首先，按照要素禀赋的比较优势发展轻工业，然后再用轻工业积累的市场、技术和资金条件发展重工业。这种建立在以市场需求为导向基础上的，从轻工业到重工业，从生活消费品到生产资料，从劳动密集型产品到资本密集型产品的升级过程符合工业化发展进程的内在因果逻辑。其次，能源、动力、运输及其他重工业产品本身并不是主要的最终消费品，而是工业中间投入品或工业生产的工具和桥梁。因此，没有对轻工产品的大规模最终需求和远距离运输的驱动，重工业难以靠自身盈利。最后，在重工业发展的初始阶段，资本积累不充足，难以支持资本密集型产品的大规模生产。相反，劳动密集的轻工业产品则与中国的要素禀赋结构所决定的比较优势相符合。

2010年，中国人均GDP达到4000美元，达到中等偏上收入国家标准，农村人口大规模持续进入城市工作生活，城市居住人口占比近50%，中国汽车产销量全球第一。硬的基础设施不断完善，基本满足了国内生产要素的高效流动，全国统一的超大市场规模效应显著。同时，市场竞争加剧，钢铁、水泥、玻璃、有色金属等中间产品产量剧增，开始从供不应求阶段进入供过于求的阶段。一个国家重工业的发展规模和技术水平是体现其国力的重要指标，在经过轻工业的充分发展阶段，过渡到重工业发展阶段并将其完成后，才会真正进入中等偏上收入国家行列。俄罗斯、波兰、巴西、墨西哥、智利、土耳其等国家皆进入上述工业化进程阶段。

（三）2011～2035年：高端制造业赶超阶段

随着轻工业、重工业发展阶段的基本完成，中国开始进入高端制造业赶超阶段。一个大国步入重工业发展阶段后期，必然会面临如下情况：其一，国民经济高质量发展所需要的高端技术装备主要由国外供给，因为重工业阶段的完成，产业转型升级时必然面临着先发国家技术竞争的"卡脖子"问题；其二，技术密集型的高端制造业想要处于国际前沿技术水平就必须实现技术自主创新，从而在国际竞争中形成较强的国家竞争力优势。为此，这个国家就需要进入以技术密集禀赋为主要特征的高端制造业赶超阶段。

高端制造业主要包括高端装备制造、高新科技和高新材料等产业，它们和重工业在禀赋上的最大区别在于，高端制造业在重工业原有的资本密集基础上更加强调技术密集，由于高端制造业生产组织形式复杂，对于技术集成度要求极高，导致高端制造业在劳动力结构方面呈现工程技术人员密集的特点。因此，尽管高端制造业同重工业一样是资本密集型产业，但是由于高端制造业更加强调技术禀赋对产业的影响，导致其他禀赋（如劳动力、自然资源）结构发生变化，所以与重工业相比，高端制造业在资本投入、劳动力素质和资源禀赋上大不相同。

高端制造业对于一个国家制造业发展的重要性不言而喻。一是高端制造业的技术水平决定了一个国家的工业化水平，使工业化进程从简单低端到复杂高端，从通用技术到高精尖技术；二是高端制造业是现代制造业体系的脊梁，也是产业结构转型升级的引擎，更是国民经济高质量发展的核心组成部分，其占据了制造业转型升级的制高点；三是高端制造业能够为国防现代化建设提供各类高精尖技术装备，具有产业关联度高、技术密集、附加值大等特点，是衡量一个国家，特别是大国经济科技总体实力以及国家综合竞争力的重要方面。

一般而言，劳动力和资本是工业化进程前两个发展阶段中核心的要素禀赋，技术进步可以通过引进、购买、模仿等方式来获得。但在高端制造业阶段则主要依靠自主创新来推动技术进步，技术密集禀赋成为高端制造业发展的最重要特征，技术自主创新就成为驱动高端制造业发展的最重要动力。为了更好地服务于高端制造业的技术创新，则需要具备严格的专利和知识产权制度，严格执法发挥关键作用，使得专利与知识产权制度成为技术创新驱动的重要制度安排，并与高端制造业的发展阶段高度匹配。

"制造业特别是装备制造业高质量发展是我国经济高质量发展的重中之重，是一个现代化大国必不可少的。"高端制造业与装备制造业密切相关，2000年之前，中国的装备制造业由于要素禀赋结构水平较低，重工业尚未充分发展，不具备比较优势。但是在2000年之后，由于中国要素禀赋结构的大幅度改善，实现了工业化进程前两个阶段的启动发展，对装备制造业产生了巨大的需求，中国的装备制造业持续发展升级，在制造业增加值中的比重不断攀升。尤其是从2002年开始增长显著，一方面是中国已经完成轻工业启动阶段，重工业发展初见成效，另一方面是中国加入WTO之后其制造业成为全球供应链的一环，从而促进了机械和运输设备需求的增长。

随着中国进入高端制造业赶超阶段，在经济发展中开始出现创业创新的浪潮，以及互联网与各种产业相结合等新业态，第三产业中的各种高端服务业开始迅速拓展，这些产业具备明显的知识密集或技术密集特征。2011年之后中国高端制造业显现出以下明显特征：新兴企业主体多为大型上市科技公司、国内知名装备制造集团、高科技创新企业以及外资类品牌高科技公司等。"大众创业、万众创新"成为时代最强音，不仅诸多制造业领域涌现出国际领先型企业，如徐工集团、格力电器、振华港机、美的集团等；而且华为、腾讯、阿里巴巴、大疆、比亚迪等换道超车型企业也层出不穷。同时中国在航天航空、卫星导航等领域的自主技术开始井喷，这些产业的发展均以高端制造业为基础。

中国自2010年后逐步过渡到高端制造业转型升级阶段，这为中国的高端装备工业发展提供了坚实的基础。"十一五"以来，中国装备制造业快速发展，中国已成为世界装备制造产业的大国，但是尚难称为高端装备制造的强国。在高端制造业赶超阶段，中国既面临着由大到强的转型升级压力，又迎来了前所未有的发展机遇。

目前中国高端制造业绝大部分领域尚处于追赶型阶段，随着中国经济、军事、政治、文化等软硬实力的不断崛起，在高端装备制造业领域，中国还有一段艰苦奋斗的任重道远之路要走。但是没有高端装备制造业的支撑，对未来中国制造业的转型升级，芯片设计制造等高端制造业发展都会产生限制影响，甚至会延缓中国高端制造业转型升级的进程。

总之，高端制造业的赶超对中国企业可持续发展的全球竞争力有重大影响。

首先，需要抓住高端制造业的关键环节进行定点突破。2011年发布的《工业转型升级规划（2011～2015年）》提出，要抓住产业升级的关键环节，着力提升关键基础零部件、基础工艺、基础材料、基础制造装备研发和系统集成水平，加快机床、汽车、船舶、发电设备等装备产品的升级换代，积极培育发展智能制造、新能源汽车、海洋工程装备、轨道交通装备、民用航空航天等高端装备制造业，促进装备制造业由大变强。2015年，国务院印发《中国制造2025》，确立了一些关键目标：到2020年，40%的核心基础零部件、关键基础材料实现自主保障，到2025年继续提升至70%；到2020年，重点形成15家左右制造业创新中心（工业技术研究基地），力争到2025年形成40家左右。

其次，完善的知识产权制度与高端制造业发展相适应，科睿唯安发布的《2017全球创新报告：进无止境》中指出：在过去的十年间，中国发明专利数量的年均增长率仍保持22.6%的高水平（基于DWPI的基本专利统计）。2016年，中国新发明专利的数量已从2007年的25.2万件增长至182万件。相比之下，2007～2016年，世界其他国家和地区的专利增长率趋于平稳，年均增幅仅为0.3%。此外，2016年，中国新发明专利的数量占全球总量的68.1%（基于DWPI的基本专利统计），比2007年的23.3%增长了三倍。2008～2018年，中国的专利申请及授权数量快速增长，专利申请年均增长19.56%，专利授权年均增长21.29%。PCT国际专利申请量由2007年的0.5万件提高到2017年的5.1万件。

最后，中国的创新实力也在不断提升，根据世界知识产权组织发布的《2017年全球创新指数报告》显示，中国创新指数居全球第22位，是唯一进入25强的中等收入经济体。2018年，中国提升到第17位，为了进一步为高端制造业提供技术禀赋，需要相关部门进一步改善知识产权制度软环境，降低知识产权产业发展过程中的交易费用和风险。中国要进一步严格知识产权保护，加大对知识产权侵权行为的执法力度，加强新业态、新领域创新成果的知识产权保护，同时积极推动开展知识产权区域布局试点，形成以知识产权资源为核心的配置导向目录，推进区域知识产权资源配置和政策优化调整，促进知识产权工作融入"一带一路"倡议、京津冀协同发展、长江经济带建设等，重点发展知识产权先行优势区域。

通过上述分析可知，尽管中国高端制造业水平离国际技术前沿尚有一段距离，尚处于追赶阶段，但通过发挥政府因势利导作用，不断完善知识产权保护制度，进一步加速装备制造业向高端化升级，提高产品质量和定制化程度，如此，中国的高端制造业就能够实现持续转型升级，向技术前沿发起挑战，甚至实现换道超车。

高端装备制造业的发展是中国制造业实现转型升级的关键，是中国实现经济高质量发展的重要一环，也是中国制造业产品提升国际竞争力、产品附加值的重要抓手，因此在未来的5年甚至10年里，高端装备制造业的发展依旧是中国制造业发展的重中之重。

（四）2035～2049年：数据科技创新阶段

该阶段与以往的任何一个工业化进程的发展阶段相比都具有巨大的差异性，它具有一个显著特点：大数据作为新的要素禀赋渗入，该阶段以数据密集型产业为核心，几乎每个科学领域都将取得关键性的突破，并将直接导致一系列创新技术产业的兴起，我们暂且将这个阶段定义为数据科技创新阶段，即以大数据为要素禀赋和核心资源的创新发展阶段。我们推测数据科技创新阶段将依赖数据这一要素禀赋实现多方面的智能化，极大改变人们的生活方式，重塑传统产业，同时随着创新形成一系列新的产业和一套全新的数据科技创新体系。

马克思认为：各种经济时代的区别，不在于生产什么，而在于怎样生产，用什么劳动资料生产。总而言之，区分不同生产时代的根本标准是一个时代主流的劳动资料。与传统农业时代对种植技术的追求不同的是，人类进入工业社会后，每一次生产力的飞跃性提升，都与工业技术的革命和对效率的追求息息相关。

自18世纪后期第一次工业革命爆发，标志着人类社会正式进入机械化时代，以机械化代替手工劳作；到20世纪初的电力和内燃机的应用启动的第二次工业革命带来的自动化生产技术；再到20世纪70年代计算机诞生随之出现第三次信息化技术革命。生产力随技术革命呈现加速增长，在互联网经济时代，海量信息形成的大量数据可能成为一种新的要素禀赋，它是AI技术、智能制造、智慧城市、万物互联的基础性资源和战略性资源，也是生产力要素的组成部分。

其实，数据自古有之，但在互联网普及之后，数据的海量储备成为可供计算机快速提取、分析的大数据资源。近年来，它已经开始被广泛地运用于人类社会经济发展的生产、生活、管理和社会治理等方方面面，成为并列于资本、劳动力、自然资源的一种新的要素禀赋。这一新要素禀赋的出现，对世界政治、经济、文化的影响将不亚于15世纪末新大陆的发现，带来了一次新的产业技术革命。随着移动互联网的发展，以大数据为最重要的新生产要素禀赋，可以形成工业化进程的第四个阶段，也就是数据科技创新阶段，数据要素禀赋可能成为现有几乎一切制造业、服务业的生存发展之本。

以数据作为支撑的数字经济是以数据要素为关键生产服务要素，以数据技术驱动为主要技术的经济活动。数据要素是内生且近乎无限增长的，具有易复制性、零（低）边际成本等特性，能够突破传统资源的约束与增长极限。这类似于人力资本的"干中学"特征，但是积累得更快、更加直接。这就扩大了要素禀赋的供给，数字技术作为新型通用技术具有高渗透性和强网络效应等特点，并且技术积累时间短、迭代周期短。这就使得数字经济具有极强的换道超车产业特性，通过短期内扩大数据要素供给，加快技术迭代就可能帮助后来者实现快速追赶。相较于之前所述的轻工业、重工业和高端制造业，中国在数字经济领域的起步并不晚，并且在一些领域已经具备领先优势，但总体来看，同西方国家还是存在一定的差距。

总的来看，目前已进入数据科技创新阶段且发展较为全面的是美国，将来有可能进入该阶段的国家相比进入高端制造业赶超阶段的更少。数据科技创新阶段的进入与完成对使用同一种语言的人口规模有较高的要求，因为大数据"取自于人"，这令交易成本趋于无限下降，这就需要满足如下条件。

其一，需要数理化人才和巨大的工程师人力资源，这种数理化人才与人口规模呈正相关，而且要与教育培训体系配套。

其二，需要形成超大消费市场规模以降低其不确定性风险，令边际成本趋近于零，高收益只能来自规模足够大的人口和精准化服务，合理的人口规模会以亿为单位。

目前数据科技创新方面领先的是美国，其核心语言群体为英语主体人口，加上覆盖全球超过 10 亿的使用英语的消费人口，从全球覆盖面来说，英语国家无疑是第一位的。而以中国为主体的覆盖全球的汉语主体人口约 15 亿，中国人口约 14 亿，海外还有 6000 万名以上说中文的人口。庞大的人口基数为中文的互联网应用与大数据积累提供了强大的土壤，形成了商业应用规模效应。因此由于核心语言群体的限制，高端制造业领先的日本、德国等高端制造业强国，却可能止步于数据科技创新阶段，基于语言人口规模效应中美两大经济体几乎囊括了互联网的主要独角兽企业。

在2035年之前中国高端制造业的推进完成过程中，会有部分处于技术前沿的高科技企业率先进入数据科技创新阶段。目前中美两国的互联网企业巨头和少数高精尖产业隐形冠军已具备这些产业特点，并推动数据科技创新特征明显的企业形成换道超车之势。

由于中国工业化进程成功启动并顺利展开，目前已进入高端制造业赶超阶段，中国作为一个超大型规模国家，借助后来者优势，也成为全球数据密集型产业发展势头最为强劲的国家之一。因此我们有理由认为，中国未来在数据密集型产业方面更具有如下比较优势。

一是具有创造数据要素市场的规模优势。中国14亿多人口的数据可以形成原始数据的海量积累，目前中国拥有近十亿名网民，可供开发的原始数据规模庞大。同时中国强大的制造业部门也为工业生产提供了庞大的原始数据，为数据密集的商业模式迅速应用创造了条件。

二是中国的数理化人力资源储备较高，可以将积累的海量原始数据进行处理，易于形成数据要素商业化市场。事实上，未经处理的原始数据在创造数据要素市场和效益产出方面杯水车薪，只有进行处理后的数据才可以作为生产要素投入生产并且培育出数据要素市场，这一过程对于数理化人力资源需求是很高的。从目前来看，中国大专及以上学历数理化人力资源储量巨大。

三是中国政府不断投资改善数据化基础设施，这些设施较为先进并趋于完善。数据密集型产业同样需要大量的基础设施建设，相较于轻工业、重工业和高端制造业，数据密集型的科技产业需要大量不同于过去的新基建，如为数据存储提供支持的大数据存储中心，为数据高速传输建设的 5G 传输线路和基站，用于数据处理计算的超级运算中心，同时包括服务于这些基础设施的相关场地及配套设施。目前中国在相关配套方面已经较为完善，5G 技术方面华为已具备世界领先优势，助力中国率先完成 5G 体系。"十四五"期间，中国还将大力推动数字经济相关基础设施建设，如国家数据存储中心、云数据运算中心等，"东数西算"的提出也为中国数字经济各地区功能定位有了一个较为清晰的规划。

四是中国是全世界唯一拥有联合国产业分类当中全部工业门类的国家，完整产业链优势无可替代。总体来说，中国数字创新产业在消费端的发展较为迅速，部分领域趋于领先，而在制造端尚处于追赶状态。但是中国具有庞大的制造业体系以及完整的产业链，这为数字科技企业提供了广阔的运用场景，而产业间、上下游企业之间的紧密合作，需要每个产业链和供应链进行数据化和智能化管理，实现精准化运作，最大限度降低交易费用。同时，随着数字经济的不断发展，数字科技企业还可以实现对实体经济数字赋能，从而助力中国实现对发达国家高端制造业的赶超。

展望 2049 年，中国将进入以大数据为生产要素禀赋的数据科技创新阶段。中国不仅拥有大量领先型企业集团，而且会形成大量换道超车型企业冠军，它们推动中国进入世界领先的现代化强国之列，实现长久以来中国人民追求的强国富民梦想。

总结与思考

本篇通过对工业化强国成功发展历程与经验教训的总结,以及中国强国富民的工业化探索历程和工业化进程分析,试图分析中国改革开放四十余年的经济增长谜题。改革开放后的中国遵循了当时要素禀赋结构的比较优势,同时克服了软硬基础设施的瓶颈,选择了渐进式双轨制的独特改革道路,不仅保护了新中国积累的重化工业体系,而且开启了从轻工业启动阶段到重工业发展阶段,再到高端制造业赶超阶段的工业化进程,推动了中国人民生活水平不断提高,并且形成了一个良性循环的工业化进程转型升级路径。

这个系统不仅能够规模化生产终极轻工业生活消费产品(例如,服装、食品等日常消费品),而且能够规模化生产重工业生产资料产品(例如,水泥、钢铁、机器、公路、桥梁、高铁、汽车、化工产品)和各种装备工具（例如，各种机床和设备工具等），从而为中国成为发达现代化强国打下了坚实基础。

在重工业发展阶段，"发展就是硬道理"是最响亮的口号，大力地发展基础设施和住行经济是其主要特征，环境污染严重、贫富差距大等社会问题多在此阶段出现。虽然中国经济目前面临着几乎所有老牌资本主义工业化国家都曾经面临过的问题，但是由于中国政府已经发现并遵循了工业化发展的正确转型升级顺序，这些发展中出现问题只能是"成长的烦恼"。

正确的工业化进程的发展顺序与产业转型升级路径，是中国在过去四十余年来快速增长的秘诀。中国在完成高端制造业赶超阶段后，必然能够进入现代化工业强国之列。而在进入高端制造业赶超阶段和数据科技创新阶段后，中国的诸多潜在比较优势将会助力中国不断出现领先型产业和换道超车型领军企业。

通过对中国工业化进程的研究分析，我们能够思考"长期经济增长和发展"这样的根本性问题。作为发展经济学的第一代理论思潮，旧结构主义主张发展中国家在政府干预下，优先发展资本密集型重工产业，实现赶超战略，重视政府而忽视市场；在20世纪六七十年代，各种不同政治体制下的发展中国家按照该理论优先发展重工业，实施进口替代战略，实现跨越式赶超。但在高投资带来的短暂经济繁荣之后，这些国家的经济陷入停滞。随后发展经济学第二代思潮新自由主义兴起，主张市场化、私有化与自由化，重视市场而忽视政府；20世纪80年代"华盛顿共识"在拉美的推行与针对东欧国家计划经济体制转轨的"休克疗法"改革，并没有帮助这些国家走出困境，反而让重化工产业体系瓦解，经济增长率更低。

因此，林毅夫提出新结构经济学作为发展经济学第三代理论思潮，认为一国的产业结构应当由其内生的要素禀赋及其结构决定，而发展中国家最丰富的生产要素不是资本而是劳动力，因此这些国家应该首先启动和积极发展劳动密集型轻工产业，然后在资本积累过程中逐步启动符合比较优势的重化工业，最终进入高端制造业赶超阶段，完成工业化进程，迈入高收入国家行列。由于市场失灵的普遍性，小农经济不可能自动实现这样的产业升级，因此新结构经济学主张依靠有效市场，发挥有为政府因势利导的产业政策，推动符合自身比较优势的产业发展转型。

本篇通过横向归纳分析，可以了解欧洲老牌工业化国家通过殖民主义与帝国主义的资源掠夺、全球市场开拓和工业革命崛起的历史；日本、韩国、新加坡等经济体依赖出口导向战略的劳动密集型产业启动工业化进程，并持续转型升级创造的经济奇迹。通过历史纵向归纳分析中国改革开放后依次遵循轻工业启动、重工业发展和高端制造业赶超三阶段所创造的四十余年经济增长奇迹，拉美与非洲国家陷入"中等收入陷阱"和"低收入陷阱"等多种现象分析和经验教训总结，都与新结构经济学理论逻辑与观点相吻合。

中 篇

产业转型升级的底层逻辑

CHAPTER 4 | 第四章

新结构经济学与产业钻石模型

经济学被正式承认为一门社会科学,归功于经济学之父亚当·斯密。其著作《国富论》奠定了经济学理论的基础,他认为经由价格机制这只"看不见的手"引导,人们不仅会实现个人利益的最大化,还会推进公共利益的实现。换句话来说,亚当·斯密发现,个人利益最大化的时候,就能够推进社会经济的发展,实现国民财富的积累。而后经过了李嘉图、马尔萨斯、凯恩斯、马歇尔、张伯伦、科斯等经济学家的不断努力,不断扬弃,形成了为人们熟知的现代经济学体系。现代经济学也被称为西方经济学,因为其主要研究的是流行于欧美等西方发达工业国家的经济现象。

那么以西方发达国家经济、政治和文化等条件作为前提所提出的现代经济学,是否能够解释发展中国家的经济现象呢?按照现代经济学思想提出的发展思路,能否帮助发展中国家实现经济增长呢?

事实胜于雄辩,第二次世界大战后按照西方主流经济学理论邯郸学步的发展中国家,实现经济高速发展,完成工业化进程,成为发达国家的几乎没有。发展中国家实际上很难将发达国家的经济政策、产业结构、先进技术直接运用到自己的经济和社会体系中,因为各自发展的时间与空间不同,经济要素禀赋结构不同。只有把经济学的一般原理与本国的实际国情相结合,因时制宜、因地制宜、因结构制宜地提出适合本国国情的经济发展战略,在试错中不断探索,才有成功的可能。

基于中国渐进式双轨制的改革开放独特发展道路的经验,林毅夫教授在世界银行担任首席经济学家和高级副行长期间,实地考察了几十个非洲、拉美、南亚等地的发展中国家后,于2011年在耶鲁大学库兹涅茨讲座上,正式提出了新结构经济学理论框架。

新结构经济学把经济学的普遍原理与不同发展中国家的基本国情相结合,创新性地提出了发展中国家转型与计划经济转轨的发展经济学理论体系,这可称为第三代发展经济学理论思潮。现象不能解释现象,理论不能证伪理论,只能用理论解释现象,用事实验证理论。当发展中国家转型普遍失败,而中国经济持续高速发展几十年的现象不能被现代经济学解释时,就应该通过理论创新给予合理解释,新结构经济学就是基于这种背景应运而生的。

新结构经济学基于经济体的要素禀赋结构比较优势分析,制定相适应的发展战略,引进和发展相匹配的产业类型,发挥有为政府因势利导的产业政策作用,推动传统经济体转型或计划经济体转轨,并随比较优势的变迁推动产业不断转型升级,生产效率和人均收入的持续提升,从而实现发展中经济体的转型与发展。

第四章　新结构经济学与产业钻石模型

本章首先介绍新结构经济学产业发展转型理论的概念与逻辑，同时对比主流产业经济学的产业组织理论及 SCP 框架比较研究，提出新结构经济学产业钻石模型，以求更合理地解释发展中经济体的产业发展转型与企业竞争发展等问题。

新结构经济学理论逻辑不仅能合理解释中国经济转型成功和产业不断转型升级的经济现象，也可以逻辑自洽地解释拉美、东欧、俄罗斯等经济体转型失败的原因，同时对发达国家的经济发展历程和产业转型升级过程也能做出合理的解释。下面我们将新结构经济学的理论创新与逻辑徐徐道来，分享于读者。

一、新结构经济学与产业发展转型逻辑

所有发达工业化国家的经济发展成功历程都是通过产业结构的不断转型升级实现的。第二次世界大战结束后，关于发展中国家如何向发达工业化国家转型问题的探索形成了发展经济学理论框架和体系。经历了第一代结构主义思潮、第二代新自由主义思潮，成功实现转型的经济体少之又少，仅有韩国、新加坡以及中国等几个。因此以林毅夫教授等为代表的新结构经济学研究者们，在不断寻求解释这种现象的过程中，逐步形成了新的发展经济学理论框架和逻辑体系，并不断丰富完善。

（一）要素禀赋结构与比较优势

了解新结构经济学需要从结构入手。自然科学界普遍认为结构决定性质，这可以清楚地解释为何大多数有机物都由碳、氢等元素组成，却

形成了物理和化学性质皆不同的成千上万种物质。简而言之，异质性因素的不同组合形成了不同的结构。同样，新结构经济学认为，一个经济体的结构非常重要，只是在经济学研究中，结构并非由看得见的事物或元素构成，而是由要素禀赋结构，即资本、劳动力和自然资源三大要素的不同组合结构所决定。

新结构经济学理论框架以在每一个时点给定但是随时间可以变迁的要素禀赋及其结构作为切入点，来研究一个经济体在发展过程中产业、技术、基础设施、制度安排等经济结构决定因素的变迁原因与过程以及在不同发展阶段的特征。简单来说，新结构经济学主张经济体必须从其自身要素禀赋结构出发，按照比较优势建立最优产业结构，符合要素禀赋结构比较优势的产业普遍具有自生能力，在有效市场和有为政府的共同作用下，推动产业结构的不断转型升级和经济的持续发展。

如果我们用新结构经济学的逻辑对一个经济体进行分析，其起点一定是从资本、劳动力和自然资源三方面入手，特别是资本与劳动力比率的动态变化。我们把资本、劳动力和自然资源（一般指土地、矿产资源、自然景观、地理位置等）称为生产三要素，一个经济体现存的要素禀赋结构及其比较优势决定其最优产业结构，即最优产业结构中的企业生产成本趋于最优。

同时，新结构经济学还强调软硬基础设施在经济发展中的重要作用，例如铁路、公路、航运等交通设施、通信、电力、燃气、自来水等"硬"的基础设施和包括公共服务、管理制度、产业政策等"软"的基础设施，软硬基础设施的水平高低决定着一个经济体的产品交易成本高低。产业生产成本和交易成本之和平均最优，经济体才能在开放竞争的市场中具有市场竞争力。

第四章　新结构经济学与产业钻石模型

新结构经济学理论认为一个经济体在每个时点上的要素禀赋及其结构是给定的,但可随着时间改变,一个经济体的产业经济结构内生于其要素禀赋及其结构比较优势,并且随着要素禀赋及其结构的变迁而发生改变。要素禀赋及其结构具有两个重要特征:第一,要素禀赋及其结构在每个时间点上是给定的,但是可以随着时间变化;第二,在给定时间点,要素禀赋及其结构决定了经济体在该时点的总预算(如有多少数量的资本、劳动力和自然资源)和生产要素的相对价格(反映要素禀赋的相对丰裕程度)。

生产要素的相对价格决定了选择的产业要素生产成本,如果选择的产业与要素禀赋及其结构特性相适应,企业的要素生产成本就会较低,具有比较优势;如果同时有合适的软硬基础设施,交易费用也会较低,产业就会形成总成本最优,企业因此具有自生能力。所以与要素禀赋结构比较优势相适应的产业结构就是该时点上的最优产业结构。

经济学家在分析经济问题和解释经济现象时,最终还是落脚到收入效应和相对价格效应这两种效应上,而新结构经济学理论认为,要素禀赋及其结构同时决定了给定时点上这个经济体的总预算和要素相对价格。基于这两个前提,在确定的一个时间点上,这个经济体的要素禀赋结构的比较优势决定了最优的产业结构和相应的技术结构。

新结构经济学理论以要素禀赋结构作为切入点,研究在不同的发展阶段,哪些产业是符合比较优势的。这为研究一个国家的经济发展提供了非常好的思路。经济发展意味着收入水平不断提高,收入水平不断提高需要产业和技术不断升级。而产业和技术不断升级的前提条件是要素禀赋结构不断优化,即资本积累越来越多。想要快速提升资本积累水平,经济体就要在每个时点按照要素禀赋结构所决定的比较优势来选择技术和发展产业，这样企业的要素生产成本才会最低，从而具有企业自生能力。当经济体中的软硬基础设施相匹配时，交易成本也会最低，形成的竞争力会最强，生产收益会最大，资本回报率会最优，资本积累的积极性也会最强，推动产业转型升级和收入增长的速度也会最快。

总而言之，要素禀赋结构反映的是一个经济体所拥有的要素禀赋的相对丰裕或稀缺程度，决定了该经济体要素禀赋的相对价格，也决定了其所具有的潜在比较优势。一个经济体如果能够以最低成本进行生产，它的产品与国际市场上的同类产品相比，就更具有在价格上的潜在比较优势。当其发展的产业符合其要素禀赋结构的潜在比较优势时，就能够更大程度地降低生产的要素成本，同时采用与其最具优势的产业和发展水平相适应的技术，并通过完善基础设施和制度安排来最大限度地降低交易费用，就可以达到在该时点的最优产业结构，所发展的产业将最具竞争力，经济剩余将最大，资本回报率将最高会以更快速度积累资本。在每个时点上发展最有比较优势的产业，实现最优产业结构，也能够确保该经济体物质资本、人力资源等要素禀赋结构快速升级，从而带动产业加速转型升级和多样化，推动实现人均收入的高速增长。

（二）生产成本与交易成本

一个国家要想顺利发展，选择符合要素禀赋结构比较优势的相关产业是必要且必需的，那么如何选择符合该国要素禀赋结构比较优势的相关产业呢？一般而言，要先判断该产业在这一国家是否具备潜在比较优势，所谓潜在比较优势，是指在经济体中某个产业符合该时点要素禀赋结构决定的比较优势，企业具有要素成本优势，其生产成本就会处于最优状态,因而拥有企业自生能力。

古典经济学家李嘉图最早提出了比较优势理论,以解释地区之间广泛存在的贸易交换现象,这是经济学最重要的原理之一。一般情况下,比较优势理论主要用于分析普遍存在的国际贸易现象背后的不同经济体之间劳动生产率的差异,以及双方通过贸易交换实现财富增长的相关因果关系,但在新结构经济学的视角下,比较优势理论则被用于分析一个经济体要素禀赋结构的差异化所在。如前所述,新结构经济学理论以要素禀赋结构为切入点,研究在不同的发展阶段,哪些产业是符合比较优势的,以资本、劳动力和自然资源作为要素禀赋及其结构特征以评估该产业是否具备比较优势。

举例来说,一个低收入国家在刚起步阶段,其资本、劳动力、自然资源三要素中一定是劳动力较为充裕、廉价,资本积累较少,同时技术相对落后,那么对于需要许多廉价劳动力的相关产业则在该经济体发展具有潜在的比较优势,也就是我们常说的劳动密集型产业。

一个产业能否健康发展或者是否适合该经济体,主要靠分析资本积累多少和劳动力丰裕程度,除此之外,该经济体的教育体系、技术应用水平、人力资源结构等也是需要关注的参考因素,经济体应选择符合比较优势产业中综合优势最突出的产业或多个细分行业优先发展。

我们继续以劳动密集型产业为例,在人们的一般印象中,最具代表性的劳动密集型产业是制鞋、服装、食品加工等,实际上,电子产品组装、玩具加工制造等也是劳动密集型产业。尽管这些部门都需要大量的劳动力,但对于劳动力的教育素质和文化水平要求不同,工厂的生产线设备不同,对技术水平高低的需求也不尽相同,因此可在确定该经济体具有潜在比较优势产业的前提下,结合其他要素禀赋,在相关产业中不断优化选择出最适合发展的产业，该产业中的企业必然具备自生能力，创业和经营成功的概率将趋于最大化。除了技术水平、劳动力素质外，该经济体的制度环境和基础设施建设水平也是影响一个产业在该地区发展的重要因素，一般被称为"交易成本"。"要想富，先修路"就是对交易成本简单通俗的注释。

交易成本理论最早由经济学家科斯在《企业的本质》一文中提出，交易成本理论的核心思想在于对企业组织如何替代个人交易行为，降低社会交易费用机制的探索和解释。这是一个天才的发现，打开了企业组织的黑匣子，揭示了企业的存在本质，但这个超前的观点直到三十多年后才逐步被人理解，五十多年后科斯才获得诺贝尔经济学奖。

交易成本不仅包括企业管理成本，也包括产业内相关企业之间的协调费用、不同产业企业之间的外部协调费用，以及软的制度环境和硬的基础设施给企业带来的交易费用多少的影响。我们继续以劳动密集型产业举例，笔者在新疆维吾尔自治区调研时遇到两家企业，一家是服装加工企业，另一家是电子元器件制造企业，前者是典型的劳动密集型企业，而后者也是相对需要较多的劳动力加工组装的企业，因此均具备潜在比较优势。总体来看，两家企业对劳动力素质要求差别不大，工资成本也差别不大，本地可以解决，但实际是，服装加工企业遇到了运输成本问题，生产的服装从新疆运输到东部地区的距离和从新疆运到波兰的距离相近，运费成本大大抵消了其劳动力价格低的优势；电子元器件制造企业却没有同样的问题，因为按照这个企业的产能只需1~2个月空运一次就可以将产品运到深圳进行下一步组装，该企业对物流成本并不敏感。由此可见，在甄别一个地区产业发展是否具备潜在比较优势时，相关交易成本也是该产业能否成功发展的关键因素之一。

制定一个经济体的发展战略首先必须调查研究，甄别确定其要素禀赋结构的比较优势，进而选择相匹配的产业作为主要培育方向，同时必须研究分析该产业的交易成本是否合理，只有生产成本和交易成本均存在比较优势，该产业产品的综合成本才能保持最大的竞争优势，企业才能持续获得盈利能力，发展壮大。这就是一个经济体制定发展战略的根本所在。

（三）千里之行，始于足下：企业自生能力

19世纪末，阿尔弗雷德·马歇尔在构建新古典经济学理论体系时做了很多暗含的假设，比如市场是完全竞争的、交易双方信息交流充分对称、市场无交易费用等，同时也包含了所有企业都具有自生能力的假设。

但是在经济学者们之后的研究中首先发现市场并不是处于完全竞争状态，而是处于"不完全竞争"状态，因而催生了张伯伦的"垄断竞争理论"；其次现实世界中交易双方的信息并不对称，因此"信息经济学"应运而生；关于市场无交易费用的假设也被科斯的"交易成本理论"证伪。

同样关于马歇尔及主流经济学认为现存的企业都拥有自生能力的假设，在发达的市场经济国家可能确实成立，但在转型经济体和计划经济体中却存在大量依靠政府补贴保护的企业，为什么？原因在于转型经济体和计划经济体基于赶超战略，往往优先发展了大量重化工业，由于违背了自身要素禀赋结构的比较优势，企业生产成本太高，在开放竞争的市场环境中没有竞争力，只能依靠政府给予不同形式的补贴或保护才能维持运营，因而根本没有企业自生能力。

发现和提出企业自生能力理论是林毅夫教授的新结构经济学理论创

新的核心和基础，并且他以此为理论微观基础，提出了新结构经济学理论框架和逻辑体系，因此新结构经济学既是对中国经济现象的合理解释，更是无可置疑的经济学理论创新。

事实上，无论是发展中国家还是发达国家都存在不少需要政府补贴的产业，这个产业中的企业大多数并不具备自生能力。以第二次世界大战结束后的 20 年为例，在重工业优先发展的赶超战略下，不同政治体制的各新兴国家均建立了不具备比较优势的重化工企业，这些企业必须通过扭曲市场要素价格或依靠国家财政补贴才能运转，并不具备能获得正常利润的企业自生能力。而在发达国家也存在由于要素禀赋结构变迁已不具备比较优势的企业，这些企业已经没有盈利能力，但因国家战略安全需要或国民就业问题等因素，政府仍然通过财政补贴维持它们的生存。因此没有自生能力的企业实际上普遍存在于现实世界的各类经济体中。

基于上述客观事实，新结构经济学认为，在一个开放竞争的市场环境中，通过正常经营管理，不依靠外部政府财政补贴就能获得正常利润的企业，才可以被看作具备企业自生能力。

企业所使用的技术和所在的产业是否与要素禀赋结构所决定的比较优势相匹配，是企业是否具备自生能力的先决条件。当企业要素生产成本处于较优水平，同时该经济体中的软硬基础设施合适时，交易成本也会处于较低水平，该企业就形成了市场竞争力。

在一个竞争的市场经济中，企业能否取得正常利润取决于企业能否以更低的成本来生产一定数量或价值的产品。为了以最低成本生产，企业必须按照市场给定的投入品价格选定成本最低的投入要素组合或者生产技术。假设经济中只存在两种投入：资本和劳动力，为了让成本最低，劳动力价格相对低廉、资本价格相对高昂的经济体中的企业应当选择劳动密集的生产技术；劳动力价格相对高昂、资本价格低廉的经济体中的企业就应当选择资本密集的生产技术。因而那些劳动力相对丰裕、资本相对稀缺的经济体必然拥有较低的劳动力价格和较高的资本价格；那些劳动力相对稀缺、资本相对丰裕的经济体则必然拥有较高的劳动力价格和较低的资本价格。因此企业是否有最低的生产成本就取决于企业是否选择了与所处经济体比较优势相适应的产业和技术。

当企业所选择的产业和技术都与经济体的要素禀赋所决定的比较优势相符合时，企业将具备在开放竞争的市场中赚取正常利润水平的能力，也就是具有企业自生能力，如果同时具备相适应的基础设施和制度安排，交易费用也会较低，这样总成本就会趋于最低，在市场中做大规模，形成企业竞争力，更有利于其占领市场、创造利润、积累资本。如果符合比较优势的产业中的企业普遍快速发展，要素禀赋结构变迁和比较优势变化会最快，原来符合比较优势的产业和技术可能就不再符合比较优势了，产业结构和技术水平就必然需要随之不断转型升级；同时教育培训、金融服务、法律制度和硬件基础设施也需要相应改进以适应新的具有比较优势的产业的需要。

二、产业特征与分类：五大产业与转型升级

世界上几乎所有的国家在推动经济发展的过程中都制定了某种形式的发展战略和相应的产业政策，但第二次世界大战后成功转型为发达国家的少之又少，无论是东欧计划经济国家，还是拉美市场经济体制国家，以及东南亚、南亚等地的国家在实现一定阶段的经济增长后都相继面临发展困境，停滞不前。

新结构经济学认为，其根本原因在于这些国家政府制定的发展战略违背了本国要素禀赋结构的比较优势，其选择发展的产业并不具备潜在的比较优势。具体而言，一方面为了赶超发达国家，部分发展中经济体选择发展过度先进的产业，即"发达国家有什么我们一定也要有"，但实际情况是过度先进的产业并不符合这些经济体的要素禀赋结构的比较优势，因此不具备自生能力。无论采用计划经济体制扭曲要素价格来补贴还是直接通过政府财政补贴，均不是可持续的做法。另一方面发达国家政府的做法则正好相反，为了稳定社会就业或者政治选票需要，用财政收入补贴支持或高关税保护已经失去比较优势的产业。

在不具备本国比较优势的产业中，企业在市场竞争环境中缺乏自生能力，需要政府给予保护补贴和产业扶持政策以支撑其初始投资或保证企业的日常经营，但这些产业保护政策容易产生负面干预，造成资源错配，助长了低效率的企业行为。一个国家要如何制定发展战略？如何选择适宜发展的产业？产业政策工具箱中的"工具"能否有效？这些问题对决策者来说是极具风险的，一旦决策失误，这些经济体的经济水平就会停滞不前，甚至衰退。

实现良性经济发展，既需要能通过市场价格体现要素稀缺程度和比较优势变化的"有效市场"；也需要能够甄别产业发展战略方向、不断改善软硬制度环境和基础设施、因势利导制定产业政策的"有为政府"。

（一）从追赶、领先到换道超车：五大产业类型

新结构经济学产业转型理论认为，可以根据本国产业的技术水平与国际领先水平的技术差距对标，将中等偏上收入国家现有的产业分类，

因地制宜、因时制宜、因结构制宜地推出符合产业发展比较优势的产业政策。政府需要对上述每一类产业做出相应的增长甄别和因势利导。

简而言之,一个中等偏上收入的发展中国家,其制造业可以分为追赶型、领先型、转进型、换道超车型、国家战略型五大产业类型(见表 4-1)。

表 4-1 新结构经济学逻辑下的五大产业类型

产业类型	定义	实例
追赶型	与发达国家相比,其技术与生产率水平、产品附加值比较低	汽车、新材料、高端装备、飞机等
领先型	发达国家由于失去比较优势而退出的产业,在国际上已处于领先	家电、高铁、水电、钢铁等
转进型	过去具有比较优势,但随着劳动力成本上涨,已失去比较优势	劳动密集型,如纺织、食品加工、玩具、小商品等
换道超车型	以包括新技术、新模式等应用创新为主,实现产业赶超	新能源汽车、互联网应用、手机、游戏等
国家战略型	研发周期长、资本投入巨大,如国防安全和未来战略新兴产业	航母、大飞机、航天设备,以及芯片、大数据、人工智能等

第一类是追赶型产业,这类产业的技术水平跟发达国家的技术水平还有差距。中国是全世界唯一拥有联合国产业分类当中全部工业门类的国家,但是与美、日、德等发达工业化国家相比,相同产业的劳动生产率水平较低,这意味着技术水平和产品附加值处于中低端水平,处于追赶阶段,这类产业就属于追赶型产业。中国追赶型产业存在于汽车、飞机、船舶、高端装备、高新技术、新材料等大量高端制造产业之中。

第二类是领先型产业,有些发达国家已经因失掉比较优势而选择退出某些产业,但是这些产业因符合中国的比较优势而快速发展,目前其市场占有率和技术水平均处于世界领先水平。目前中国的家电产业(如电视机、电冰箱、洗衣机)、钢铁、建筑、高铁、水电、太阳能发电等诸多产业已经处于世界领先的技术水平，拥有最大的市场份额。

第三类是转进型产业，这些产业过去符合比较优势，但随着资本积累、劳动力成本上涨已失去比较优势。例如中国之前因人口红利形成的大量劳动密集型产业，如纺织、鞋帽、玩具、电子产品组装等，由于劳动力成本不断上涨，逐步失去了比较优势和自生能力，这类产业选择把附加值高的企业价值链部分保留，把价值链低的劳动密集型的生产组装环节转移到劳动力成本较低的发展中经济体。企业通过产业转移实现再次发展或延长生命周期，这也是全球化产业转移的根本原因和趋势。

第四类是换道超车型产业，这类产业以技术密集或数据密集为特点，主要以科技人力资源和资金投入为主，新产品和新技术的研发周期相对较短，通过形成新的产业、新的商业模式或新技术改变传统产业。如中国的互联网应用、游戏、手机制造、无人机、物流供应链、新能源汽车等产业领域均具备此类产业特点。由于中国拥有数理化科技人才资源的比较优势（工程师红利）和国内统一大市场规模效应优势，此类换道超车型产业在未来会越来越多地持续出现。

第五类是国家战略型产业，包括国防战略安全和新兴战略性产业。国防军工产业受制于技术封锁，必须自己研发，因产业研发周期长，需要大量的人力、资金投入，没有直接经济效益，必须由国家财政支持，如航母、大飞机、太空舱、火箭、北斗导航、量子卫星等。或者涉及国家经济安全的新兴战略产业，如芯片、大数据、机器人、生物基因、人工智能等前沿产业，其决定了国家未来的竞争优势和国际战略地位，虽然目前我们尚未拥有要素禀赋结构的比较优势，但国家必须充分重视，提前布局投入，制定产业政策和财政补贴等大力扶持。

新结构经济学五大产业类型的划分及其转型升级分析是重要的理论

组成部分，是研究产业转型升级的逻辑依据。五大产业处于动态之中，随一个国家的要素禀赋结构变迁和比较优势的变化而演变，一个低收入发展中国家在转型初级阶段一般只有追赶型和国家战略型两种产业类型，只有顺利发展到中等偏上收入阶段五大产业类型才能陆续全部出现。一国的转进型产业，在经济发展水平较低的另一国可能就成了追赶型产业；一个高速发展的经济体十年前的追赶型产业，如今很有可能就变成了领先型产业。当然，这样因时间与空间而产生的动态变迁路径，正是全球化产业转移的可能性所在，而一个经济体领先型产业占比越多，人均 GDP 越高，它距离发达国家越近，追赶型、换道超车型产业的转型升级目标都是力争成为领先型产业。

一个经济体如果能制定因势利导的产业政策，促进符合比较优势产业快速发展并推动产业转型升级，则会助推经济体要素禀赋结构变迁的发展速度，使经济体快速良性地发展。反之，如果产业政策不符合比较优势，则会迟滞甚至阻碍产业转型升级，使经济增长停滞与经济发展失速。此前助推经济体产业发展与经济增长的有关产业政策，如果没有及时地进行因势利导调整，甚至有可能造成负面效果。

（二）五大产业类型的发展战略与转型升级

不同的产业类型应该采取不同的产业政策，以助推相关产业的转型升级，推动经济体生产效率的持续提升和人均 GDP 的增长。不同类型的产业转型升级战略和产业政策各不相同，因此一方面需要企业作为产业转型升级的微观主体，采取正确合理的竞争战略，在有效市场中实现发展，推动产业实现良性发展和转型升级；另一方面政府要因地制宜、因时制宜，制定因势利导的产业政策，助力产业发展转型。

发展中国家转型初期的产业，无论是劳动密集型的轻工业还是资本密集型的重工业都处于追赶状态。因此首先要甄别选择符合自身比较优势的追赶型产业，招商引资或鼓励创业引进；其次应建立产业园区，改善局部的交通、水电、通信等基础设施和制度环境，打造良好的营商和创业环境；最后应该制定因势利导的产业政策，激励相关产业企业从无到有，从小到大，做强做优。

对于国家战略型产业，发展中国家在转型阶段应根据自己国家规模大小、内外部环境状态做出相应的战略规划。由于这种产业基本属于资本密集型的重化工业，不符合转型经济体比较优势，无法形成企业自生能力，需要政府长期持续的财政补贴保护，所以其发展必须规划合理，否则会成为国家经济发展的难点，甚至影响符合比较优势的产业发展，使国家掉入转型的陷阱中，无力自拔。亚非拉一些国家就是由于发展战略规划失控，陷入了"低收入陷阱"或"中等收入陷阱"，经济发展长期徘徊不前。

国家战略型产业研发周期长，需要巨大的人力资本和物质资本的投入。绝大多数发达国家均以多种不同的产业政策扶持此类产业，但是财政补贴不等于无条件的输血，战略性支持也不等于预算无约束，对国家战略型产业要进行专业、公正的评估与衡量，在可以引入市场机制的领域就不应由少数企业垄断，在具备企业自生能力后也不能大规模补贴。此外，对于国家战略型产业的生产、经营等诸多方面要进行更加严格的监管，并设置动态绩效目标进行评估，确保对国家战略型产业的补贴不能成为挥霍浪费国家财政资源的黑洞。

对于已成为领先型的产业，则主要依靠企业科技创新，开拓国际市场，提高市占率等保持其领先地位。由于企业已处于产业领导地位和技术前沿，学无可学，只能通过企业家精神驱动创新发展。创新是建立在基础学科研究之上的，由于基础科学研究出来的不是一个产品，它可能是一份学术论文，会变成公共知识，不能申请专利，所以企业做基础科研的积极性不高。如果没有人做基础科研，新产品、新技术的开发就会变成无本之木、无源之水，不可能长期持续，因此就需要政府投入来支持基础科研。另外，技术进步导致的技术研发的系统性和复杂性，包括一些所谓的平台技术，一家企业负担不起，需要相关企业联合成立平台技术研发机构，对此政府应该提供相应的产业政策支持。

关于转进型产业，由于改革开放后中国具备人口红利，全球大量劳动密集型产业实现了向中国的大规模产业转移，助力中国快速完成了工业化进程的初级阶段，解决了中国衣食短缺的问题，也为中国重化工业的二次起飞创造了条件。在中国成为中等偏上收入国家后，劳动密集型产业必然面临产业转移问题，成为转进型产业。不同于东亚中小经济体，由于中国地广人众，所以产业转移首先从国内沿海地区向中部区域转移，目前仍然向西部区域转移中。另有些出口导向性产业向东南亚、南亚、非洲等劳动力成本更低，交通相对便利的区域转移；还有部分出口型产业直接走出国门，开始在国外设厂生产，供应本地市场。转进型产业的全球化产业转移给低收入国家创造了一个经济发展的窗口机遇期，尤其是"一带一路"沿线许多国家人均 GDP 不足中国的 50%，部分非洲国家只有中国的 10%，这些低收入国家如能抓住机遇，也可以实现经济转型。

换道超车型产业主要是基于第三次信息产业技术革命形成的互联网科技创新和应用商业模式创新形成新兴产业或推动传统产业的转型升级，具有研发周期短、快速创新、迭代发展的特点，需要高科技人力资源密集投入。我国此领域与发达国家相比差距不大，有些产业基本处于同一条起跑线。中国一是供给侧人口基数大、人才资源多、大学教育普及，具备工程师红利；二是基于需求侧超大规模市场效应，新产品、新业态易于在中国形成规模经济；三是中国产业类别齐全、配套能力强、供应链高效。因此好的商业模式和产品可以快速形成规模，甚至超越美国、欧盟等发达经济体。如共享经济模式在中国很快形成一个庞大的产业链，包括共享汽车、共享单车等。

三、产业发展与转型升级

一个经济体的宏观经济发展的基础是产业发展，而产业发展的主体则是企业。

一个经济体的要素禀赋结构在转型中应该是不断变迁的，比较优势也随之不断变化，因此该经济体的产业结构必然随之不断转型升级，否则如逆水行舟，不进则退。这就是一个经济体产业结构必然随要素禀赋结构变迁和比较优势不断变化而必须转型升级的底层逻辑。

新结构经济学强调，一个国家的产业发展与转型升级必须坚持有效市场与发挥有为政府的双重作用。这是因为产业发展的主体是企业，企业必须在开放竞争的市场中获取正常利润，实现积累资本，技术进步，做大做强，企业的竞争能力只有在有效的市场中才能不断提升进化；在保障有效市场的前提下，政府需要改善软硬基础设施和制度环境，保障企业的公平竞争，进而制定因势利导的产业政策，引导支持不同类型产业转型升级。由于政府的能力和资源也是有限的，需要战略性地分配使用，有为政府要以有限的资源来支持处于潜在比较优势产业中的企业，消除企业自己难以克服的外部性协调困难。

（一）比较优势与后来者优势

新结构经济学的微观基础是企业自生能力理论，而企业具有自生能力的基础是符合一个经济体要素禀赋结构及其比较优势，即当企业所在的产业具有该地区要素禀赋结构所决定的潜在比较优势时，只要该企业具备正常管理水平，就能够依靠要素结构成本的比较优势，不需要依靠政府保护或者外部补贴获得正常利润。

企业在发展过程中应积累资本，不断提升产品质量。随着企业创造经济剩余，政府能够获得更多的财政预算来完善配套的基础设施和制度环境，提高对劳动力的基础投入，为产业升级和产业多样化提供基础条件。

在这个过程中，企业也能够获得三方面的收益：第一，企业交易成本会随着基础设施和营商环境的提升而减少；第二，企业可获得人才的积累和人力资源质量的整体提升；第三，企业利润转化为资本积累使得后来者优势得以实现，能够从发达国家引进成熟设备技术和管理模式经验，实现加速追赶。

新结构经济学的"后来者优势"概念来源于技术"后发优势"理论，但内涵有所扩充，追赶型产业不仅可以引进成熟设备技术、学习模仿先进者技术，还可以学习利用其经营经验、管理模式等，进而节省试错成本和时间成本，实现与对标学习者差距的加速度追赶。后来者优势还可以进一步扩展到同一产业中不同企业间的互相学习竞争，这里也存在产品的互相模仿竞争（如高、中、低端产品差异），进而推动一个产业的快速发展。

在此过程中，一个发展中国家可以发挥产业的后来者优势，企业可以利用后来者优势，取得比对标学习的发达经济体更快速的技术升级和产业转型，进而促进经济体的加速发展，不断缩短与发达经济体的收入差距。

（二）有效市场与有为政府

中国在《中华人民共和国国民经济和社会发展第十四个五年规划和2035年远景目标纲要》中明确提出"坚持和完善社会主义基本经济制度，充分发挥市场在资源配置中的决定性作用，更好发挥政府作用，推动有效市场和有为政府更好结合"。"有效市场"与"有为政府"的提出标志着未来在中国经济高质量发展阶段，市场"看不见的手"与政府"看得见的手"将不断深化，更好地实现有机结合。

遵循比较优势发展的结果则是符合比较优势的产业多出口，不符合比较优势产业的产品则进口；符合比较优势的产业，企业必然会有自生能力，不需要政府保护补贴，政府的财政状况会较好，抵御外部冲击的能力较强。遵循比较优势发展，再加上不断改善的基础设施和制度环境，交易成本会趋于最低，进而构成总成本最优，企业从自生能力进化为竞争能力，实现企业资本回报率最优，从而在产业层面实现较高的储蓄率和投资增长率。

因此，新结构经济学的逻辑必然是在产业发展与结构变迁的过程中，"有效市场"和"有为政府"同时扮演着重要的作用。

首先，就有效市场而言。企业追求的是利润最大化，并基于生产要素之间的相对价格来选择进入哪种产业、采用何种技术。根据要素禀赋结构决定的比较优势，选择产业和技术的前提是价格体系能反映经济体生产要素的相对丰富程度，因此必须有充分竞争的市场。只有在有效市场中，各种生产要素的价格才能够反映一个经济体要素禀赋结构中各种要素的丰富程度，越丰富的越廉价，越稀缺的越昂贵。

其次，就有为政府而言。在产业升级和经济发展过程中，政府的作用同样不可或缺。经济发展过程既是一个技术进步、产业发展的过程，也是各种软硬基础设施不断完善，人口大规模流动，城市化发展加快的进程。伴随着产业化发展转型和城市化进程加快，还需要大众教育的普及与教育水平的持续提升，公共医疗系统的建立和有效运转等，这些公共服务事业必须由政府改善提升。

最后，不同的产业和技术水平所需的基础设施并不一样，不匹配的基础设施会导致交易成本增高，即使生产成本低也可能导致总成本高，从而导致企业失去自生能力。因此，随着产业转型升级和要素禀赋结构升级，各种基础设施的改善也是一个复杂的外部协调问题，这样的协调工作企业无法解决，需要政府出面协调，制定规则，甚至由政府直接解决。因此发挥因势利导的"有为政府"的作用是经济发展中不可缺少的部分。

（三）交易成本与产业转移

"要想富，先修路"是改革开放初期人们耳熟能详的一个口号，所谓的"修路"其实就是基础设施建设。新结构经济学认为，企业选择的产业符合该地区要素禀赋，在正常管理的情况下，企业可以获得正常利润，并具备自生能力，而只有当交易成本处于较低水平时，该企业才可能获得总成本最优，从而获得竞争能力。在交易成本理论中，软的制度安排和硬的基础设施建设，则是降低企业交易成本的关键抓手。

我们还是以劳动密集型产业转移为例，随着中国经济的高速发展，东部沿海地区劳动力价格不断上升，于是出现了在越南等东南亚国家的"建厂热"。由于越南具有廉价丰富的劳动力资源，从要素禀赋结构来看，适合发展劳动密集型产业，企业在当地比较容易获得企业自生能力。然而现实的问题在于，企业在越南建厂后，获得的利润并没有比在中国沿海地区多，因为越南的基础设施建设处于较低水平，因此企业在运输、进出口等大量流通环节耗费了更多的时间成本和费用支出，而这些成本就是交易成本。因此越南只有不断改善基础设施建设，降低企业交易成本，才能吸引越来越多的企业投资办厂，推动经济持续发展。

同样东南亚和南亚等其他地区也面临同样的发展制约，如不能通过政府发挥因势利导的有为作用，积极改善基础设施建设，企业交易成本高，潜在的比较优势就无法转化为企业自生能力和企业竞争能力。

四、产业转型升级与产业钻石模型

基于新结构经济学产业理论体系和分析逻辑，笔者在本篇提出了一个产业钻石模型，从一个经济体的要素禀赋结构的比较优势出发，分析某个产业是否符合这个经济体的比较优势，进而分析其产业特征，判断其应该属于哪种产业类型，并且提出相应的产业政策。

自亚当·斯密以来，经济学理论一直处于不断发展完善的过程中，经济学逐渐成为最重要的社会科学，同时形成了一个比较庞大的理论体系。经济学在英国从古典经济学发展到新古典经济学，第二次世界大战后研究中心转移到美国，又发展出以哈佛学派和芝加哥学派为主流的当代经济学，主要包括产业组织理论、新制度经济学、发展经济学、行为经济学等理论。其中产业组织理论是以产业发展和企业行为研究为主要目标的流派，经过几代学者的持续努力、扩展研究，形成了产业组织理论体系，这一体系对美国产业发展和企业竞争产生了重要影响。

（一）产业组织理论与 SCP 框架

英国剑桥大学教授马歇尔在萨伊的生产三要素（劳动力、资本、土地）之外，增加了第四个要素——产业组织，首次提出了产业组织的概念并揭示了规模经济与竞争活力之间的内在矛盾，这个矛盾被后人称为"马歇尔冲突"。产业组织理论正是在解决这个矛盾的基础上产生并发展起来的。在此基础上逐步扩展研究产业竞争、产业集群、产业政策、产业转移等不断出现的新经济现象，在 20 世纪 80 年代形成了产业经济学理论体系。

产业组织理论的 SCP 框架是基于 20 世纪 30 年代哈佛大学经济学院创立的产业组织理论，历经三代学者的研究逐步完善的产业分析经典框架。产业组织理论最初由哈佛大学教授梅森于 1939 年提出，后由产业组织学教授贝恩等人发展补充，再由谢勒教授等人逐步完善，形成了产业组织理论体系和经典 SCP 框架，如图 4-1 所示。

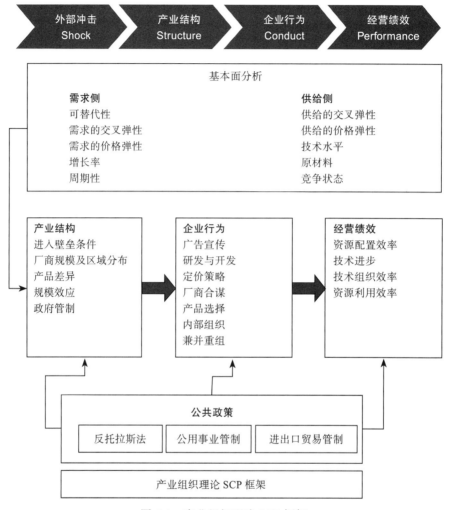

图 4-1 产业组织理论 SCP 框架

产业组织理论在马歇尔的完全竞争理论（1890）、张伯伦的垄断竞争理论（1933）和克拉克的有效竞争理论（1940）的基础上，以实证研究为手段，按外部冲击、产业结构、企业行为、经营绩效的四段论分析构成了产业分析的 SCP 框架，该框架成为产业组织理论的最主要分析工具。1970年谢勒的《产业市场结构和经济绩效》出版,标志着产业组织理论的成熟。

随着20世纪60年代末期美国工业化进程完成进入后工业阶段,国内劳动力成本不断上升,美国的制造型产业从20世纪60年代开始向全球转移,随着产业全球化和制造业的不断转移,产业组织理论在美国企业界的影响力开始下降。

由于SCP框架主要分析静态时点上产业结构特征以及外部环境因素变化对产业结构和企业行为的影响,但现实世界中产业结构的发展过程是动态变迁的,同时随着内外部双重因素的变化而变化,经营绩效也会随之发生变化。因此如何在一个动态变迁的情况下,从一个产业内生的要素禀赋结构出发,研究产业发展与转型升级动态特征,产业聚集与产业转移规律,政府产业政策的制定与评估就变得十分重要。同时产业中企业从无到有、从小到大、从弱到强的竞争发展过程中,竞争战略的选择以及企业能力的进化等都需要更为客观合理的解释,由此笔者在对比产业组织理论SCP框架的基础上,根据新结构经济学产业发展理论提出了一个产业钻石模型,可以更好地分析研究产业转型升级的内在逻辑和企业能力进化的过程。

(二)产业钻石模型与分析逻辑

根据新结构经济学理论,笔者提出了新结构经济学产业钻石模型(见图4-2),该模型从内生的要素禀赋结构比较优势出发,分析产业特征,判断产业分类和产业状态是否符合比较优势,是否具备企业自生能力;在市场有效的前提下,如何发挥有为政府作用,制定因势利导的产业政策，推动产业的转型升级。

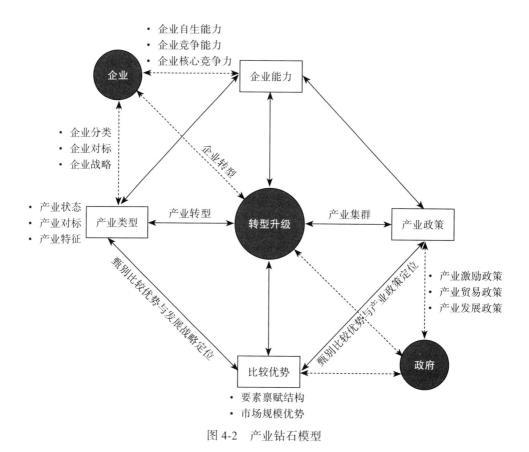

图 4-2　产业钻石模型

其一，产业钻石模型是从分析要素禀赋及其结构、甄别比较优势出发的。

要素禀赋包括资本、劳动力、自然资源三大要素，这些要素禀赋及其结构特征决定了产业所面临的生产成本是否具备比较优势，即某种要素越丰富、价格则越低、潜在比较优势越高，如劳动力供应丰富则相对廉价，资本匮乏则利息很高，反之亦然。

要素禀赋结构分析可采用结构量化分析，结构量化分析一以资本劳动力比率来测量，二可以用人均 GDP 替代，一般情况下资本劳动比率与人均 GDP 成正比关系。一个经济体要素禀赋结构升级的最优方法是根据要素禀赋结构的比较优势来选择发展的产业，确定地区产业发展战略，通过产业园区招商引资、鼓励创业等启动产业发展，通过后来者优势实现加速追赶，这些也决定了特定产业发展的最优选择。

其二，产业钻石模型可以研究具体产业的结构特征与发展战略。

任何一个经济体的最优产业结构内生于该时点上要素禀赋及其结构的比较优势，不符合比较优势则必然亏损，如果政府给予了财政补贴或产业政策扶持，则应按五大产业类型判断其是否属于国家战略型产业，是否属于不正常的保护。同时，随着要素禀赋结构变迁和比较优势的变化，产业结构必然随之转型升级。产业结构包括该产业的技术水平、产业集群、产业链分布和供应链效率等，而产业基本特征则决定了该产业中的主要企业面临的市场规模与技术水平，影响着产业发展战略的制定。

产业发展战略选择与要素禀赋结构所决定的最优产业结构之间偏离与否，决定了产业在不受关税、补贴等各种形式的政府保护情况下发展的难易程度，也决定了企业在正常经营条件下的正常合理利润水平，即企业自生能力。

其三，产业钻石模型可以评估政府的产业政策是否合理。

政府应该解决经济发展中存在的软的投资环境和硬的基础设施等外部性问题与协调性问题，为产业发展提供前提条件。政府的产业政策必须因势利导，而不是违背比较优势的主观意志，产业政策的目标就是把那些具有潜在比较优势但因交易成本太高不具备竞争力的产业，经由政府帮助改善软的投资环境和硬的基础设施，把产业的交易成本降低到合理水平，使该产业生产成本与交易成本之和趋于最优，这个产业的潜在比较优势转变为竞争优势。

具体而言，产业政策包括了产业发展政策（五类产业划分和发展转型政策）、产业贸易政策（出口导向政策、进口替代政策）、产业激励政策（产业园区政策、产业技术激励、产业集群）等。产业政策应该界定产业中企业行为的激励与限制，不断降低企业的交易成本，进而决定了由生产成本和交易成本之和构成的企业总成本，从而影响企业的竞争能力。

其四，产业钻石模型可以衡量企业能力，这是模型的分析终点。

企业自生能力主要可以通过企业的利润率水平与同产业平均利润率水平相比较来衡量，在经营管理正常的情况下，如果二者基本相同则证明拥有自生能力。

如果企业非正常亏损或拥有超额利润率，则可通过企业规模变化分析判断企业规模效应盈亏原因，以判断企业的经营管理能力。企业拥有自生能力必然可以获得平均水平的盈利率，如果远高于产业平均盈利率，则可能是优秀企业家发挥作用，否则企业经营管理水平就可能存在问题。

此外，产业钻石模型也可以分析出企业从自生能力转化为竞争能力的条件，包括技术进步、企业规模与品牌效应等，即企业在获得自生能力的基础上，进一步通过扩大规模，降低边际成本，推动技术进步、提升生产效率；做广告、通过媒体宣传等塑造品牌效应，以降低社会交易费用等推动企业竞争能力提升，获取边际超额利润，最终力争成为产业的领军企业，进一步通过技术创新和商业模式创新等，把企业竞争能力转化为企业核心竞争力，通过创新获取合理"垄断利润"。

总而言之，产业钻石模型分析的经济发展过程，本质上是要素禀赋结构不断变迁、比较优势不断变化、产业不断转型升级的过程，也是该产业中的企业随之不断调整竞争战略，做大做强的发展过程。在这个过程中，有为政府应当制定因势利导的产业政策，推动产业发展和转型升级，同时激励产业中的企业做大做强，勇于创新，成为产业领军企业，产业的发展水平取决于这个产业中领军企业的竞争能力与技术水平。

（三）产业钻石模型优点与五大产业类型应用

由上文可知，相对于产业组织理论 SCP 框架而言，产业钻石模型具有如下优点。

一是产业钻石模型从内生要素禀赋及其结构的比较优势决定最优产业结构基本原则出发，而不是只考虑外部因素的作用。模型从内因出发，分析产业的决定性因果逻辑，而不是外因的相关性影响。

二是从产业特征判断是否符合经济体要素禀赋结构比较优势，由此判断产业中企业是否具有自生能力，政府的产业发展战略是否合理，然后把有效市场的企业主体和有为政府的产业政策作用整合进来，以产业中的企业正常利润率衡量企业自生能力，不仅解决了 SCP 框架只关注外部影响因素、缺乏动态分析、忽略政府作用等问题，最重要的是把企业自生能力作为产业绩效的核心评估概念，因此成为适用于发展中国家产业转型、计划经济转轨的有效工具。

三是产业钻石模型强调产业发展转型是一个逐步积累与结构变迁的过程。产业结构随要素禀赋结构决定比较优势逐渐转化为竞争优势，在市场竞争中，表现为企业自生能力转化为企业竞争能力，进而转化为企业核心竞争力；在竞争战略中，依次从总成本领先战略向差异化竞争战略转化、再向产业聚焦战略逐步转变，从而实现企业从无到有、从小到大、从弱到强的发展。

经济学是既要认识世界，也要改造世界的经世致用的社会科学，因此我们提出的产业钻石模型，在政府发展经济、招商引资、制定产业政策中应该如何运用？在企业创业发展和竞争中又如何学以致用呢？

首先，产业钻石模型可以应用于五大产业类型的分类分析。

面对现存不同类型的产业，可以根据研究需要筛选出代表型企业，运用产业钻石模型针对产业中的企业发展状态研究评估所处的类型，进而甄别产业是否符合其要素禀赋结构的比较优势，有助于政府产业政策的制定和发展战略的实施。通过对企业盈利水平的评估判断企业是否拥有自生能力，进而确定企业竞争战略与发展方向，指导企业的实际生产经营活动。

其次，产业钻石模型可以应用到发展中经济体的宏观转型研究。

面对发展阶段不同，资源禀赋结构不同、地区规模大小不同的发展中经济体，其宏观转型研究是一个长期难题，产业钻石模型则可以把宏观转型、中观产业发展与微观企业竞争等研究分析融为一体。通过对企业自生能力的评估，为产业的发展转型提供合理的发展战略建议，也为政府制定因势利导的产业政策提供重要的参考依据。

最后，产业钻石模型不仅适用于中国五大产业类型的研究，企业能力分析与竞争战略选择，同样也适用于其他各种类型和规模大小的经济体的产业分析研究，包括对处于不断转型中的产业做出评估研究，相关企业竞争状态的评估和竞争战略选择，以及为相关产业研究评估机构和政府在制定因势利导的产业政策时提供建议指导。

CHAPTER 5 | 第五章

汽车产业案例分析

本章将通过运用新结构经济学理论逻辑和产业钻石模型对中国汽车产业做出案例应用示范分析。之所以选择汽车产业作为案例研究对象，一是笔者比较熟悉中国汽车产业的发展历程，从事相关汽车企业投资运营工作二十多年，见证了中国汽车产业的高速崛起过程，积累了一些好奇的问题；二是汽车产业是内燃机技术应用的重要的大产业，推动了从钢铁、石化、公路建设到城市化等重化工产业的发展，同时汽车产业技术进步是内燃机技术进步的最大动力，汽车也促使工业化国家的社会生活方式发生了巨变；三是汽车产业正在经历一场百年未遇的新能源技术革命，这场技术革命对世界产业格局、中国新能源汽车产业的崛起以及新能源汽车的智能化、自动化对社会生活方式的改变都有深刻影响。研究分析汽车产业是我们深刻理解全球工业化进程的一个最佳视角。

一、汽车诞生与产业崛起

（一）汽车产业发展简史

汽车产业是一个巨大的产业体系，是内燃机技术重要的应用产业，推动了从钢铁、石化、公路建设到城市化发展等资本密集型重化工产业的发展，同时汽车产业技术进步是内燃机技术进步的最大动力，汽车也促使工业化国家的社会生活方式发生了巨变，研究分析汽车产业是我们深刻理解全球工业化进程的一个最佳视角。

1886 年，世界汽车产业的元年，德国人卡尔·本茨研制的 0.9 马力的三轮汽车获得了专利证书，同年，另一名德国人戴姆勒也试驾了他发明的四轮汽油汽车，从此，汽车开始改变这个世界。百年来，从以时速 18 千米行驶的第一辆三轮汽车，到现在 3 秒可以加速到时速 100 千米的超级跑车，汽车产业经历了四次重大变革与产业重心转移。

第一次汽车产业重心转移是从德国到美国。虽然德国发明了汽车，但美国一直在努力追赶。1915 年前后，美国已成为世界上最大的工业品制造国家，许多产业已经达到世界领先水平，其中钢铁、石化、铁路等重化工业已进入起飞阶段，为汽车产业的快速发展创造了有利条件。1903 年，福特汽车公司诞生，1908 年，通用汽车公司成立。随后，福特推出了物美价廉的 T 型车，并于 1913 年发明了汽车制造的流水线生产模式。美国汽车产业生产效率因此大幅提升，汽车价格不断下降，汽车在美国快速从奢侈品变成了大众化的代步工具，产销量增长迅速。美国在 1920~1929 年经历了第一次汽车普及高潮；在第二次世界大战结束之后美国迎来第二次汽车普及高潮，并从此成为汽车普及率第一的国家。

汽车技术的进步，基础设施的逐步完善，美国人口规模和市场规模的持续增长是其主要原因。

第二次汽车产业重心回归欧洲，是把美国流水线标准化的生产模式转移到欧洲诸国。20世纪30年代之后，欧洲汽车的生产方式向美国的流水线生产模仿追赶，同时德国等国家开始修建高速公路等基础设施，汽车在以德国为中心的欧洲国家中开始普及。欧洲不同国家的文化多样性也促使各国汽车生产商在多品种、多样化（大中小型、高中低端、设计风格多样）等方面取得了技术优势，其中德国、意大利、法国、英国、瑞典等国汽车制造业水平较高，苏联及东欧国家也开始生产不同类型的汽车。德国汽车产量在第二次世界大战后开始稳步提升。

第三次汽车产业大规模转移是从欧美国家到日本。在第二次世界大战前，日本已经先后成立了丰田、日产等汽车公司，有了汽车制造初步基础。第二次世界大战期间，受军工产品制造的影响，日本轿车生产基本处于停滞不前的状态，但是第二次世界大战后朝鲜战争给丰田等汽车企业带来不少军需订单，使这些企业获得了一次快速扩张的机会。1955年，日本通产省提出了开发生产适合日本国情的"国民车"计划和相关产业支持政策，日本企业借助后来者优势，模仿式创新，在丰田汽车开发了著名的精益生产模式。这一模式对日本汽车企业界产生巨大影响，形成了日本汽车产业的独特竞争优势，日本汽车产业进入起飞阶段。20世纪70年代的两次石油危机，不仅没有对日本汽车产业产生不利影响，反而更加突出了日本汽车节能省油的竞争优势，使其出口量节节上升：1970年出口100万辆，1973年出口200万辆，1976年出口300万辆，1977年出口超过400万辆。1980年，日本汽车产量突破1100万辆，日本先后超过德国、美国，成为世界第一汽车生产大国。虽然之后的有些年份里，美国汽车产量重新超过日本，但世界汽车的生产重心实际上在1985年左右已经从欧美转移到了日本。从此以后，世界汽车产业基本上形成了美、德、日三足鼎立的结构和格局。

如果说世界汽车产业有第四次产业重心的转移，那么就发生在当代中国，中国汽车产业经历了计划经济体制时期的创业成长，改革开放初期的渐进式改革和产业政策保护，逐步积累准备；加入WTO后，中国汽车产业全面开放，一路高速发展先后超过德国、日本，2010年无可争议地超越美国，中国成为全球第一大汽车产销市场，截至2017年中国汽车产量约2901.5万辆，超过美、日、德三国汽车产量总和。在此期间，世界汽车产业各大巨头陆续进入中国市场投资，从整车制造、零部件加工，到发动机、变速箱等关键部件生产。随着中国汽车消费能力的强劲增长，中国汽车从低端向中高端，从少品种向全球最多的车型品种发展，并向汽车产业链的上下游衍生。世界汽车产业链配套重心不断向中国转移。

目前中国已成为世界汽车产业竞争主战场，汽车产业的投资依然持续流入中国，包括主攻新能源汽车的特斯拉已完成中国超级工厂的建成投产。同时中国汽车国企和民企也在中国汽车产业高速发展中不断提升实力，从低端自主品牌开始起步，逐步进入中高端汽车制造领域，2017年中国自主品牌产销量已超过国内市场40%，其中吉利、长城、长安、上汽、北汽等名列前茅。更可喜的是在新能源汽车领域，中国民企比亚迪与美国特斯拉均于2011年推出了新能源汽车，保持了同步发展的节奏，开启了新能源汽车时代。与此同时，中国政府大力推动新能源汽车发展，多种力量进入新能源汽车领域。中国汽车产业在新能源汽车的研发、制造、销量上均处于世界领先状态，表现出在新能源汽车领域换道超车的巨大潜力，其中以比亚迪最为突出，蔚来等势头强劲。

21世纪开始，尤其是近十年，世界汽车产业的制造重心正在向中国转移，形成了汽车产业链、供应链在中国的聚集，最终汽车产业价值链将聚集于中国，尤其是新能源汽车产业链的重心必会聚集于中国。中国汽车产业的企业家们将承担起发展新能源汽车的历史重任，成为继德国发明汽车、美国采用流水线制造、日本推行精益模式后的新能源汽车行业的技术领军者，中国将成为第四个为人类汽车产业做出重大贡献的国家。

（二）汽车产业发展特征

一是汽车产业需求多元化与阶段性需求变化。汽车属于家庭大宗消费品，消费者的需求会受到多种因素的影响，尤其是对于汽车这种花费甚多的消费品，影响因素会更多。不同地区的消费者受到不同的文化因素和社会因素的影响，对于车型的偏好也会不同，同一地区的消费者也可能会由于不同的社会阶层、家庭环境、收入水平而偏爱不同的车型。就同一车型来说，也会在价格、性能、油耗、质量、品牌上有进一步细分，如此众多的影响因素使得消费者对于汽车的需求呈现出极其多样化的特点。

同时由于汽车的大宗消费品地位，汽车的使用年限一般在五年以上，因此汽车消费有耐用品的特点，以及与收入水平相关的阶段性特点。在一国收入水平普遍较低的情况下，汽车的需求主要集中于价格低廉的小型车，并且需求偏实用，随着收入水平的提高，汽车的需求开始集中于中档车和SUV，因此汽车的消费需求具有明显的阶段性特征。国家统计局数据显示，2016年中国新能源汽车产量超过50万辆，在产业政策支持下高速增长，2018年产量超过100万辆，2021年产量超过350万辆。

二是汽车产业流程复杂，具有规模效应。每台汽车拥有数万个零部件，整车厂不可能自己全部生产，因此汽车产业绝大部分零部件都是外包加工的，而且必须层层外包，建立多级供应商体系，供应商总数可能成百上千。比如大众汽车把车门系统外包给一家一级零部件供应商，如德国博泽集团，德国博泽集团又把车窗外包出去，车窗供应商又要把车窗升降马达外包出去，马达供应商又要把马达外壳外包出去……每台汽车有几十个这样的系统，每个系统都是层层外包，其中任何一个环节的问题都可能导致主机厂无法量产或者生产的产品有问题。所以，汽车产业会形成很长的复杂产业链体系。

汽车产业除了流程复杂，还具有规模效应。专家研究发现汽车的单位成本随产量扩大而呈现下降趋势，就一种车型而言，生产数量与成本的关系如下：当汽车年产量由 1000 辆增加到 5 万辆时，单位成本将下降 40%；当汽车年产量由 5 万辆增加到 10 万辆时，单位成本下降的幅度将达到 15%；当汽车年产量由 10 万辆增加到 20 万辆时，则生产的单位成本将获得 10% 的下降；当汽车年产量由 20 万辆增加到 40 万辆时，单位成本将下降 5%；当汽车年产量超过 40 万辆时，单位成本下降幅度急剧减少，以后产量每增加 10 万辆，成本下降比例及下降幅度更小。汽车年产量达 100 万辆后，再增加产量就不存在规模效应了，从边际成本角度分析，此时单位成本降低到极限，其规模也达到最优经济规模。

在汽车产业发展初期，虽然各国政府对本国汽车产业都有所保护，但多数国外汽车企业还是一直处于比较充分的市场竞争环境之中。市场竞争机制的有益之处就是能够优胜劣汰，使强者更强，弱者退出。在这样激烈的竞争中，强者不断兼并收购弱者，规模不断扩大，边际成本不断降低，规模经济效应也随之扩大，企业的竞争力进一步提升。

三是汽车产业关联度高与产业链长。汽车是典型的加工装配型产业，如前所述，一台汽车大致需数万个零部件，从发动机、变速箱、底盘等核心零部件的精密加工，到外壳、缓冲器、仪表盘等树脂部件热压成型，再到空调和音响等电子器件配套，以及装饰、座椅等部件安装等，种类十分庞杂，这就需要一个完善的分工体系。产业全球化的发展导致了汽车产业分工模式的全球化分布构建，反映在整车生产与零部件生产的关系上主要采用以合同为联系的网络型组织模式，零部件企业实行专业化生产，面向全球所有汽车企业，满足整车企业零部件全球采购的要求。美、德两国整车与零部件生产基本上采用的就是这种分工模式；与之相对，日本汽车企业的分工模式则更多地体现为零部件企业与整车企业之间的高度协作，并由此形成了多层分包的金字塔形产业结构。上述三个国家的汽车产业与其他配套企业的关联性都非常高，并且以汽车品牌龙头企业为中心形成了区域性产业聚集，随汽车产业全球化分布，汽车产业零部件生产加工的产业集群呈现成本最优的全球化布局状态。

由于这个特点，汽车产业的建立可以提高就业率和国民收入，一辆汽车的下线和销售，带动的不仅仅是整车厂，还是整个产业链上庞大制造体系的运转和相关人员的收入。

这种高度分工的产业链关联产业，对于本国的经济发展有巨大的推动作用。有研究表明，美国汽车产业每增值1美元，可为下游产业带来2.63美元的增值，为上游产业带来0.65美元的增值。20世纪80年代中期，英国一家研究机构发表的一份调研报告称，轿车需求量每增长1.3%，国民收入就增长1%。国家统计局数据显示，2021年中国汽车产业总产值超过10万亿元，属于仅次于建筑产业的第二大支柱产业，汽车产业对于中国经济的影响举足轻重。

四是汽车产业具有较高的进入门槛和高度集中的特点。汽车产业经过百年的竞争演变和产业转移，到 2020 年按产量计算已基本形成了以美国、日本、德国三国为主的六大汽车企业集团，以及法国、意大利、韩国补充的全球竞争格局。六大汽车企业集团分别是德国的大众、戴姆勒，日本的丰田、本田，美国的通用、福特；其他汽车企业如法国的雷诺、意大利的菲亚特、韩国的现代等。中国的汽车产业经过二十多年高速增长，形成了一批汽车企业集团，主要为一汽、上汽、东风、广汽、北汽、长安六大国企集团，以及比亚迪、吉利、长城三家民营汽车企业。由于新能源汽车时代的到来，中国又涌现出一批造车新势力，发展势头迅猛。

二、汽车产业转移与技术扩散

内燃机和电力的利用推动了世界的第二次工业革命。然而汽车在出现的前十年中，一直是欧洲贵族的"奢侈品"，真正将汽车制造打造为一个产业，始于美国福特汽车公司。在很长一段时间里，美国的汽车工业一直是美国经济的支柱产业。

第二次世界大战结束后，凭借大量顶尖的汽车零部件供应商和先进汽车制造技术，汽车产业的重心又再次转移到了以德国为重心的欧洲地区。

20 世纪 70 年代，中东石油危机的爆发为东亚汽车产业带来了高速发展的机遇，自此以丰田、本田和日产为代表的日本汽车制造业开始崛起，并迅速占领国际市场，日本汽车制造业凭借其精益化供应链体系和高度分工生产，在世界汽车产业占据了重要的一席之地。

21 世纪初，特斯拉和比亚迪分别启动了新能源造车计划，经过近十年的探索积累，2011 年，比亚迪新能源汽车 E6 开始量产上市和 2012 年特斯拉第一辆大规模量产车 Model S 下线拉开了汽车产业新能源时代的序幕，两家新能源汽车企业的出现改变了传统汽车产业的生产体系和销售服务模式，推进了一场汽车产业的技术革命。随着新能源电动汽车的兴起，中国在新能源汽车领域发展迅速，一方面，比亚迪新能源汽车引领下的传统汽车厂商北汽、吉利、长城等开始向新能源汽车转型；另一方面，包括蔚来、小鹏、理想等在内的互联网造车新势力如雨后春笋般地出现。2015 年之后，新能源汽车产业在中国进入高速发展期，中国将在新能源汽车时代完成汽车产业链、供应链甚至价值链的聚集。

各国汽车产业特征与优势如图 5-1 所示。

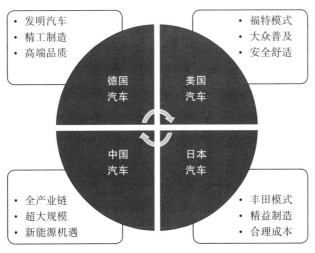

图 5-1　各国汽车产业特征与优势

（一）第一次转移：从德国发明到美国制造

汽车诞生在德国，然而汽车走入中产家庭，成为大众化的工业品的过程却发生在美国。19世纪末，美国迈上了现代汽车工业之路。由于彼时美国的重化工业生产处于全球领先地位，汽车产业的关联产业也都具备较为成熟的发展基础，这为汽车产业的崛起创造了条件。

美国企业家福特在 1893 年开始试制以汽油为动力的汽车，并于 1903 年创办了福特汽车公司，在 1908 年研制生产出售价低廉的 T 型车，T 型车由于采用标准化大批量生产，大幅度降低了汽车成本，真正意义上把汽车从少数人订制的奢侈品变成了普通人的交通工具，T 型车改变了美国家庭的出行方式，率先把美国变成了一个汽车普及的国家。1913 年福特汽车推出了汽车流水线的装配方式，大大提升了装配效率，提高了汽车的产量，再次改变了整个汽车产业。T 型车降低了汽车的售价，而流水线的方式让美国的家用汽车实现了大规模普及。1908 年美国通用汽车公司成立，这家公司后来成为全球第一大汽车生产公司。在福特与通用两大汽车巨头的作用下，美国汽车产业得到突飞猛进的发展，产销量直线上升，在 1916 年达到年产一百万辆，仅四年之后，已实现产量两百万辆。

福特的流水线生产方式推动了世界汽车产业的大变革，使汽车工业的重心从德国转移到美国。1902 年汽车公司凯迪拉克成立，推动了汽车零部件的标准设计及通用化，再次降低了汽车制造和维修成本，甚至可以拆散三辆不同的凯迪拉克的汽车之后，再次组装出三辆不同的汽车。1925 年美国克莱斯勒成立，至此，美国汽车产业的三大巨头都登上了历史舞台。此时的美国汽车年产销量已达到五百万辆。

美国汽车产业发展了一百多年，在与其他汽车强国的竞争中取得了长足的进步，在汽车技术领域不断创新发展，满足了消费者对于汽车造型和性能的要求，影响着全球汽车产业的发展。美国是名副其实的汽车强国，通用汽车曾一度成为全球最大的汽车跨国集团，为美国的经济做出了巨大贡献。虽然世界汽车产业的发源地在欧洲，但是汽车产业的现代化生产方式却是在美国首先确立的。现代化生产方式迅速降低了汽车制造的平均成本，使得美国汽车的生产相对于欧洲早期手工作坊式生产有了巨大的竞争优势，进而带来美国汽车产业的起飞。

促成第一次汽车产业转移的关键之一是"福特制"的生产模式。与欧洲大陆汽车产业一样，美国汽车产业发展初期，汽车造价昂贵，一般民众不敢问津，但是在福特1908年发明T型车并在自己的汽车制造厂建立了"福特制"的生产模式之后，汽车真正从富人的奢侈品变成了民众的日用代步工具。"福特制"主要包括两个方面的内涵：一是生产工艺创新，福特创造了单一产品的传送带式的流水线生产方式，使得汽车的生产效率大大提升，从而降低了汽车的单位生产成本；二是企业管理上的创新，在科学管理组织生产的前提下，谋求高效率和低成本的统一，福特在自己的工厂里实施产品和零部件的标准化，提高了生产效率，降低了匹配零部件和汽车的时间成本。在当时的美国，几乎所有的汽车制造商都在模仿福特公司的生产方式。

另外，美国的汽车产业可以在相当长一段时间内成为美国的支柱产业之一，并成为国际汽车市场上的重要组成部分，以市场竞争为基础，政府在有限领域内间接干预的发展模式是其中的关键。到目前为止，美国汽车产业的发展模式仍然是建立在市场竞争基础之上的。首先，全方位地开放市场，只要符合美国规定的技术标准，任何国家的任何企业生产的汽车都可以到美国市场来销售，这保证了美国国内虽然形成了寡头垄断但仍然有一个激烈的竞争环境，促使了美国汽车产业的不断创新进步。其次，实行低税收的政策，美国居民购买使用汽车的税负远远低于其他国家，一个家庭同时拥有数辆汽车也没有明显的税负压力，这大大推动了美国汽车的普及。最后，第二次世界大战前后大规模启动高速公路建设和密集道路网系统建设，推动了美国汽车行业的快速发展。

尽管美国的汽车产业以市场竞争为主，但并不意味着政府在汽车产业发展过程中采取"无为而治"的方针，美国政府对汽车产业的相关政策处于宏观层面，但对汽车产业依旧产生了巨大的推动作用。20世纪以来，美国政府干预汽车产业发展的模式大体经历了两次转变。第一次转变发生在20世纪30年代，美国的市场经济制度从完全竞争发展转变为混合发展的模式，相应地，美国政府通过税收优惠以及提供比较完善的服务来促进工业制造产业的发展，但是仍旧没有十分具体而明确的针对汽车产业的政策。在这个时期，美国汽车产业处于世界汽车产业的领军位置，在全世界范围内几乎没有竞争对手，因此不需要专门对汽车行业进行特殊的产业保护。美国汽车产业在相当长的一段时期内主宰了世界汽车消费市场，因此不需要制定相应的汽车出口政策。从整个国家层面来看，美国本身经济发达、人多地广、资源丰富，具备发展汽车工业的国内市场规模优势，不需要像日本一样制定一些特殊的产业政策。

20世纪70年代后期，由于美国汽车产业在全球竞争中被日本汽车产业抢去领先地位，美国政府加大了对汽车产业发展的干预。布什政府制定了美国的汽车产业政策，克林顿上台后更进一步强化了产业政策与技术政策，甚至将联邦科学技术委员会升格为国家科学技术委员会，以促进国家的技术创新。美国政府的产业保护不仅包括实行一系列促进新技术商业化、加快技术扩散、刺激技术创新的政策，还包括帮助三大头部企业进入国际市场并不断扩大市场份额，而且对国外企业及产品（日本汽车)进入美国市场进行严苛的限制,甚至动用外交政策来避免日本汽车的侵蚀。美国政府先是对日本政府施压,使得日本"自愿"对汽车出口进行配额,并将汽车生产工厂搬迁到美国。后来的广场协议更是使得日元升值,日本汽车价格上升,市场竞争力下降。

2008年金融危机的爆发对美国汽车产业造成巨大冲击,美国三大汽车制造商之一的通用汽车于2009年申请破产重组,克莱斯勒接受美国政府资金援助以渡过危机,这对美国传统汽车制造业造成了巨大打击,曾经的"汽车之城"底特律也于2013年申请破产。尽管如此,美国的汽车产业发展并未画上句号,随着特斯拉的下线,美国汽车制造产业也开始进入新能源时代,并成为国际新能源汽车产业的重要组成部分,究其原因,尽管美国在传统汽车制造领域的份额逐渐减少,但与汽车相关的技术研发和科技创新并未停滞,这也是美国要素禀赋结构所决定的,汽车尤其是新能源汽车的研发,其特点是资本密集和技术密集的,美国作为世界上最发达的国家之一,储备着丰厚的资本和大量前端的科技人才,在这样的背景之下,美国汽车产业可以进行大量资金投入和人才投入,其发展优势是其他国家难以比拟的。

通用汽车早在1930年就建立了"通用汽车公司技术中心",统管汽车研发、设计工作,包括基础理论研究、产品技术和生产技术研究、产品设计和工程设计,并建有各种试验基地。中心规模不断扩大,到20世纪50年代中期,该中心拥有科学家、工程师、设计人员及后勤辅助人员6000多人。因此,即便是三大汽车制造厂商在金融危机时受到巨大冲击,但美国依然有数量庞大的汽车领域相关人才储备和巨大的市场,这些人才和市场同样推动了新能源汽车的创新和普及,使美国在新能源汽车时代继续保持技术优势。

（二）第二次转移：回归欧洲多元化风格

作为汽车的发源地，德国汽车产业一直是世界汽车工业的重要组成部分，整体来看，德国汽车产业在长达百年的转型发展中，经历了反复曲折的不同发展阶段。

19世纪中后期第二次工业革命浪潮兴起，德国一方面发动对法战争推动统一，另一方面运用国家力量，利用关税壁垒，发挥后来者优势，利用第二次工业革命的历史机遇，快速推动了德国的工业化进程，尤其是重化工业的优先发展，德国借此跻身于世界工业化强国之列。由于第二次工业革命中电力和内燃机的发明，德国人戴姆勒和本茨率先应用新技术，分别于1885年做出了各自第一辆汽车，汽车的诞生是第二次工业革命最重要的产物，为人类社会发展发挥了不可估量的作用。

汽车发明后，德国一直处于作坊式定制式制造状态，因此质次价高，无力规模化量产和普及，到了1914年德国汽车的年产量才勉强达到两万台。美国福特于1908年推出了首批量产T型车，启动汽车流水线装配，开始大规模量产标准化汽车产品，使汽车成本大幅下降，成为普通人可以购买的交通工具。美国福特的流水线模式在发明成型后开始逐步被欧洲企业学习模仿，由此汽车产业回归欧洲，在欧洲掀起了投资发展热潮。

德国的汽车产业基础雄厚，进入汽车产业的高速发展期后，形成了德国汽车精工制作的优质产品口碑。第二次世界大战爆发前，奔驰、奥迪、大众等汽车公司均已形成一定的生产规模。

第二次世界大战期间，德国的汽车工业成了军事工业的组成部分，第二次世界大战结束后德国重建了汽车工业，1950年，德国的汽车产量达到30万辆。随着欧洲各国的战后经济发展，汽车生产日益标准化，流水线制造使价格不断下降,汽车在欧洲进入了快速普及期。欧洲多国多元化风格设计的汽车争奇斗艳,竞争力不断提高,汽车产量大幅度上升。德国的汽车产业借此开启了高速发展阶段,截至 1960 年,德国的汽车年产量已达 200 万辆,10 年内年均增长率达 21%,从此成为欧洲最大的汽车生产国和出口国。

德国汽车产业一直是全球汽车产业的重要组成部分之一,相比美国汽车产业靠其广大市场推动,德国汽车产业则是以技术领跑和零部件专业化为典型特点,德国汽车拥有基于先进制造技术的高质量,在 20 世纪 50 年代出口量猛增。由于出口量和国内需求增长,德国汽车工业保持连续增长,1959～1966 年,汽车产量从 172 万辆增长到 305 万辆。20 世纪 70 年代的石油危机使德国汽车产业面临挑战,德国采取了一系列短期调整措施,包括缩小投资规模,减少就业人数以降低费用开支;危机过后,1976～1978 年,德国汽车企业在国内大量投资,主要用于开发新产品、采用现代化的生产技术、增加自动化设备和机器人的数量,以实现弹性制造,满足消费者的个性化需求;同时采用更好的材料和生产流程控制手段,优化物流体系。

20 世纪 80 年代,良好的国际经济环境和高品质的产品竞争力,再次促使德国汽车大量向美国和亚洲新兴经济体出口。但到了 20 世纪 90 年代,欧洲多国汽车产业受制于本地市场规模局限,新兴市场规模又面临与日本汽车的激烈竞争,发展徘徊不前,甚至持续亏损,不得不开启了欧洲汽车产业资产重组兼并的浪潮。

(三)第三次转移:日本汽车崛起的"精益模式"

世界汽车产业的第三次重心转移到了日本,20 世纪 70 年代,中东石油危机爆发，为日本汽车制造行业的崛起带来了契机。事实上，从 20 世纪 50 年代开始，日本就已经建立了汽车制造产业，20 世纪 60 年代形成规模并不断调整产业结构，20 世纪 70 年代汽车产业成为日本的支柱产业之一，20 世纪 80 年代日本汽车产业开始全面爆发、高速增长，不仅借助质优价廉、节油省钱的口碑进入亚洲新兴经济体市场，同时进入美国、欧洲市场，与美国、德国汽车产业开始激烈竞争，争夺全球市场份额。

随着 20 世纪 50 年代中期日本加入关税及贸易总协定，日本汽车开始布局全球化"走出去"的战略，但是在汽车进口贸易方面，日本政府为了保护国内相对薄弱的汽车产业，对汽车进口实施高关税以及非关税贸易壁垒。日本汽车产业在此期间通过出口营销、新建销售公司以及兼并进口公司等手段为自身出口创造条件，并且日本企业选择率先进入亚洲和拉美国家市场。

经过 20 世纪 50 年代汽车产业发展的积累探索，到 20 世纪 60 年代日本的汽车产量和销量迅猛增长，汽车总产量从 1960 年的年产 40 万辆飙升至 1969 年的年产 470 万辆，10 年间增加了将近 11 倍。由于同期的国外市场开拓尚在起步阶段，汽车生产增量中的绝大部分由国内市场消化，日本进入汽车普及阶段，同期的国内市场需求十分旺盛，支持了日本汽车产业的快速崛起。

20 世纪 70 年代，欧洲、美国汽车产业受到重创，日本汽车产业却因此获得了快速发展壮大的历史机遇，日本汽车产业高速增长，同时对欧美资本开放汽车产业投资合作。到了 20 世纪 80 年代，日本汽车企业开始走出去在美国和欧洲建厂，日本汽车企业丰田、本田等在北美、欧洲的汽车产量从 1985 年的年产 50 万辆增长到 1998 年的年产 400 万辆，增长了 7 倍。这也是 20 世纪 90 年代日本汽车本土出口量不增反降的主要原因，因为其实现了直接在出口国市场就地生产销售；同时日本在此期间基本完成工业化进程，汽车普及率已达到较高水平，增长空间不大。1990 年，日本国内汽车生产量和销售量分别达 1349 万辆和 778 万辆，均达到历史最高水平，同时也是日本汽车工业自 20 世纪 80 年代以来持续增长的转折点。直到 21 世纪初中国加入 WTO 后，由于中国有改革开放二十余年的发展积累，已进入汽车普及阶段，中国汽车市场在新世纪开始井喷式增长，日本汽车产业开始向中国投资市场，转移产能设备和技术。

日本汽车产业的发展慢于欧美，曾长期属于追赶型产业。第二次世界大战后的日本明显感受到技术创新对工业的巨大推动作用，因此大规模投入研发经费，利用汽车产业的后来者优势进行技术模仿与应用创新。对于引进的先进技术，日本企业最初以消化吸收为主，在积累了相当的技术经验之后开始集中力量进行模仿创新和自主创新。

在研发机制设计上，日本汽车企业拥有四个层次的研发机制：第一层次是中央研究所，主要从事基础理论和技术研究，定位于发现汽车发展的方向；第二层次是开发中心，着力解决理论应用的问题，进行应用技术研究；第三层次是设计开发中心，主要进行新车型的设计和技术实现研究；第四层次是零部件企业的研发部门，主要是对零部件的生产技术进行研究，这样就形成了一个完整的研发体系。日本汽车产业凭借其研发体系，不仅发挥了后来者优势，消化吸收欧美先进技术，同时不断开发新产品、新技术、新材料、在汽车产业发展中实现了从追赶到超越，占据了全球几乎三分之一的产业份额。

日本汽车厂商的供应链模式和区域产业集群，也提升了日本汽车产业的竞争优势。生产和供应链端的典型代表就是丰田精益生产模式，包括全面质量管理（TQC）、合理成本、零库存、弹性生产等，同时丰田通过同上下游产业链间供应商的密切合作，不断优化了产业链条，可以说，一个紧密结合的产业链是丰田实现精益生产的关键。

  日本汽车产业聚集和区域专业化产业集群现象明显。日本汽车制造业的工厂主要集中在日本东海沿岸以横滨为东北端、以名古屋为东南端的区域。该区域基础设施完善、劳动力市场发达，依托健全的铁路网络和航运网络形成了汽车专业化生产带，这里的土地面积虽然只占日本全国的30%，却集中了80%以上的汽车生产制造相关企业。以丰田公司为例，其总装厂与附属的零部件生产厂平均距离约为48千米，与独立的协作配套厂的平均距离约为126千米，丰田公司的零部件供应商平均每天可以供货八次。这种"集团"模式发展是日本汽车制造业的一个典型特征。日本汽车在国际化过程中依旧采取同样的集群化发展模式。例如，1986年，丰田公司在美国肯塔基州建立汽车总装厂，相继约有90家协作配套厂也在肯塔基建厂。

  日本制定的汽车产业政策也是汽车行业创造奇迹的重要原因。日本通产省在1951年制定了扶持本国汽车产业成长的基本政策，1952年颁布《企业合理化促进法》为企业提供了直接的津贴，用于新设备的试验安装和运行检验，对所有研究与开发的企业实行加速折旧和免税，允许确定的产业运转第一年的折旧额达到安装先进设备成本的50%。此外，日本还委托中央和地方政府利用公共开支建设港口、高速公路、铁路、电力网、天然气管道及工业小区，并使之适用于认可产业。之后日本又陆续颁布诸多法律对具体扶持方式进行了规定，如通过开发银行为本国汽车企业提供政策性融资。20世纪50年代前期，日本开发银行对日本汽车产业的贷款额占到汽车产业同期设备投资总额的40%，仅1951～1955年，就为丰田、日产、五十铃、日野4家公司提供了相当于其设备投资总额10%的贷款。1956年颁布的《机振法》又重点增加了对汽车零部件厂家的贷款和扶持。从1963年起，日本开发银行又将轿车工业作为"体制金融制度"的贷款对象，对批量生产小型车的企业进行投资，并对在企业合并中充当中坚力量的日产、日野、大发、富士重工等企业重点提供贷款。

另外，在汽车产业发展初期，日本政府向汽车企业提供了大量的补贴。1951～1959年，日本政府以"委托事业费"的形式向汽车技术会、日本小型汽车产业会提供补助金累计达36 900万日元。国际贸易方面，在日本汽车产业发展的初期，为了占据国内市场，日本政府制定了相关保护政策，实行高关税和限制外汇的进入与使用，特别是外汇分配制度，成为比关税更严格的进口壁垒。

（四）第四次转移：开辟中国"新能源时代"

2011年比亚迪E6实现量产，2012年特斯拉Model S的正式下线，标志着世界汽车产业开始进入新能源时代，尽管2008年金融危机打击了美国传统三大汽车制造厂商，但一种新的商业模式在新能源汽车时代重新定义了汽车产业。

与此同时，比亚迪已在电动汽车产业反复探索，开始研发制造新能源商用车，相较于面向消费市场的轿车，商用车主要面向公共服务市场，因此引发的关注度并不如特斯拉高。但随着2011年比亚迪E6的出现，中国新能源汽车企业强势崛起。一方面，中国对节能减排的要求不断提高，对新能源汽车推出系列相关产业政策优惠，为新能源汽车企业提供了良好的政策环境；另一方面，随着中国经济的不断发展，收入水平的不断提高改变了中国的要素禀赋结构，凭借中国汽车产业比较优势、大量技术人才储备和市场规模优势，中国在新能源汽车行业形成了换道超车的潜在优势。

中国的新能源汽车企业的领军者是比亚迪，但在比亚迪和特斯拉的产品相继面世后，越来越多的企业开始进入新能源汽车行业，主要有两种企业类型：一是由传统汽车制造厂商转型而来，如北汽、吉利、广汽等；二是受特斯拉商业模式影响的互联网科技企业，形成了造车新势力，如蔚来、小鹏、理想等。在新能源汽车的巨大市场潜力和政府激励的产业政策的驱动下，新能源汽车企业如雨后春笋般地出现，随着中国新能源汽车产业这几年的不断发展，已经出现了几家表现突出的新能源汽车品牌，中国新能源汽车在质量、造型和科技方面都处于较为领先的水平。

在传统汽车领域，中国汽车制造产业一直处于追赶状态，然而为什么中国在新能源汽车方面能够取得跨越式的发展呢？究其原因，一方面是中国有庞大的汽车消费市场。随着中国经济的不断发展，市场对汽车的需求量依旧较为庞大，同样对于新能源汽车的需求也较为旺盛，在此背景下，厂商就具备了不断创新完善的内在动力，能够不断推出更好的产品。另一方面，新能源汽车的核心零部件同传统汽车并不相同，传统汽车的核心部件为发动机、变速箱和底盘，也就是我们常说的"三大件"，而新能源汽车的核心则是电池、电控和电驱系统，在这些方面中国具有后来者优势，并不受之前的技术专利壁垒限制，尤其在电池制造方面。

2000年前后，发达国家将不符合当地要素禀赋结构的产业陆续转移至中国，其中一个产业就是锂电池制造，当时的锂电池只用于手机、笔记本电脑、数码相机等，属于利润较薄的劳动密集型产业，整个产业规模并不大，中国的产能基本可以满足全球的需求，而较为高端的锂电池也同样在韩国和日本生产。随着 iPhone 的上市，智能手机市场为锂电池制造企业带来了巨大生机，使得锂电池相关企业获得了较为可观的利润，并且有能力投资研发自主创新技术，其中比较典型的是比亚迪和杉杉股份。而到了新能源汽车时代，电池成为新能源汽车的重要组成部分，市场对于高性能电池的需求激增。此时此刻，全球将近 90% 的锂电池产能集中在东亚地区，市场基本上被中、日、韩三国企业占据。

完整高效的汽车产业链和供应链是中国新能源汽车快速发展的有效保障。有观点认为，中国新能源汽车产业在质量上大幅提升的契机是特斯拉在上海建立了超级工厂，本土化生产的特斯拉降价后产生了"鲶鱼效应"，带动了中国新能源汽车产业不断推陈出新，以适应特斯拉带来的竞争。特斯拉选择在中国建厂，一方面，因为中国有庞大的市场；另一方面，完整的汽车零部件供应链也是中国的产业优势。正如前文分析，整车制造需要数万个零部件，因此整车厂不可能亲自制造每个零部件，尽管在传统汽车生产方面中国一直处于追赶状态，传统汽车产业这几十年的发展带动了中国一大批汽车零部件厂商的崛起，因此中国具有完整的汽车产业链和供应链体系。同时，由于核心部件的变革，中国新能源汽车在锂电池、电控和电驱方面具有后来者优势，技术发展速度也很快。诚然，特斯拉的国产化对中国新能源汽车产业的发展具有推动作用，然而其发展背后的逻辑是中国新能源汽车零部件庞大的供应链体系和完整的产业链体系，具有新能源汽车产业最优的生产成本和交易成本，这才是中国新能源汽车产业能够推动世界汽车产业重心再次转移聚集至中国的底气和基础。

三、新能源汽车的发展趋势

2016年6月挪威首先宣布2025年禁售燃油汽车，欧洲部分国家陆续公布了各自的燃油车禁售时间表，由此新能源汽车成为世界汽车市场中发展最为迅速的领域之一，世界主要汽车强国纷纷将发展新能源汽车提升至国家战略。目前部分欧盟、北美和亚洲国家，禁售燃油车时间最早为2025年，最晚为2050年。

自2015年以来，中国新能源汽车发展势头强劲，新能源汽车销量大幅增长，2017年中国已经成为世界最大的新能源汽车制造和销售国。随着中国新能源汽车市场的不断发展，新能源汽车企业如雨后春笋般地出现，其中既有传统的大型合资汽车厂商，也有本土民营汽车企业如比亚迪、吉利，还有新兴互联网企业和其他金融、房地产转型企业，也就是我们常说的造车新势力，如蔚来、小鹏、理想等。造成这一现象的原因多种多样，既有消费者对中国新能源汽车认可度的提升，也有国家从产业政策上大力支持和推动新能源汽车产业发展的助力。

（一）技术创新与"换道超车"

中国政府在21世纪之初就推出了新能源汽车战略规划，推动新能源汽车发展已有约二十年之久，在2008年北京奥运会期间，中国就应用了纯电动公交，2010年新能源汽车被确定为七个"战略新兴产业"之一。随着一系列产业政策的颁布和实施，新能源汽车产业实现了大跨越。

在推动新能源汽车产业发展方面，中国同美、日、德等发达国家不尽相同，主要有如下几个特征：一是中国新能源汽车的技术发展路线不同于欧美和日本；二是在新能源汽车产业，中央和地方政府投入了大量的财政补贴支持；三是通过产业政策引导汽车制造公司从燃油车向新能源汽车领域转型。

同传统汽车强国相比，中国电动车的技术发展路径是不同的。以德国为主的欧洲国家开始主要发展插电式混动（PHV）和包括燃料电池（FCV）在内的纯电动汽车；以日本为代表的国家开发基于丰田技术的混合动力（HV）汽车，逐渐向插电式混动汽车，最终到氢燃料纯电动汽车过渡。中国则以锂电池纯电动汽车（EV）为突破口，直接发展新能源纯电动汽车。

中国新能源汽车技术路线的制定并不是一蹴而就的，而是经过多部门充分讨论后得出的结论，并且新能源汽车行业是由更多的产业政策引导的。例如，科学技术部为汽车电池和其他新能源汽车相关技术的研发提供补贴；国家发展改革委对包括合资企业在内的汽车制造商授予市场准入资格；工业和信息化部批准汽车公司的动力传动系统计划，确定哪些汽车电池有资格获得与汽车销售相关的补贴，并确定车辆安全的产品要求；生态环境部制定了中国的燃油经济性标准规则；交通运输部制定了陆地行驶和运输路线的产业政策。除了政府机构外，包括中国工业汽车协会、中国汽车技术研究有限公司和EV100在内的三个行业组织也参与到政策的制定当中。

有人认为，多部门参与的结果是各部门之间相互妥协，最终得出各部门之间的"最大公约数"。事实上跨部门制定政策是必要且必需的，汽车产业是一个高度集成的产业，跨部门制定规范有利于新能源汽车行业统一发展，为新能源汽车发展扫除制度上的障碍，同时可以降低企业在实际生产和销售过程中的交易成本。

中国传统汽车产业属于"追赶型",经过数十年发展,中国汽车产业进步显著,但在核心技术上如发动机、变速箱、底盘等,和汽车工业强国依旧存在差距。同时受专利技术壁垒影响,中国汽车企业在传统汽车技术研发上只能追赶而无法超越。然而在新能源汽车时代,汽车行业在技术路线方面将发生革命性变化,以纯电动汽车为例,同传统汽车相比,新能源汽车在核心技术上用电池、电驱、电控"三电系统"取代了发动机、变速箱,进而改变了汽车底盘结构,新能源汽车核心技术的革命不仅改变了产业技术路线,而且使传统汽车技术的专利壁垒失去意义。因此中国与汽车强国站在了同一条起跑线上竞争,在供给侧的要素禀赋结构比较优势和需求侧的市场规模优势凸显出来。

另外,特斯拉制造销售模式的横空出世更是改变了传统汽车行业的设计生产和营销服务模式,特斯拉商业模式上的创新也意味着在新能源汽车领域,资本和劳动力要素禀赋都会发生改变。因此在新能源汽车领域,中国汽车产业正在由过去的"追赶型"转换为"换道超车型"。

(二)产业政策与新能源汽车发展

从要素禀赋结构的角度同样也能解释中国新能源汽车技术路线上的不同选择,即直接选择以纯电动汽车为突破口,而不是从混合动力汽车过渡。传统汽车强国在燃油汽车方面具备技术积累与先发优势,通过混合动力汽车过渡有利于保持其汽车产业的比较优势和利益最大化,从而保障最终在新能源汽车行业的竞争优势。而中国在燃油汽车方面并不具备供给侧比较优势,纯电动汽车领域的核心技术是全新的,技术研发以人力资本为主,因此直接发展纯电动汽车更加符合中国汽车产业目前的比较优势。

新技术、新产品的普及离不开政府支持，"有为政府"因势利导的产业政策对新能源汽车产业发展至关重要，无论是核心车载锂电池的研发生产，还是智能化与无人驾驶等，都需要政府产业政策大力支持。从需求侧看，新能源汽车行业的弱点是充电时间长和充电桩等基础设施不足。相比于混合动力汽车，纯电动汽车需要更多的充电基础设施，充电桩等基础建设还涉及技术标准、道路交通布局等方方面面，因此需求侧和基础设施方面的产业政策激励也必须与时俱进。

在充电基础设施建设方面，中国政府推出相关产业政策，科学技术部、工业和信息化部和其他相关部门为充电传输提供了研发支持，并且公布制定了统一的充电设备标准。国家电网、南方电网对建设充电桩网络进行积极投资，根据中国充电联盟公布的数据，截至2021年底，中国充电桩保有量为261万台，公共充电桩保有量114万台，并且充电桩数量还在快速增长中。国家推动充电基础设施建设和充电桩标准制定，为新能源汽车的普及化解了基础设施不足带来的障碍，从本质上降低了企业和用户的交易成本。总体来说，在新能源汽车领域，中国政府目前充分发挥了"有为政府"作用，通过产业政策降低了企业交易成本和外部影响，从而推动了中国新能源汽车产业的"换道超车"。

新能源汽车也被视为第四次工业革命的标志性产品，它是智慧城市、智能交通的重要体现，是把5G通信、无人驾驶、共享出行、绿色能源、智能化分布式电网集成一体化的基本载体，从而成为推动新能源革命、大数据应用、智能化交通和共享式消费革命的最重要产业，承载重塑未来城市智能化的愿景使命。具体来讲，21世纪以来，全球能源短缺和环境污染问题日益严峻，以中国、美国、日本以及欧盟为代表的经济体纷纷开始新能源转型，相继将发展新能源汽车上升为国家战略，将其作为缓解世界能源压力、减轻环境污染的重要手段之一，并相继出台了一系列产业政策鼓励新能源汽车的发展和市场推广。

数字经济的兴起为新能源汽车产业赋能，在数字基础设施建设、新一代移动通信技术等数字化应用领域，中国具有较高的创新应用水平，甚至在通信交流、移动支付、大数据存储等部分应用领域已处于世界领先水平，因此在数字经济时代，新能源汽车将是未来中国汽车产业实现"赶超"的关键，也是中国汽车企业为世界汽车产业做出重大贡献的历史机遇。

CHAPTER 6 | 第六章

中国汽车产业的发展历程

百年前中国人就想制造出属于自己的汽车，但彼时的中国，哪怕是一些轻工业制品的制造能力都不具备。1949年，中国开始发展自己的汽车产业，从1953年中国成立长春第一汽车厂到现在，中国汽车产业从无到有，从小到大，从弱到强，经历了翻天覆地的变化。如今，中国不但制造出了汽车，而且决心打造具备国际影响力和竞争力的汽车产品和品牌。

中国的汽车产业发展带有明显的历史印记，不同历史阶段的社会经济发展状况、产业机制和政策导向都有较大差异。中国汽车产业在这样的历史时代条件下转型与发展，在不同的历史阶段表现出不同的产业特征，产生了出乎意料的发展成果。

现有对中国汽车产业发展的历史阶段划分主要依据仍是经济社会大环境，同时以关键事件或新政策的出台为划分节点，总体来说分析的角度偏重"史"的叙述。虽然能够清晰地梳理汽车产业在中国的发展脉络、重要转折及关键事件,但是缺少对于汽车产业变迁背后的经济学逻辑分析。这样便很难在纷繁复杂的历史之中,辨析产业转变的契机与真实原因,也不能透视产业发展因果的内在逻辑。

中国汽车产业的发展既不完全是自然而然的市场演变,也不完全依靠政府产业政策的规划,其背后隐藏着深层次的原因和逻辑,新结构经济学理论则为我们提供了一个很好的洞察事实的切入点,可以为中国汽车产业发展史的梳理和总结提供理论支撑。从新结构经济学的视角分析,中国汽车产业大体可以分为四个阶段,这四个阶段本质上和中国经济转型发展的不同阶段是相辅相成的,不同发展阶段下要素禀赋结构的变迁,决定了中国汽车产业的发展状况和趋势。

一、1.0 时代:我们要有自己的汽车

新中国几乎建立在一穷二白的工业基础之上,技术相对落后,发展重工业所需要的要素禀赋结构薄弱。为了能够尽快推动中国工业化进程,实现工业领域的独立自主,《中华人民共和国第一个五年计划》就把钢铁、军工、汽车等产业列为国家战略型产业,启动了轰轰烈烈的全面工业化。

中国的汽车产业在依靠引进苏联全套设备技术的情况下,1953 年以长春第一汽车制造厂(简称"一汽")的建立开启了从无到有的初创期。中国汽车产业建立之初属于国家战略型产业,自诞生之日起就选择以中型载货车、军用卡车以及其他特种改装车(如救护车、消防车等)为主

的发展战略，这也使得中国汽车工业的产品结构从开始就形成了"缺重少轻"的特点，即缺少重型卡车和乘用车。

1957年下半年，一汽开始设计生产轿车。1958年5月12日，中国第一辆手工作坊式制造的东风牌国产轿车诞生，由于技术水平不足，第一代东风牌轿车经常出现故障，生产30辆后，便没有再进行批量生产。

1958年后，中国汽车工业出现了新的情况，由于国家实行企业管理权下放，各地纷纷利用汽车配件厂和修理厂仿制和拼装汽车，形成了中国汽车工业发展史上第一次"热潮"，留下了一批汽车制造厂、汽车配件厂和汽车改装厂，全国汽车企业呈现"小规模、分散化、重复建设"的特征。各地方政府充分发挥自己的力量，在汽车修理厂和汽车配件厂的基础上进行扩建和改建形成的地方汽车制造企业，一方面确实丰富了中国汽车产品的构成，使中国汽车有中型载货车、重型卡车、轻型货车以及多种特殊改装车，既满足了当时国防安全及经济发展的运输需要，也在一定程度上为后来发展多品种生产协作的汽车生产配套体系和几大产业集聚区打下了基础。另一方面，这些地方汽车制造企业从自身利益出发，追求区域自成体系，从而造成整个产业投资的分散和浪费，产业布局没有合理规划，形成了重复生产的"小而全"畸形发展格局为今后中国汽车产业的集约化发展和竞争力培育造成了一定的影响。

随着国有汽车企业积极响应研发和自制轿车的号召，几家汽车企业纷纷投入轿车的研制当中。除了一汽的东风牌外，北汽的井冈山牌、一汽的红旗牌，以及上汽的上海牌等品牌的轿车在一段时期内先后问世，部分小轿车品牌也形成了小批量生产能力。不过，在当时的条件和背景下，由于经济建设和国防建设的需要更为迫切，载货车受到重视，并得到大批量的生产机会，轿车的生产则采取小批量制造，主要作为公务用车，产量相比载货车微乎其微。总体而言，这一时期中国的汽车产业发展特点为生产供给等皆以国家国防安全和经济建设需要为先。

在新中国成立后的二十多年时间里，中国汽车工业解决了从无到有的问题。中国汽车工业是基于重工业优先发展的赶超战略思潮下，作为国家战略型产业优先发展起来的，计划经济时期的中国汽车产业作为重工业核心产业获得了大量的人力、物力、财力，呈现出了"遍地开花"的状态，但大多数汽车制造厂规模小，分布零散，不具备规模优势。

汽车产业属于重工业制造的重要组成部分，是资本密集和技术密集型产业，需要投入大量的资金和先进的生产设备，研发生产周期长，产业链配套完整，能够发挥规模效应等。汽车制造需要的钢材、机床和具备一定知识的熟练技术工人也较为欠缺。

改革开放前，中国汽车企业均为国有企业，政府对企业经营具有直接的支配权。因此这些国有汽车企业的建立，大多只能解决中国汽车产业从无到有的问题，依靠政府的补贴和计划体制生存，缺乏自生能力。正因如此，在改革开放前中国的汽车工业生产技术水平很低，即便作为资本密集型的重工业部门，当时中国汽车工业还采取劳动较为密集的手工作坊式生产模式，自动化、机械化程度较低。

中国汽车工业经过这一阶段的摸索，走过不少弯路，有过停滞不前，但也在困境中探索历练，得到了经验教训和生产技术的原始积累，这为后来中国汽车产业的高速发展奠定了产业配套基础，形成了技术人才储备。1980年，中国汽车年产量可达22.2万辆，这一数字是1965年的5.48倍，1966～1980年生产的汽车累计达163.9万辆；1980年全国大、中、轻型客车年产量为1.34万辆，其中长途客车6000多辆。在汽车保有量方面，1980年全国民用汽车保有量为178.29万辆，其中载货汽车

148万辆，从这一点也可以看出当时中国的汽车产品结构是"缺重少轻"的。由于分散式发展，中国汽车工业在逐步向专业化发展的过程中，也呈现出多产品体系同时构建的特征，全国汽车制造企业共有近200家。

以上数字都体现出这一阶段中国汽车工业从无到有的进步，但是直到1978年中国汽车产量只占世界总产量的0.5%，汽车保有量仅占0.4%。与自身发展纵向相比，完成了从无到有的探索，也在规模和增长速度上取得了一定的成就，但是效率和效益依然不足和行业差距较大。

这个阶段的典型代表企业是长春第一汽车制造厂，它承担了中国汽车产业从无到有，从小发展到一定规模的探索使命，客观反映了新中国汽车工业的创业历程。

二、2.0时代：合资经营可以办

随着改革开放的渐进式推进，中国改革进入计划与市场同时存在的双轨制阶段。国家逐步放松了对汽车产业的管制，有条件地允许外资进入，汽车产业不再有过高的进入壁垒。开放性政策也为汽车产业吸纳各类人才，学习生产技术和管理经验，以及积累市场营销经验等方面提供了后来者优势。改革开放初期，汽车制造企业仍是国企体系，生产能力不足，竞争能力低。为了保护稚嫩的汽车产业，政府出台了一系列产业保护政策，采用渐进式双轨制的改革方式保护汽车产业平稳过渡。同时，汽车产业保护政策在一定程度上不仅帮助国内汽车制造企业缓解了开放竞争的冲击，也影响了其未来的发展方向。

为了形成汽车产业的规模效应，该阶段政府先后成立了解放、东风等6个汽车工业联合公司和1个汽车零部件工业联合公司。同期，国家还集中力量重点整合了"四轻二微"货车生产基地，以及确立"三大三小"轿车定点生产厂。其中，"四轻"是指一汽、北汽、南汽和柳汽四个轻型卡车生产基地，"二微"是指重庆长安和贵航云雀两个微型车生产基地。"三大"是指一汽大众、东风神龙、上海大众三大轿车合资企业，"三小"是指北京吉普、天津夏利、广州标致三家轿车合作企业。

20世纪90年代初期，中国初步形成了重型、中型、轻型和微型载货车，大型、中型、小型和微型轿车，客车、专用车和特种车五大系列汽车制造以及摩托车全系列车型的生产规划分布格局。

随着中国汽车产业内部的整合完成，汽车产业实施了一个对今天还有深远影响的政策——汽车合资建厂。为了满足国内日益增长的轿车需求，同时促进汽车制造企业的轿车制造技术与管理水平提升，政府采取限制条件下逐步批准设立中外合资、合作企业的措施，助力产业从国外引进资本、技术和管理经验。

从1984年北京吉普正式营业开始，到1994年中国政府颁布《汽车工业产业政策》，我国先后成立了6家中外合资、合作的轿车企业，分别是北京吉普（1984年，与美国克莱斯勒合作）、天津大发（1984年，与日本大发合作）、上海大众（1985年，与德国大众合资）、广州标致（1985年，与法国标致合资）、一汽大众（1991年，与德国大众、奥迪汽车公司合资）、东风神龙（1992年，与法国雪铁龙汽车集团合资）。

对于中国汽车合资政策的讨论至今尚未停止，前几年人们经常用汽车产业的合资与高铁技术的引进做对比，批评者普遍认为，同样作为追赶型产业，高铁的技术从最初的引进到完全消化再到自主创新，只用了不到短短10年，而汽车产业合资将近30年，汽车的核心技术，如发动机、变速器、底盘制造等，中国同美、日、德等发达国家还存在不小的差距，因此当时中国的汽车合资产业政策是与现实有出入的。事实果真如此吗？中国汽车产业为什么选择的是合资而不是购买技术呢？

改革开放初期或许是中国汽车产业最艰难的时期，当时中国既没有现代化汽车工业的基础，无力出口，又看不清国内汽车市场的未来趋势。当时国内汽车生产企业难以独自与强大的世界汽车巨头竞争，看不清变幻莫测的汽车市场前景，对于汽车生产企业来说最重要的就是"活下去"。无论是出于国家战略型产业安全的考量，还是出于对汽车产业巨额投入以及上百万名产业人员的平稳过渡，中国政府当时对汽车产业实施的产业保护政策，采取的渐进式改革都无疑是从实际出发的最佳选择。

这个阶段的严格产业政策保护表面上看依然是属于计划经济的，价格存在扭曲，产业资源也存在错配，由于限制民营资本进入，市场销售渠道也处于控制状态。1978～1999年，中国汽车产业与世界领先国家的技术差距实际上是在继续扩大的，但是严格产业政策保护对中国汽车产业意义重大，它不仅使几十年积累的汽车产业巨额资产得以保全，更重要的是使积累的技术人才和上百万名熟练工人没有流失。

从要素禀赋结构上看，20世纪80年代的中国资本积累仍然相对匮乏，并不适合发展资本密集型产业，而整车制造是典型的资本密集与技术密集的复合型产业，即便是购买了先进技术和设备，以中国当时的汽车产业人力资源和市场规模也难以实现自主创新。而中国引进高铁技术时，已经完成了轻工业和重工业发展阶段，资本得到了相当程度的积累，教育普及度大幅提升，技术人才储备也较为充裕，最重要的是高铁建设作为公共基础设施由政府投资，几乎不存在市场竞争，因此当时引进发达国家的高铁技术，中国既有谈判资格和资金实力，也有人才储备能够消化吸收并自主创新。

另外，汽车产业和高铁的不同在于，尽管汽车整车制造也是趋于几家大型汽车企业巨头垄断竞争的状态，但汽车本质上是终端消费品，汽车产业是高度竞争的产业，不存在独家垄断，而高铁属于公共基础设施，其投资规模巨大，回收周期长，产业链简单，消费终端与汽车大不相同，高铁只能属于国家战略型产业，由国企"耐心资本"投资和运营。

随着中国改革开放不断加速，中国市场对汽车的需求不断增长，尤其是对乘用车的需求快速增长，市场上形成了供不应求的情况。因此在20世纪90年代中后期，汽车走私现象在中国沿海地区出现，从侧面反映了当时中国汽车市场上轿车的供不应求，为后来中国汽车市场爆发性增长埋下了伏笔。

因此，中国汽车产业引进外资，建立合资、合作企业的模式符合中国当时的要素禀赋结构，并且渐进式双轨制的改革模式保全了中国计划经济时期汽车产业积累的国有资产，没有出现重工业崩溃或寡头化现象；更重要的是技术人才资源储备没有流失，以及实现了超过百万名的汽车产业熟练员工的平稳过渡，既保障了社会稳定，也为下一阶段中国汽车国企集团不断壮大和民营汽车企业的成功崛起奠定了坚实的人力资源基础。

这个阶段的典型企业代表是上汽大众，它不仅是该阶段效益最好的汽车企业合资项目，而且上汽积极发挥了后来者优势，学习掌握了现代大规模汽车生产组织和营销服务模式，推动了长三角地区汽车零部件配套产业链的形成，目前长三角地区已发展成为中国规模最大的汽车制造和零部件配套产业集群区域。

三、3.0 时代：民营汽车企业的崛起

中国汽车产业经历了渐进式双轨制改革和合资、合作企业模式的探索，面对国内汽车市场潜能的聚集，政府首先在 1994 年开放了私人购买汽车的限制，实施一系列手段打击汽车走私，禁止二手车进口，开放汽车整车进口管制等，同时对民营资本进入汽车整车和零部件制造行业逐步开放，为加入 WTO 的谈判创造先决条件。

加入 WTO 为中国汽车产业的爆发性增长创造了最大契机，从此国企集团、外资巨头和民营资本三股力量共同参与，促进了中国汽车产业竞争程度的提高，企业经营模式多样化以及产品结构的不断改善。民营资本开始进入从上游零部件到整车制造，再到下游营销服务的全产业链，为中国汽车产业带来了巨大的竞争活力，并充分发挥后来者优势，在技术引进和应用创新的过程中持续进步，有关汽车大规模生产营销模式的管理经验也在实践中不断积累，三股力量在中国高速增长的市场中同台竞技，使中国汽车产业内部竞争不断加剧，市场竞争机制逐渐成为汽车产业发展的根本性动力。

最重要的是，相对弱势的民营资本进入资本密集和技术密集复合型的汽车产业时并不被国企集团和外资巨头重视，但借助中国要素禀赋结构的变迁和中国汽车市场规模的高速增长，民营资本获得了巨大成功，不仅在上下游产业链获得了长足的发展，而且在竞争最激烈的整车制造领域也赢得了立足之地，三分天下有其一，比较出彩的吉利、长城、比亚迪三家民营汽车企业都按照各自的市场定位获得成功。当年吉利汽车创始人李书福进入汽车领域时曾豪言，"汽车就是四个轮子加两个沙发"，被业内人士嘲笑，但事实胜于雄辩，吉利汽车现已成为年销量超过百万

的汽车产业巨头。

1998年前后,为适应汽车产业发展的客观要求,以及符合WTO框架下的国际通行规则和惯例,政府发挥因势利导的作用更新了一系列汽车产业的发展政策。加入WTO后,中国汽车产业迎来了发展的"黄金十年"。国企、外资和民企之间竞争激烈,产品、技术、管理与配套服务不断改进完善。中国的汽车产业的国际化程度也不断加深,快速缩小了与发达国家之间的差距。十年间,汽车产业真正成长为中国的支柱性产业。2004年,国家发展改革委颁布《汽车产业发展政策》,该政策有利于国内汽车企业适应加入WTO后汽车产业发展的新形势,努力推动汽车产业结构调整和升级,完善汽车产业软硬基础设施,在国内汽车产业形成企业自生能力方面发挥了重要的引导作用。

为什么中国汽车产业在3.0阶段开放民营资本进入并开始发力?一方面如之前所述,中国加入WTO之后开始彻底地融入全球化之中,推动了中国汽车产业的开放,外资企业也获得了广阔的中国市场,人们日益提高的生活水平持续拉动了汽车消费需求,为国内汽车市场规模高速增长提供了强大动力和支撑。

另一方面,加入WTO后,中国的要素禀赋结构变迁加速,同时受到全球要素流动的影响,全球经济一体化和产业转移使得全球汽车产业要素如资本、技术资源等持续流入中国,在一定程度上加速改善了中国汽车产业要素禀赋结构。中国的人均固定资本投资在2001～2007年保持了较快的增长,2001年中国的人均固定资本投资为5111.95元,2007年为18 231.83元,增加了2.57倍。这说明加入WTO后,中国的人均资本存量快速提高,要素禀赋结构不断改善。在技术方面,中国大力引进国外先进的生产技术,不断改善国内的知识产权保护体系,注重基础科研的投入，加快高等教育的普及，以推动全民素质的提升和科学技术的应用及创新发展。专利授权量表明技术发明活动的活跃性和社会的创新能力，专利数量增加较快说明了加入WTO后中国社会创新能力的提升。

中国汽车产业在此阶段快速发展还有赖于工业化进程的快速推进。在改革开放的20年里，中国已经基本完成轻工业启动阶段，纺织、食品、家电、电子产品组装加工等劳动密集型产业使中国具备了一定的资本积累。1996年，中国进入了重工业发展阶段，城市扩张，基础设施的跨越式发展带来了不断增长的市场规模和需求，助力中国重工产业二次起飞。这时发展资本密集型产业就具备了潜在的比较优势，而在汽车制造当中，无论是钢材、塑胶件，还是汽车零部件及车内装饰配套用品等，中国都已经初具制造能力，这些前期准备使中国发展汽车制造业符合了要素禀赋的比较优势，从而企业获得了自生能力，快速推动了汽车产业的发展。

在重工业发展时期，中国确立了社会主义市场经济体制，经济增长的主要动力也逐步由20世纪90年代的出口导向为主转变为出口、国内投资和消费增长三驾马车并驾齐驱的发展格局，它们相互支撑全面加速增长，由此推动了中国产业结构的快速进化。在投资方面，政府持续扩大公路、铁路、机场、港口等基础设施建设范围，同时加大对能源、电力、城市化建设等相关制造业的投资力度。在出口方面，中国抓住全球经济一体化的机遇，积极参与国际分工，提高在全球产业链、供应链、价值链中的地位，出口占世界比重迅速增加，逐步发展成为世界工厂。加入WTO以后，中国第一产业和第二产业的比重分别呈不断下降和持续上升的趋势，第三产业的比重变化幅度则比较小。

从制造业内部结构变迁来看，2001～2007年，中国制造业结构内部发生了明显的变迁,呈现重工业占比持续上升、轻工业占比不断下降的发展趋势。这标志着中国的制造业发展水平进一步提高,重工业制造业内部结构持续改善。从行业来看,增加值在制造业增加总值中占较高比重的行业包括石油和天然气开采、化学原料及化学制品制造、交通运输设备制造、电子信息制造等;食品加工、纺织服装等轻工业的增加值在制造业增加总值中的占比较小。

技术含量和附加值较高的行业在制造业总产值中的占比不断上升,对经济增长的贡献率较高,其中以电子信息制造业为代表的高新技术产业工业增加值比重快速增长是制造业结构升级的显著特征;技术含量和附加值较低的行业在制造业总产值中的占比逐步下降,对经济增长的贡献率较低。交通运输设备制造业在制造业总产值中的占比在中国加入WTO后持续增加,为汽车产业的发展打下了良好的基础。

这一时期,中国汽车产业迎来了全球外资巨头合资浪潮和民营资本向中国汽车全产业链发展的高潮。进出口方面,随着中国汽车产业全球化程度的提高,汽车的进出口数量与进出口总额都大幅增加,但是随着中国汽车产业自主创新能力和制造能力的提高,汽车进出口结构发生了重要的变化,中国汽车产业由进口为主转变为进出口并举。2001年中国汽车出口量为汽车进口量的三分之一,2004年时汽车出口量首次超过了汽车进口量,到了2007年,中国汽车出口量已经是汽车进口量的2倍。汽车产业进出口形势出现逆转,一方面是中国合资汽车品牌的国产化程度不断提高,另一方面是中国汽车相关制造水平逐渐追上国际主流水平。总体而言,在此阶段中国汽车产业已经形成生产多种车型、汽油和柴油车用发动机、汽车零部件,具备汽车销售及售后服务、汽车金融及保险等完整的汽车产业体系。

这一阶段的最典型现象是中国民营资本进入汽车产业，尤其是民营汽车企业，包括吉利、长城、比亚迪、奇瑞、力帆、众泰等通过自建、改制、并购等方式组建起来。中国民营汽车企业的崛起证明中国汽车产业的要素禀赋结构逐步得以改善，汽车市场规模优势也渐趋形成。民营汽车企业在刚起步阶段确实遇到了很多困难，然而随着中国汽车产业技术水平的整体提升，民营汽车企业在研发设计水平和生产质量上都持续提升，凭借后来者优势逐渐同国际水平接轨，吉利完成对沃尔沃乘用车的整体收购，标志着中国民营企业在汽车产业取得了令人瞩目的成绩。

中国已经进入重工业发展阶段，当时的要素禀赋结构比较优势也符合发展汽车产业所需，因此民营汽车企业才能具备潜在比较优势从而获得企业自生能力。如果说中国民营汽车企业的崛起离不开诸多富有创业能力和创新精神的企业家，他们在中国汽车产业的发展热潮中扮演着极为重要的角色，企业家精神带动了中国民营汽车企业的快速发展，那么民营汽车企业也并非"横空出世"，而是随着中国工业化进程快速发展，市场不断开放，资本不断积累，要素禀赋结构不断变迁的情况下的"水到渠成"。

这个阶段的典型代表是吉利的崛起，吉利从乡镇企业开始，从小到大，不断积累资本和制造产业经验，进入汽车制造业后，在业内人士和专家的普遍不看好中艰苦奋斗，逐步做大做强，2010年并购沃尔沃全部乘用车资产，创造了中国汽车产业的传奇。

四、4.0时代：新能源汽车时代与换道超车

与吉利在传统汽车领域不断赶超，厚积薄发，最终收购全球顶尖汽

车制造商沃尔沃不同，比亚迪的发展道路更具传奇。随着比亚迪新能源汽车的成功，中国汽车产业也进入新能源汽车时代。

新能源汽车产业随着特斯拉的异军突起在近10年逐步成为热门产业，而中国对于新能源汽车发展的战略规划早在特斯拉诞生前就已经开始。21世纪初，中国政府开始关注新能源汽车产业的发展，2001年国家"十五"期间的"863"重大科技课题将新能源汽车研究项目列入其中，制定了以汽油车为起点，向氢动力汽车发展的战略。"十一五"规划又提出了"鼓励开发使用节能环保和新型燃料汽车"发展战略，高度重视新能源汽车的产业化趋势和产业政策引导。2003年，比亚迪创始人王传福力排众议，以全球第二大电池生产商的身份收购了陕西秦川汽车公司，正式开启了比亚迪造车事业，基于锂电池技术方面优势，其前瞻性地提出研发生产新能源纯电动汽车的战略规划。

随着环境污染和化石能源紧缺问题的日益突出，未来的出行方式必然将逐步转变为使用绿色清洁的可再生能源的交通工具。中国在这方面超前布局，制定产业规划和研发投入，在新能源汽车方面出台了诸多优惠和鼓励性产业政策。中国的新能源汽车企业生长于市场化和国际化两大进程之中，不仅有着良好的基础设施和制度环境，同时资金、人力资本及管理经验等在经过了几十年的积累后，也都有了一定的产业基础。总体来说，在新能源汽车研发设计、生产制造方面，中国和美、日、德等汽车强国基本处于同一条起跑线。

从2011年比亚迪开始在市场投放第一批新能源电动乘用汽车，到2018年中国新能源汽车产销量双双突破百万辆，不足十年，一个不起眼的新兴产业在中国成长为潜力无限的朝阳产业。由于中国汽车市场具有超大规模效应，新能源汽车产业的巨大潜能，不仅刺激了传统汽车制造企业转型，也吸引了互联网企业、房地产行业巨头、甚至金融企业纷纷投巨资参与。因此在新能源汽车领域，中国形成了三种势力，一是由传统汽车制造企业转型而来，如大众、奔驰、北汽、广汽都已经推出了自己的新能源汽车；二是新兴中国民营汽车企业势力，典型领军企业代表是比亚迪；三是造车新势力如蔚来、小鹏和理想等企业。中国新能源汽车产业已经出现了百家争鸣的局面。

即使政府已经宣布 2020 年开始将减少甚至暂停对于新能源汽车产业的巨额补贴，但是新能源汽车热潮仍在继续，毫无停歇的趋势。2019 年，国内注册的电动汽车制造商达到 486 家，是两年前的三倍多。除了中国汽车的普及程度相对较低，新能源汽车还有很大的市场增长空间之外，新能源汽车产业也是一个替代传统汽车存量市场的产业，因此有着巨大的市场前景和可供挖掘的巨大消费潜力。

中国大力推动新能源汽车的发展，以缓解空气污染、降低燃油对进口的依赖，同时推动高端制造业发展。2021 年中国新能源汽车的年销量已达到 352.1 万辆，预计 2025 年中国新能源汽车产销量将超过 700 万辆，这将达到中国整个汽车市场约 25% 的份额。毫无疑问，新能源汽车产业在产业链配套和供应链相关环节方面依然具有传统汽车产业的特征，但由于核心技术部分的改变，新能源汽车从设计制造到售后服务均出现了诸多特点，进而对汽车产业形成了革命性的应用创新。因此新能源汽车和传统汽车技术路径的不同，使中国汽车产业有了可以实现"换道超车"的机遇。

首先，新能源电动汽车核心技术是汽车电池，目前集中于三元锂电池、磷酸铁锂电池、氢动力电池三条主要技术路线（见图 6-1）。美国特斯拉使用三元锂电池串联技术；日本丰田力推氢动力电池；中国比亚迪在磷酸铁锂电池技术具有领先优势。电动汽车不需要发动机、变速箱等传统汽车的核心部件,汽车底盘简化,产业门槛大幅降低。

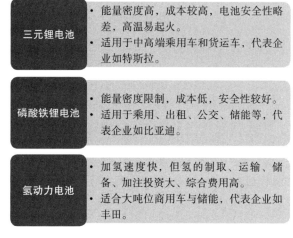

图 6-1 新能源汽车技术路线趋势

其次,中国最具优势而其他国家不能超越的是拥有超大规模的汽车市场以及完整配套、高效率的产业链和供应链,这是中国新能源汽车实现"换道超车"的需求侧规模优势和供给侧比较优势,这两方面我国目前均优于汽车产业领先型强国。

最后,新能源汽车除了传统的驾驶代步的功能外,其智能化、自动化、数字化等发展趋势明显。中国目前已进入高端制造业赶超阶段,并迈入数字经济发展阶段,在 5G 通信、大数据、智能化、自动驾驶等领域具备相关要素禀赋比较优势和技术研发优势,这也是提升中国新能源汽车制造竞争力的关键基础所在。

"换道超车"被寄希望成为中国从汽车大国迈向汽车强国的路径,中国的新能源汽车产业不管是资本、技术、人力资本等供给侧比较优势,还是需求侧市场规模优势等方面都拥有巨大潜力。

在中国新能源汽车崛起的过程中，民营资本将成为创新主力军，例如以比亚迪等为首的中国新能源汽车企业，已开始陆续推出款式新颖、技术先进的中高端新能源汽车；造车新势力等的新车陆续上市，均定位于中端以上。中国新能源汽车产销量连续多年保持全球第一，全球市场占比超过50%。2021年，在全球销量前20的新能源汽车公司榜单中，中国占据了8家，目前主要有上汽五菱、比亚迪、理想、长安、奇瑞、小鹏等。

完整的产业链、高效供应链、庞大的市场规模等都是中国新能源汽车产业高速发展的因素，然而中国新能源汽车可以崛起并实现"换道超车"的底层逻辑，依然可以运用新结构经济学理论做出合理解释，也就是新能源汽车的崛起适合中国要素禀赋结构的变迁趋势，新能源汽车产业作为换道超车型产业符合中国目前要素禀赋结构的比较优势，因此可以在有效市场中和有为政府的产业政策扶持下获得快速发展。而作为21世纪之初就布局新能源汽车的比亚迪，经历十几年的默默耕耘，拥有了完整的新能源汽车核心技术储备，成为中国新能源汽车"换道超车"的领先者和最大受益者。

2008年全球金融危机以来，发达经济体受到重创，需求萎缩。全球经济发展速度放缓，但中国的经济韧性十足，通过不断开展经贸合作，开辟新兴经济体市场，如东盟、中亚、非洲等，仍然保持了中高速的增长。

2008～2011年中国GDP增长率保持在10%附近，从2012年开始中国的GDP增长率平稳下降，2012年GDP增长率为7.9%，2015年GDP增长率下降至7%，2018年GDP增长率为6.7%。金融危机影响下全球发达经济体处于停滞不前状态，但新兴经济体保持增长，中国经济增长率依然保持领先的增长水平，在全球经济总量中占比不断提升，对全球经济的贡献率不断提高。资本积累速度虽然有所放缓，但由于基数巨大，总量依然持续增长。2008～2018年，全社会固定资产投资增加了2.74倍，固定资本形成总额增加了1.97倍，实际利用外资总额是原有的1.42倍（见表6-1）。因此中国在这一阶段不断积累资本，资本变得更为充裕。而劳动力方面，中国的总人口和就业人口在2008～2018年的增长速度放缓，2017年就业人口数首次出现了下降，这标志着中国劳动力人口结构的转型。

表6-1　2008～2018年中国的资本禀赋状况

	2008年	2010年	2012年	2014年	2016年	2018年
全社会固定资产投资（亿元）	172 828	251 683	374 694	512 020	606 465	645 675
固定资本形成总额（亿元）	128 001	185 827	244 600	290 053	318 083	380 771
实际利用外资（亿美元）	952.53	1 088.21	1 132.94	1 197.05	1 260.01	1 349.66

资料来源：《中国统计年鉴》。

新时期中国的要素禀赋结构不断优化，人均资本密集度不断提高。同时，中国已经建立起了完善的市场经济体制，要素禀赋的积累和要素市场的改革推动了产业结构的转型与升级，这一时期中国的产业结构发生了根本性的转变，在结构上也呈现出更加合理的发展趋势。

2008年全球金融危机发生后，中国的经济增长动力由以出口与投资为主、国内消费为辅，逐步向技术创新投资和国内市场需求转化，以新基建和国内统一大市场的建设为重点转变。在技术和人力资本等要素禀赋层面，中国注重自主创新，制定了一系列国家发展战略和政策鼓励科技创新,科技水平有了很大程度的提升,自主创新能力增强。

2008~2018年,中国的发明专利申请授权量成倍增加(见表6-2)。从发明专利申请授权量增加速度超过了外观设计专利申请授权量和实用新型专利申请授权量可以看出,中国的垂直创新能力获得了根本性的提升。专利的增加离不开科研人员的增加和研发经费的投入,这也说明中国人力资本积累水平在不断地提高。因此在这一阶段,不仅仅是新能源汽车产业链,包括其他资本密集型与技术密集型的产业都可以获得十足的发展,这是由中国不断变迁改善的要素禀赋结构所决定的。

表6-2 2008~2018年中国的专利情况

	2008年	2010年	2012年	2014年	2016年	2018年
发明专利申请授权量	46 590	79 767	143 847	162 680	302 136	326 970
实用新型专利申请授权量	175 169	342 256	566 750	699 971	897 035	967 416
外观设计专利申请授权量	130 647	318 597	452 629	346 751	429 710	426 442

一个地区的良好发展离不开合理的产业聚集结构,产业的选择则取决于一个地区的要素禀赋结构比较优势,只有与该阶段要素禀赋结构相适宜的产业具备自生能力,才能不断发展壮大,形成产业集群,为地区经济的发展助力。从庞大复杂的汽车制造产业到具体产业链的某个环节,它能否良好发展都要符合新结构经济学的转型升级逻辑,即所选择的产业是否符合该地区的要素禀赋结构,是否具备潜在比较优势。同时,基础设施建设和制度安排同样重要,只有交易成本也处于较低水平,该产业才能具备竞争能力。

汽车产业只是中国众多产业发展变迁的一个缩影。不难发现,中国汽车产业从诞生到不断变化的底层逻辑必然是由中国要素禀赋变迁决定的,不同时期中国的要素禀赋结构决定了相应最优的产业结构。当产业发展跟不上要素禀赋结构变迁时，则面临更迭转移；如果发展超过了要素禀赋结构比较优势的范畴，过于超前发展的产业则必然难以为继。

中国汽车产业在新中国成立初期由于不具备要素禀赋结构比较优势必然不具备自生能力，只能靠计划经济体制支撑发展，市场小、效益低、技术不足、进步缓慢，以满足国防安全需要为主。改革开放后，汽车产业属于渐进式双轨制产业政策保护的典型产业，在经历了二十年的保护后随中国要素禀赋结构变迁逐步符合比较优势，成为追赶型产业。21世纪汽车产业借助后来者优势开始奋起直追，2010年中国汽车产销量超过美国成为全球汽车第一大国。在新能源汽车的发展机遇中，中国政府抓住机遇，与时俱进制定产业政策大力扶持，中国民营资本持续进入汽车产业，通过技术路径革命转化成为"换道超车型"产业，实现了产业逆袭。中国汽车产业发展历程其本质是中国重工产业发展的一个缩影。

中国改革开放后，随着经济发展，主体产业从最初的劳动密集型的轻工产业发展为资本密集型的重工业，再到技术密集型的高端制造产业，并已进入科技创新阶段。中国高速发展四十余年，成为全球最大工业国和世界工厂，GDP成为世界第二。中国经济高速发展的奇迹就是按照要素禀赋结构的比较优势顺次启动了工业化进程，并随要素禀赋结构的变迁推动产业不断转型升级，同时发挥后来者优势，在有为政府产业政策的支持下，加速推进中国的产业转型升级，这就是中国产业可以不断转型升级的底层逻辑。

以中国汽车产业的四个阶段的发展作为案例分析，不仅仅是探讨汽车产业的迭起兴衰，也是通过和人们生活息息相关的汽车产业解释产业转型升级的底层逻辑，通过一个具体产业的经济现象演变探究其本质，实际借以厘清中国经济增长的本质与因果逻辑。

目前中国又处于一个产业转型升级的临界点,即从重工业发展阶段向高端制造业赶超阶段全面转型,从粗放型规模增长转变为高质量发展,从资源消耗型增长向资源节约型增长转型,从环境破坏型向环境友好型升级。实现碳达峰和碳中和的远景规划目标任重道远,但只要中国按照经济发展的规律,坚持产业转型升级的基本规律,在实践探索中坚持实事求是的原则,抱着"知行合一""知成一体"的务实求真精神,中国必能实现经济可持续发展,成为发达的经济体,实现中华民族的伟大复兴。

本章对中国汽车产业的转型与发展历程进行详细的探究和分析,得出如下结论。

第一,计划经济阶段,作为国家战略型产业的汽车产业的发展战略选择不具备中国要素禀赋及其结构所决定的比较优势,这主要受政府重工业优先发展战略的影响,产业高度依赖政府提供相关资源。汽车企业在投资、生产、销售等领域不存在企业微观自主权,主要服务于政府计划经济目标。

第二,渐进式改革阶段,上汽与大众成立合资企业发展是对中国汽车产业该阶段的客观反映。通过分析可以发现中国汽车产业在渐进式改革阶段采取的产业保护政策是适应中国汽车产业发展现状的最优决策,基于与国际领先企业的较大差距必然选择产业保护政策,保障中国汽车产业国企的平稳过渡,否则激进的全面市场化和产业开放会使中国汽车企业难以生存。上汽利用企业的比较优势,借助合资项目大众的后来者优势,充分利用有为政府因势利导的产业政策,培育企业自生能力;借助减低成本、扩大规模、本土化产业链、强化组织高效管理等举措帮助该合资企业与同时代的汽车国企拉开差距,成为该阶段经营效益最好的合资企业。

但是与国际先进汽车企业横向比较，上汽和大众依然存在较大差距，这也实证了该阶段保护中国汽车国企的必要性。在此情况下实施渐进式改革开放，采取产业保护政策是最优选择。如果盲目放开，正如前文分析，国内外汽车产业的差距较大，中国汽车企业将面临艰难的生存环境。新结构经济学所倡导的渐进式双轨制的改革路径，在产业转型与企业发展层面的实践结果远优于俄罗斯实行的"休克疗法"激进改革。

第三，双轨制转型阶段，吉利汽车是追赶型中国民营汽车企业的典型代表。经过二十多年的发展，吉利汽车成为国内最大的民营汽车企业之一。吉利汽车在刚进入汽车产业时精准地选择了低价策略，占领了低端市场，此时低价就转变为了吉利汽车的竞争优势。后来，随着人力成本的快速上升、产业的竞争加剧，吉利汽车及时地改变了发展战略，转向了中高端市场。吉利汽车进行了大量的并购与收购，从而成功地保住了自身的要素禀赋与自生能力，同时极大地充实了自身的技术禀赋。值得一提的是，在吉利的整个发展过程中，有为政府发挥了重要的作用，在许多紧要关头成功助推了产业的发展。如今，新能源汽车与智能汽车在市场中开始占据重要的地位。可以预见，吉利汽车必将加大投入，以此来保证吉利汽车在新的竞争中具有竞争优势。

第四，赶超发展阶段，比亚迪的发展印证了中国汽车企业在新能源汽车领域会实现"换道超车"。中国汽车在传统汽车领域实现赶超的可能性很小，尤其是德、日、美等国家在发动机、变速箱、底盘等关键部件形成了技术专利壁垒。通过国际并购重组，消化成熟技术，借后来者优势，可以不断缩小差距，但难以超越。然而新能源汽车门槛相对低，国际垄断性产业巨头尚未成熟。从产业特征来看，新能源汽车是"换道超车"的典型产业，它的出现给了中国汽车企业难得的历史机遇，中国汽车企业也能趁此机会绕过传统汽车制造的技术壁垒，迎来同步发展的机会。

  总而言之，新能源电动汽车产业的机遇与压力同在，能否正视压力、抓住机遇，是中国汽车产业能否做强的关键。作为国内主要的电池生产厂商之一，比亚迪进军电动汽车产业具备独特的技术积累与产业优势。回顾比亚迪的企业战略，其采取"以旧养新"、基于核心科技领域拓展业务的模式，在维持了企业自生能力同时，努力占领市场、壮大企业。此外，比亚迪重金投入车辆研发与设计，增加产品附加价值，培育企业核心竞争力。从企业绩效来看，比亚迪新能源汽车销量稳步增长，技术研发能力不断增强，在国外表现也属亮眼，走在新能源汽车"换道超车"的前线。

第七章 | CHAPTER 7

中国汽车产业的历史使命

一般来说,在一个人口大国的新兴市场中,政府产业政策不仅可以推动供给侧升级,而且可以影响需求侧规模的增长。当发展中国家的经济处于起步阶段,以出口导向为主时,供给侧通常是产业政策制定者主要关注的问题,因为需求侧由全球市场组成,不受产业政策影响。但是,经济发展到一定程度,在国内投资、消费处于主导的市场时,需求侧的产业政策也将发挥重要作用。

随着传统汽车产业的节能减排技术趋于上限,同时在全球气候变暖要求节能减碳的大背景下,以内燃机和化石能源为主的传统汽车必将面临挑战。逐步降低传统能源汽车市场占比以迎合环保的民意,这是新能源汽车崛起的社会背景。尽管传统汽车未必会完全消失于大众视野,但未来汽车主流市场将以新能源汽车为主的趋势不可逆转,包括大众、比亚迪等在内的部分汽车制造企业都已公布了燃油车退出市场的时间表，部分汽车零部件制造商已经开始暂停发动机和变速箱的研发投入，改为在新能源汽车领域加大投入。

在产业政策层面，欧洲诸多国家于2016年陆续颁布新能源汽车发展保护政策和燃油车禁售时间表，北美、亚洲部分国家也积极跟进。主要汽车制造国之一的日本也公布了从传统汽车到氢动力汽车转移的技术发展规划蓝图。毫无疑问，未来汽车产业将是以新能源汽车为主角的革新时代，汽车产业的技术革命已至，这也是中国汽车产业从追赶到"换道超车"百年一见的历史机遇。

为什么说新能源汽车为中国汽车产业赶超带来了历史机遇？这个问题解释起来并不复杂，按照新结构经济学逻辑视角，主要有以下四个维度。

一是要素禀赋结构变迁，一个经济体的要素禀赋结构比较优势决定了该地区是否适合发展该产业，决定了该产业是否具备潜在比较优势。

二是产业结构分析，一个地区的产业结构如何？是否具备发展该产业的条件？这些决定了该产业或者选择该产业的企业能否获得自生能力。

三是对产业的相关政策支持以及相关基础设施建设是否完备，这决定了该产业是否具备交易成本的竞争优势。

四是产业的产业链和供应链是否完整高效，由此形成的产业集群是否具备产业规模效应和可持续发展的可能性，这会影响产业的综合成本，从设计研发到零部件企业配套，还有市场营销服务。

除了从供给侧考虑，还要对需求侧进行分析。因此在本章我们将对中国新能源汽车产业进行具体分析，回答为什么新能源汽车是中国汽车产业"换道超车"的历史机遇。

一、中国新能源汽车的历史机遇

中国汽车产业的国企、外资、民营企业三股力量由于各自的资本背景与所有权性质不同，参与市场竞争的动机也不同。外资以利润最大化为原则，因此合资企业要么将成熟的汽车产品复制过来，要么将新产品的研发设计交给外资方关联机构，提升效率，降低风险，以迎合快速增长的中国汽车市场需求。由于技术研发和产品设计工作的外包，成熟产品的复制，合资企业的研发成本低于全球平均水平，合资企业利润率高符合双方的共同需求，因而合资企业对技术研发的本土化和技术创新需求并不强烈，并由此影响了中国车企的技术研发能力提升和自主品牌建设。

反之，民营企业创立早期没有条件合资、合作，只能通过仿制研发车型，寻找细分市场的机会，在资本有限、人才不足的情况下起步，必然有强烈的技术研发动力，重视企业创新能力的培育。

因此新能源汽车的历史机遇对于中国民营企业具有巨大的吸引力，是做大做强的最佳时机，民营企业中的突出者比亚迪，经过十几年的艰苦努力，拥有了完整的汽车制造营销能力，并在新能源电动汽车方面拥有大量技术专利，形成车载磷酸铁锂电池的领先地位，成为中国新能源汽车的领军企业。

中国汽车产业长期以来属于追赶型产业，尽管经过近二十年快速发展进步显著，但在传统汽车领域的核心技术如发动机、变速箱、底盘等方面依然与领先国家有差距，受技术专利壁垒的限制，难以超越。然而，新能源汽车的出现改变了中国汽车产业的这一现状。新能源汽车是典型的换道超车型产业，由于技术路径不同，中国可以凭借新技术路径的研发创新摆脱困境，实现"换道超车"。新能源汽车不需要发动机、变速箱，由此底盘技术大幅简化，在核心技术上更依赖电池、电机和电控这三项技术，与传统汽车的发动机、变速箱等技术完全不同，因此中国汽车企业与汽车产业巨头技术研发基本处于同一条起跑线。

特斯拉与比亚迪这两家科技创新型企业对新能源汽车锲而不舍地探索，不仅改变了汽车产业的技术发展路径，同时也改变了传统汽车的生产营销服务模式。随着 5G 通信、智能制造、大数据、人工智能等关联技术的不断发展，新能源汽车将会向电动化、智能化等方向发展，因此新能源汽车会对新能源、智能制造、物联网、大数据等带来巨大的推动作用。

从要素禀赋结构来看，汽车产业既属于资本密集型产业，又属于技术密集型产业，产品更新迭代很快，面向全球市场，处于高度竞争状态。同样，新能源汽车作为汽车制造产业组成部分，毫无疑问呈现出资本密集和技术密集的特点，而中国在完成了轻工业和重工业发展阶段后，资本积累较为充裕，因此新能源汽车产业在中国具有潜在的比较优势。另外，和传统汽车产业不同，新能源汽车更加匹配数字化、智能化趋势，而中国在 5G 通信、大数据存储、电子支付等智能化信息手段赋能方面，同样具备潜在比较优势。

从产业特征方面来看，中国汽车产业始于计划经济体制阶段的重工业优先发展战略，由于缺乏市场竞争，曾长期处于停滞不前状态。然而随着中国加入 WTO，汽车产业开始有条件地逐步开放，从侧面推动了中国汽车零部件制造产业的发展，尽管在核心的"三大件"技术层面中国依然处于追赶状态，但经过 20 多年的发展，国内已经形成了完整的汽车零部件产业链和高效的供应链，由此在新能源汽车发展阶段，中国凭借完整、高效的汽车零部件供应体系，可以快速搭建新能源汽车整车制造平台和分工体系。特斯拉在上海超级工厂的快速建成、高效投产并持续降价就是非常有力的证据。

自2008年后，中国制造业结构发生了巨大变化，轻工业和重工业的增加值在工业增加总值中的比重下降，而高新技术制造业增加值在工业增加总值中所占的比重上升，对经济增长的拉动也逐渐增强。从行业看，石油和天然气开采、医药制造、化学原料及化学制品制造、交通运输设备制造、电子信息制造的增加值在制造业增加总值的比重不断升高，而食品加工、纺织服装、家具制造等轻工业和采矿业等重工业增加值的比重降低。而汽车制造业的工业产值大幅度提升，由此可见，汽车产业对中国工业发展和经济增长起着举足轻重的作用，已成为国民经济的主导性产业。

从技术禀赋上来看，2008～2018年，中国汽车产业的研发投入增加较快。2008年汽车产业的研发投入为388.7亿元，研发投入占主营业务的比例为2.07%，2015年汽车产业的研发投入为928亿元，较2008年增加了1.39倍，但是研发投入占主营业务的比例为2.08%，仅增长了0.01个百分点。2009～2014年，中国汽车产业研发投入占主营业务的比例低于2008年，㊀在此期间汽车产业的研发投入强度较低。这说明，中国汽车产业的研发投入与其发展速度有较大的差距，想要提高中国汽车产业的技术含量与其在全球产业链中的地位，需要加大研发投入比例。

在自主创新领域，2008～2017年，中国汽车产业的专利申请数量持续增加。2008年一般车辆专利受理数量为11 613件，2017年上升到67 000件，增加了4.78倍，但是专利数量增加的速度不稳定且变化幅度

㊀ 资料来源于《中国汽车工业统计年鉴（2017—2019年）》。

较大，中国汽车产业的自主创新受外部环境的影响较大，需要建立健全的科技创新体系，促进产业内部实现持续的自主创新。

因此，在新能源汽车时代，无论是中国汽车产业的要素禀赋结构，还是产业结构特征，都为发展新能源汽车"换道超车"提供了充分的条件，可以说新能源汽车在中国的发展崛起，不仅具备了供给侧的比较优势，也形成了需求侧市场规模效应的竞争优势。

从发展阶段来看，中国新能源汽车经历了萌芽期（2003～2008年）、适应期（2009～2016年）、成长期（2016年至今），并于2019年市场调整后开始高速发展，2021年中国已实现各类新能源汽车销量超过350万辆，同比增长1.6倍。在产业政策的大力推动下，中国新能源汽车形成了一定的先发优势和规模优势，中国的新能源汽车产业进入高速增长的发展阶段，无论是传统汽车企业，还是造车新势力，都已经初具规模并具备企业自生能力，在中国政府产业政策补贴持续退坡、存在新冠疫情的影响下，中国新能源汽车产业继续保持了高速发展的格局，而且新能源汽车出口量也在提速增长。

二、有为政府与产业政策

中国汽车产业始于计划经济时期的重工业优先发展战略，属于国家战略安全型产业，由于不具备要素禀赋结构比较优势，中国需要选择采用计划经济体制推动汽车产业等重工业体系的创立，满足国防安全和经济建设需要。此时中国汽车产业没有自生能力，缺乏市场竞争，长期处于停滞不前的状态。改革开放后经过渐进式保护和双轨制转型，中国汽车产业逐步参与市场竞争而焕发活力，与此同时，因势利导的产业政策发挥了不可忽视的重要作用。

中国作为超大人口规模国家，基本完成了工业化进程的轻工业和重工业发展两个阶段，汽车产业必然崛起成为规模巨大的支柱产业，产业的健康有序发展对中国经济影响巨大。因此，新能源汽车时代到来，中国换道超车发展既要带动有效市场竞争，促进产业的技术进步和竞争力提升；也要发挥有为政府的因势利导的产业政策作用，创造宽松友好的制度环境和推动相关基础设施的配套建设，降低产业发展交易成本，激励技术创新，进而推动中国汽车产业良性可持续发展。

21世纪初中国加入WTO后，汽车产业作为重点产业，达成了有条件全面开放协议。为此，更多的跨国公司可以合资企业形式进入中国市场，同时，本土民营企业进入中国汽车全产业链。供给侧开始由国企、外资、民营企业三方组成，民营企业克服困难逐步在市场竞争中扎根立足，中国汽车市场产品种类不断增加，逐步成为世界汽车产业规模最大、品种最齐全的单一市场。

在需求侧方面，中国政府逐步降低汽车进口关税，加入WTO后五年降至25%，零部件进口关税降至10%。在汽车市场竞争加剧的同时，随国内汽车价格持续下降，私人汽车市场规模急剧增长，私人购车比重从1996年的不足20%增加到2016年的90%以上。

中低端市场规模的快速扩张进一步促使跨国汽车企业产业链本地化，以降低成本，推动世界汽车产业链重心向中国转移，中国汽车产业从业人员数量持续高速增长。最后，中低端汽车市场规模高速扩张为国内新兴民营汽车企业生存发展提供了立足之地和产业竞争能力培育期。

中国汽车产业规模的不断扩大，产业链的不断完善，为中国开展新能源汽车发展提供了极为有利的基础。在产业政策层面，中国推动新能源汽车发展已有十余年，中国汽车产业厚积薄发，新能源汽车在2015年开始跨越式发展。新能源汽车相关的基础设施建设，新产品的普及同样离不开政府产业政策支持。

目前充电基础设施不足是全球新能源汽车行业的普遍痛点，这在中国制定新能源汽车技术发展路径时也曾被广泛讨论。相比于混合动力汽车，纯电动汽车需要更多的充电基础设施，充电基础设施建设还涉及技术标准、道路交通管理等方面，因此多部门联合制定规范就显得尤为重要。在充电基础设施建设方面，中国政府的作用越发突出，科学技术部、工业和信息化部等为充电传输技术研发提供产业政策支持，制定统一的充电标准，国家电网、南方电网等对充电桩网络建设启动大规模投资。2021年，中国充电桩保有量增长到261.7万个，公共充电桩保有量约115万个。中国从2016年起成为全球公共充电桩网络最大的经济体，2025年时充电桩将覆盖全部高速公路和具备条件的省级干线公路。总体来说，在新能源汽车领域，中国政府充分发挥了有为政府作用，通过产业政策作用和基础设施建设，推动中国新能源汽车产业的"换道超车"，新能源汽车产业政策具体如下。

第一，中国政府以纯电动汽车为突破口，多部门联合制定行业规范和产业政策，鼓励按照中国汽车产业实际情况制定因地制宜的发展战略，直接从燃油车换道纯电动汽车路线。而作为汽车制造强国，美、日、德，其汽车产业巨头规划从混合动力汽车逐步过渡到纯电动汽车，会尽可能拉长传统汽车产业生命周期，最大限度降低传统汽车产业的投资成本和风险。中国的新能源汽车技术路线制定并非一蹴而就，是经过多部门充分讨论后得出结论的，这是后发的中国汽车产业绕过传统汽车技术专利壁垒，通过新能源汽车"换道超车"实现赶超的历史机遇。

第二，中央和地方政府提供多样化的财政补贴。中国推动新能源汽车发展的重要特点就是政府提供补贴，相比于汽车制造强国，中国在新能源汽车补贴政策上更为全面，从地方到中央，为新能源汽车厂商，包括新能源汽车零部件生产提供直接和间接补贴。最早的新能源汽车补贴主要集中在电池方面，从2013年开始，根据汽车总里程范围和其他性能设定标准，续驶300千米以上的新能源汽车能获得更高的补贴。在技术类型上，政府对于纯电动汽车的补贴高于混合动力汽车。同时，在早期阶段地方政府补贴上限和中央政府补贴相当，自2017年起，地方政府支持上限降到中央标准的50%。在间接补贴方面，主要通过税收减免实现对新能源汽车的间接补贴，政府对于新能源汽车免征购置税，这一政策持续到2020年并继续延长。另外政府对于新能源汽车牌照发放和上路限制大幅放宽，这也是一种间接补贴方式，间接促进了新能源汽车的销售和普及。

第三，与时俱进地调整产业政策，使用"双积分政策"引导汽车产业转型。目前，中国虽然并未像欧洲部分国家一样制定统一的燃油汽车退市时间表，但中央政府把这项决定权交给了省级政府，目前海南省最快，提出2030年开始禁售燃油汽车。中央政府从产业政策上继续引导国内汽车厂商从燃油汽车向新能源汽车方向尽快转变，其中"双积分政策"是一项重要的政策实践。2017年，《乘用车企业平均燃料消耗量与新能源汽车积分并行管理办法》提出，并自2018年4月1日施行，新能源汽车积分比例初步计划达到总产量的10%。相比于补贴政策，该管理办法的实施将促使以燃油汽车制造为主的企业向新能源汽车制造转型，否则必须通过高价购买积分补贴新能源汽车制造企业。

正是由于一系列与时俱进的产业政策引导与支持，政府在新能源汽车产业发展初期降低了企业的制造成本，软硬基础设施的不断提升使得企业的交易成本也不断降低，新能源汽车企业则可以获得产业政策的超额红利，进而将获得的超额红利投入研发当中，不断提高企业的市场竞争力。虽然新能源汽车发展初期还存在一些审核不严的情况，但也确实培育出一批新能源汽车制造的相关企业，总体来看这些政策是有效的，政府也充分发挥了"有为政府"的作用。

三、供给侧的比较优势和后来者优势

从供给侧来看，中国拥有较为完整的制造业体系，在传统汽车制造领域逐步建立培育了完整的汽车制造产业链和供应链，而这些产业链和供应链同样也可以为新能源汽车制造提供相关配套服务。成熟的配套加上不同的技术路径，为中国新能源汽车自主品牌提供了在供给侧"换道超车"的良好环境。

新能源汽车生产企业按照产权背景可分为三大阵营：传统自主品牌、造车新势力、外资品牌。据乘用车市场信息联席会统计，2020年销量前三的汽车生产企业从高到低分别为：比亚迪、特斯拉、上汽乘用车，对应市场占比为19.0%、14.8%、6.7%；在销量前20的车企中，传统自主品牌占8家，合计占比48.8%；造车新势力占5家，合计占比12.5%；外资品牌占7家，合计占比35.9%。

新能源汽车领域，中国品牌汽车进出口形势也有望发生变革。在传统汽车领域，中国的整车出口水平不高，主要销往发展中国家，汽车产业的相关出口大多为汽车零部件的出口。然而在新能源汽车领域，这种供给侧的比较优势会发生颠覆性的变革，一个比较典型的例子是比亚迪生产的新能源商用公交巴士车实现对外出口，比亚迪也在海外设厂，产品主要面向发达国家市场。2021年中国新能源汽车出口量已达到31万辆，超过德国成为世界最大的新能源汽车出口国，出口到不乏英国、法国、美国等工业强国。

总体来说，中国已成为全球最大的新能源汽车销售市场，也是最大的生产制造基地，2021年全球电动汽车销售超过650万辆，中国市场销售超过320万辆，其中绝大部分都在中国制造，在供给侧方面中国新能源汽车产业已经形成了研发制造优势。随着对新能源汽车的重视，各国尤其是发达国家的市场份额占比预计将加速提升，为未来全球新能源汽车领域的发展提供了广阔的市场前景。随着日益严格的排放法规的颁布，欧洲市场的新能源汽车份额开始不断增长。据Marklines统计，2020年1～9月全球新能源乘用车（BEV+PHEV）销量为155.9万辆，其中中国和欧盟分别销售60.2万辆和60.1万辆，对应占比38.6%和38.5%。欧盟地区市场份额剧增，与中国不相上下。严格的碳排放法规的出台和市场份额的增加使得欧洲主流汽车企业开始加速转型，以大众为例，大众发布了"Electric for All""2020～2024投资规划"等战略，不仅开发了专为电动车设计的MEB平台，且宣布计划到2029年纯电动车累计销量提升至2600万辆，加速转型。

随着欧洲市场份额的加大，欧洲传统汽车制造企业也开始在新能源汽车领域发力，毫无疑问，在新能源汽车生产制造及相关技术等方面，中国汽车企业不仅仅实现了"换道超车"，还具备了一定的"先发优势"，然而未来中国新能源汽车企业如何保持先发优势，除了供给侧的比较优势外，需求侧也应成为中国新能源汽车产业持续发展的关键因素。

四、需求侧超大市场规模效应

中国新能源汽车产业的崛起不仅仅依靠产业链和供应链优势，本土市场巨大的需求侧规模效应优势也是推动中国本土新能源汽车产业实现"换道超车"的基石。中国消费者对汽车的消费依照性价比最优的原则。在燃油汽车领域德、日、美生产的汽车不仅是中国汽车市场主流，也是全球市场主流。但随着新能源汽车的崛起，中国消费者很容易接受新事物和自主品牌。另外中国政府的产业政策也在需求侧发挥推动作用，包括充电桩基础设施建设，购置附加税免除，汽车牌照申请优惠、取消限行等政策。这些均推动了新能源汽车的快速发展。中国巨大的市场需求推动了新能源汽车的销售，企业在获得利润后，可以将其投入新技术的研发之中，从而不断提升自身的产品创新能力，这也是造车新势力和跨界企业进入新能源汽车产业的最大动力。

以特斯拉为例，特斯拉 2021 年共销售了 93 万辆新能源汽车，其中在中国就销售了约 32 万辆，占总销量的三分之一，中国成为特斯拉的主要销售市场。而在自主品牌中这一特点就更为明显，2021 年中国新能源汽车销售冠军比亚迪的 59 万辆新能源汽车绝大部分为国内市场销售，中国庞大的市场需求为本土新能源汽车提供了发展壮大的市场前景。同时得益于新能源汽车的技术路径不同，在新能源汽车领域，中国的汽车消费者也更加理性和务实，对自主品牌的认可度也大大提高，不再像面向燃油车时更加青睐合资品牌或进口品牌，中国汽车在新能源汽车领域进入了公平竞争的时代。

汽车产业特性是资金密集、技术密集、重研发、重投资的，这些特性决定了汽车企业必须要做到规模化。做大做强，实现规模效应，企业边际利润才可以持续增长，随汽车生产规模增长而单台汽车边际成本持续降低，企业可以降低市场价格以进一步扩大市场规模。因此中国汽车消费的超大市场规模是中国新能源汽车可以"换道超车"发展的保障，同时新能源汽车对传统汽车的逐步替代是必然趋势。

如前文所述，随着欧盟相关环保法规的不断严格，欧洲市场对新能源汽车需求不断攀升，市场份额逐步扩大，倒逼欧洲主流汽车企业电动化转型加速。因此随着欧洲市场的崛起，在之前的一段时间被认为在新能源领域较为乏力的外资品牌也开始快速布局中国新能源汽车市场，因此未来新能源汽车市场的竞争将会变得更为激烈。对于中国新能源汽车企业来说，国际市场的扩大是挑战也是机遇，因此发挥供给侧优势，利用国内市场规模做大做强，推动中国新能源汽车自主品牌出口国外，同样是巨大机遇。以比亚迪为例，2021年，比亚迪占全球市场份额的9%，这个数字的绝大部分是中国国内市场贡献的，这意味着如果积极拓展海外市场，比亚迪在全球市场还有非常大的空间。

规模效应是汽车产业的显著特征，行业高度集中则是竞争的结果。因此保持需求侧的规模优势是必然的也是必需的，这里面包含两个含义：第一，汽车强国集中度高，基本上就是德国、日本、美国；第二，占领全球汽车市场大部分份额的就是上述汽车强国的几个汽车巨头品牌。这种行业的高度集中是竞争的结果，汽车行业当下正在从燃油车时代进入新能源汽车时代，在新能源汽车时代会产生类似燃油车时代的巨头企业竞争局面，还是表现为多元化、差异化和个性化的品牌多样化竞争时代，

第七章　中国汽车产业的历史使命

让我们拭目以待。

目前中国新能源汽车制造实力处于全球领先地位,产业链和供应链完整配套而且相对高效,这为中国新能源汽车的"换道超车"发展创造了供给侧可行性基础,中国超大规模的汽车市场规模从需求侧提供了最大的可能性条件,加之政府发挥因势利导的产业政策作用,中国应该能够成为新能源汽车时代的强国,也必然成为新能源汽车时代的领先者,为世界汽车产业做出历史性的贡献,这是中国汽车产业的历史机遇和使命。

总结与思考

本篇介绍了新结构经济学理论逻辑和基于新结构经济学理论逻辑的产业钻石模型,以及新结构经济学"一分析三归纳"的研究方法。通过以中国汽车产业的具体应用为例,分析了世界汽车产业转移的历史,进行了发达国家汽车产业的横向归纳研究,对中国汽车产业转型与发展历程进行历史纵向归纳研究和多现象综合归纳研究。

首先,基于新结构经济学的产业钻石模型可用于分析中国不同产业的研究,每个产业均有生命周期,在产业起步、发展、腾飞和衰落的周期中均有其内在因果逻辑,如能理解这种周期背后自身所在产业的因果逻辑和阶段,就能够为产业转型和企业发展提出相应的对策建议。

其次,利用基于新结构经济学的产业钻石模型在研究产业转型发展的同时,根据新结构经济学五种产业分类和转型升级路径,可以对所在产业的发展战略定位有一个高屋建瓴的产业发展趋势认识，进而提出符合要素禀赋及其结构的比较优势的战略选择，明确企业未来战略发展方向和路径。

最后，中国处于一个百年不遇的大时代，也是一个"大众创业、万众创新"的新时代。如何理解这些说法？其实运用新结构经济学的产业钻石模型可以分析中国的工业化进程发展阶段，因为工业化进程是一个国家诸多产业的集合发展过程。中国工业化进程已经进入即将完成但尚未完成的最后冲刺阶段，到了"行百里者半九十"的关键时期。

世界历经了蒸汽机、电力与内燃机和计算机三次工业革命，现在位于第四次工业革命的门槛前，每次工业革命都有国家顺势崛起，也有国家无奈衰落。面对第四次工业革命，中国必须是积极参与者，成为最后的决赛者，而能否成为决赛者取决于中国高端产业能否持续转型升级、不断提升科技水平。

下 篇

企业理论与发展历程

什么是企业？谁是企业家？什么是企业家精神？这些是管理学问题，更是经济学问题，本篇主要基于经济学企业理论来剖析回答这三个问题。

工业革命前在欧洲和中国虽然已出现分工明确的手工业工厂，但是数量极其有限，大量存在的依然是家庭手工作坊。企业的大规模普遍出现是在工业革命之后，随蒸汽机的应用与逐步普及，不同类型的工厂涌现，从无到有，从小到大，从简单到复杂，产业类型也不断丰富。

如前文分析，一个经济体从农业传统社会转型为现代化社会，本质是从农业经济社会向工业经济社会转型，从农村生活方式向城市化生活方式转型；工业化的进程实际是发展符合自身要素禀赋结构比较优势的产业，一般从劳动密集型的轻工业启动，再升级到资本密集型的重工业，进而转型升级到技术密集型的高端制造业。宏观经济体的发展基础是产业发展，而中观产业发展的微观基础则是企业。无论是外来投资企业，还是本土企业，一个产业中的企业都普遍成功才能推动产业的发展壮大。

因此一个经济体宏观层面的工业化进程发展依赖于中观层面的产业转型升级，而中观层面的产业发展则依赖于这个产业中微观层面企业群体的成功崛起，尤其是产业领军企业的水平实际代表了该产业的发展水平。

基于上篇经济体宏观层面的工业化进程和中篇中观层面产业转型升级的研究分析，本篇重点研究总结微观层面企业的从无到有、从小到大、从弱到强的历程和相关问题，以及随经济学理论发展而陆续出现的企业理论发展思潮，包括企业劳动分工理论、企业生产决策理论、企业交易成本理论、产业组织理论与企业竞争战略理论等，重点阐述新结构经济学理论微观基础的企业自生能力理论。

本篇主要用企业自生能力理论解释发展中经济体在工业化进程中随

着产业持续转型升级出现的不同类型的企业特点、不同来源的企业家，以及企业家精神的表现形式；探究企业发展如何推动产业转型升级，产业转型升级如何促进企业的结构调整，做大做强的互动关系和规律。企业的不断发展壮大是产业转型升级的基础，而产业结构持续转型升级是一个经济体结构转型升级的根本推动力，因此从微观企业层面到中观产业层面，再到宏观经济体的良性转型发展，可谓环环相扣，相互依存，这也是现实世界中从低收入经济体成功转型为发达经济体少之又少的一个历史证据。

自亚当·斯密出版《国富论》以来，企业（工厂）首先被界定为劳动分工和生产三要素的有机结合，这是古典经济学的企业概念，但是古典经济学阶段企业主要表现为规模较小、管理相对简单的轻纺工业工厂，发挥劳动分工对生产效率的提升作用，因而形成企业劳动分工理论。但是自第二次工业革命后到 20 世纪 30 年代，随着电力应用和内燃机发明，推动了钢铁、石油化工产业崛起，资本密集型的重化工业逐渐兴起，推动工厂规模由小到大，管理模式由简单到复杂，技术进步加速，规模边际效应明显，产业寡头出现，产品从供不应求的短缺时代进入供过于求的过剩时代，强调供需均衡的厂商决策理论诞生，并且以企业生产决策为理论核心。

新的经济现象催生出新的经济学理论，新古典经济学理论应运而生，经济学从政治学中分离出来成为一门独立的社会学科，随着数学分析方法的引入，边际效用理论和垄断竞争理论等的提出，关注均衡生产决策的厂商理论形成。美国作为第二次工业革命的主角与最大的经济体形成了一大批垄断重化工业的大型企业集团，如通用电气、福特汽车、杜邦化工、洛克菲勒石油等标志性巨头，并在以芝加哥为中心的五大湖地区形成美国重化工业集群，美国产业巨头现象推动了美国反托拉斯法的实施，也推动了产业组织理论的出现。此理论历经三代学者努力完善，产业组织理论和 SCP 框架形成，发展出哈佛学派。

随着第二次世界大战后美国制造业的全球化大规模转移，哈佛学派的影响力在美国逐渐式微。20 世纪 80 年代，哈佛大学教授迈克尔·波特把产业组织理论与战略管理相结合，提出了竞争优势理论，包括波特五力模型、企业三大竞争战略、企业价值链、产业集群、国家竞争力等创新理论和相应的分析模型和工具，影响广泛。

新制度经济学代表人物罗纳德·科斯于 1937 年在伦敦经济学院发表了《企业的性质》，先知先觉地提出了交易成本概念，探索了企业性质与规模边界问题，但几十年内无人问津。他于 1960 年在美国发表了《社会成本问题》，依然籍籍无名，直到 1972 年这些理论才引起美国经济学界重视和广泛研讨，逐渐聚集了一批优秀经济学家参与交易成本研究，逐步形成了新制度经济学派。交易成本理论打开了企业本质研究的"黑匣子"，可称之为"企业交易成本理论"。

企业理论被不断地丰富和完善，尽管每种企业理论都具备自洽的逻辑和对工业发达国家各阶段企业现象的解释力，但是应用于发展中国家转型或计划经济国家转轨的企业现象研究中却普遍受挫。

作为新结构经济学理论逻辑微观基础的企业自生能力理论，是基于新古典经济学范畴的理论创新。何谓企业自生能力？企业自生能力是指在一个开放竞争的市场中，企业通过正常的经营管理可以获得社会认可的平均利润的能力。这是新结构经济学的理论创新，也是新结构经济学理论的微观基础。

企业自生能力取决于一个经济体要素禀赋及其结构的比较优势，即企业选择投资的产业必须符合一个经济体的比较优势,犹如"天时";符合比较优势的产业在一个软硬基础设施配套的区域或园区内形成相对集中的产业集群,才能有效降低交易费用,因此将会胜过没有形成有效产业集群的地区,这是"地利";企业家在选择符合"天时"的产业,在占有"地利"的地方投资设厂以后,企业获利水平的高低和发展规模的大小则取决于企业的发展战略和企业家精神的发挥等,这是"人和";如此拥有"天时""地利""人和"的企业才能拥有不断转型升级、持续发展的能力。

本篇将综述上述企业理论发展并做出分析,重点从新结构经济学企业自生能力理论视角分析企业、企业家和企业家精神等相关问题,以中国工业化进程中不同产业类型的企业为例,以便中国企业界人士认识和理解企业自生能力理论。

CHAPTER 8 | 第八章

企业从何而来

企业是随资本主义的发展而大批崛起的，那么资本主义产生的标记是什么？历史上，在亚洲和欧洲等农业地区均有大量家庭手工作坊和少量基于分工原则形成的手工业作坊，中国在明朝时期已有规模达到数百人的丝绸工坊和瓷器工坊，这些被认为是资本主义萌芽。当然，还有政府组织的大型手工业作坊，专供帝王贵族的奢侈品制作或武器的装备加工作坊等，但这些都不是现代意义上的企业。

现代企业是工业革命后的产物，是基于机器设备普遍应用与专业化劳动分工原则建立的经济组织，由不同类型的企业家创建并整合了资本、劳动力、自然资源等要素，专门生产加工用于远距离市场交换的商品，以盈利最大化为目的。

关于现代企业，目前国内外尚无统一的定义表述，因为在不同时代，从不同角度可以有不同的企业定义。笔者在此定义企业是一种以盈利为目的，组合运用资本、劳动力、自然资源，通过生产和市场提供商品或服务，实行自主经营、自负盈亏，独立核算的社会经济组织。

随着欧洲大航海时代的开启，远洋贸易逐渐繁荣，殖民地经济模式形成，推动欧洲手工业工厂的兴建，陆续衍生出研究工厂是什么、为何出现以及工厂组织效率和外部竞争关系等的问题，学者对于这些问题的解释和不断探索研究形成的理论逻辑，均可称之为企业理论。有关企业研究的思想观点由来已久，但从亚当·斯密出版《国富论》开始趋于理论化，发展至今，企业理论大体可以分为四代理论思潮。

第一代为古典经济学企业劳动分工理论，主要包括政治经济学的劳动分工理论、劳动价值理论、剩余价值理论和萨伊生产三要素理论等。

第二代是新古典经济学企业生产决策理论，主要包括新古典经济学的边际分析、均衡分析、效用价值理论、厂商决策理论和垄断竞争理论等。

第三代是新制度经济学企业交易成本理论，主要包括新制度经济学的企业管理成本、社会交易成本理论以及交易费用经济学和产权理论、合约理论等。

第四代是产业组织理论的企业竞争优势理论，主要包括产业组织理论、SCP框架与迈克尔·波特创立的竞争优势理论，企业三大竞争战略、产业集群以及五力模型、企业价值链等分析框架工具。

第二次世界大战导致欧洲经济遭到重创，英法列强的全球殖民体系崩溃，世界经济中心从欧洲逐步转移到美国，经济学的研究中心随之也从欧洲大陆转移到美国。欧洲的大批经济学家进入美国主要大学、智库、企业等机构工作，研究经济最发达的美国的社会经济和企业现象就成为经济学研究的前沿重点问题。为此崛起于英国的古典经济学和新古典经济学的企业理论范式不断受到美国的现代经济学企业新思想和分析模式的挑战。

科斯于1937年在英国发表了《企业的性质》，并于50多年后获得诺贝尔经济学奖，其天才地提出了交易成本理论，但长期无人问津，经历了30多年的沉寂后，科斯及其理论在20世纪70年代初期开始在美国经济学界受到关注和热议，吸引了一批经济学者展开有关企业交易成本、产权理论、契约关系与科层组织等系列研究，由此催生了美国新制度经济学派。

科斯的交易成本理论深入探讨了企业的性质、边界和组织效率等问题，打开了对企业本质研究的"黑匣子"，开启了企业内部组织机制研究的大门，在逐渐受到美国经济学界热议的同时，引起共识并不断吸引新经济学者投身其中，开创了现代企业理论。

与此同时，随着第二次工业革命后欧美等地出现的重工业大型企业集团的崛起现象，卡特尔、托拉斯等垄断现象以及区域性产业集聚现象等，经济学者将企业研究视角也转向外部竞争，并随企业规模的扩张和企业结构的进化，以及企业组织的复杂化，出现了"大企业病"等现象，经济学中的企业理论研究更侧重于实践应用和分析方法论，从而推动了应用经济学思想的形成与发展，如产业经济学、发展经济学、区域经济学、行为经济学等。这进一步丰富了企业理论的内涵，哈佛学派的产业组织理论和企业竞争优势理论也应运而生。

企业理论随企业新现象的出现不断发展，每代企业理论都有其自洽的逻辑和鲜明的时代特色，但也有其局限性，然而正是这些"不足"和企业新现象不断出现，才推动了企业理论的创新。

一、企业劳动分工理论

在农业社会向工业社会转型的阶段，手工业作坊按照生产工序进行劳动分工以提高效率的现象变得越来越普遍。第一次工业革命后，机器逐步代替手工劳动，专业化分工和使用机器之后生产率大幅度提高吸引了精英们的兴趣。

古典经济学企业理论起源于亚当·斯密对国民财富性质和原因的考察研究，他在《国富论》里列举的法国大头针工厂的分工案例，解释了分工可以提升效率，分工越细效率越高的企业现象。李嘉图、巴师夏、马克思、萨伊等的经济学思想构成了企业劳动分工提升效率的理论体系。

企业为什么会出现？古典经济学认为，从人性利己的"经济人"前提出发，企业首先基于劳动分工产生更高的效率，生产用于交换的商品，通过市场"看不见的手"完成交换，实现利润最大化。第一次工业革命后，机器不断替代手工劳动，基于生产效率提升与生产成本最优化的考虑，对劳动分工专业化的要求也随之不断提高，为此企业（工厂）生产的资本、劳动力、土地三要素理论和专业化劳动分工理论逐步形成（见图 8-1）。

古典经济学企业理论中，劳动分工是提高生产效率和增进国民财富的一个重要原因，这种劳动分工生产的思想成为古典经济学企业理论的基础范式。

亚当·斯密进一步指出，劳动分工的形成有赖于资本的积累，因为分工越细，所需工具越多，而资本就是购置这些生产性资料的重要保障。因此亚当·斯密进一步认为企业是资源的综合体，亦是专业化与劳动分工的产物。企业的规模大小与活动范围受交换能力与市场范围的限制。

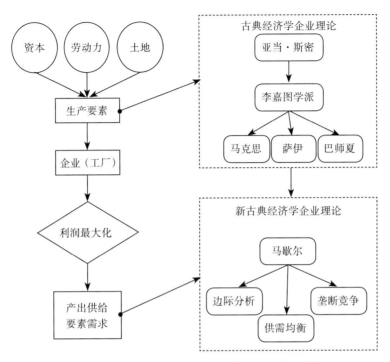

图 8-1 古典经济学与新古典经济学企业理论来源

李嘉图从地租税的角度出发提出了级差地租理论,其认为等量资本投在优劣程度不同的土地上将会产生差异化的利润,并进而创新性地提出了比较优势理论,这成为解释不同国家、区域广泛贸易行为的最优理论。由于土地收取地租,资本获得利息,劳动力获得工资,那么企业利润就应该来自劳动者的辛苦劳作,劳动价值理论因此诞生,并影响了马克思剩余价值理论的形成。

巴师夏的经济学理论分析了企业家利润的来源,认为利润可分为企业主收入和利息两部分,前者是对企业主复杂劳动的报酬,而后者则是对企业主提供资本商品服务的报酬。

其他古典经济学家综合资本、劳动力、土地也提出了不少创见,如萨伊的生产三要素论，即商品的价值是由资本、劳动力和土地这三个生产要素协同创造的。

由于古典经济学强调劳动价值理论和劳动分工协作是生产效率提升的关键性因素，因此可以把古典经济学的企业理论称为"企业劳动分工理论"。

古典经济学家的历史局限性在于，其理论思想与他们所处的欧洲从农业化传统社会向工业化现代社会转型的初级阶段特点密不可分，工业化初级阶段以劳动密集型的轻工业为主，劳动力丰富而价格相对低廉，机器替代手工劳动是一个缓慢的过程。当时企业主和管理者基本是一体的，企业管理相对简单，以廉价劳动力的简单劳动分工为主要特征，这是英国工业化的"血汗工厂"阶段，也是马克思剩余价值理论诞生的历史背景。

二、企业生产决策理论

第二次工业革命后，电力和内燃机得到普遍应用，机器设备效率持续改进，技术加速进步，工业化国家资本积累加快，同时对劳动力教育水平的要求提升，优质熟练劳动力成本逐步上涨。英国、德国、美国、法国等进入了以资本密集型为特征的重化工业发展阶段，这是工业化进程的第二个阶段。

在以电力和内燃机应用为特征的第二次工业革命背景下，技术进步与机器效率持续提升推动了企业生产效率的加速进步，出现了供过于求的普遍现象，周期性的经济危机循环出现，中小型企业的阶段性破产也成为常态。另外，劳动力从廉价丰富开始逐渐变得稀缺，受过教育训练

第八章 企业从何而来

的熟练劳动力成本不断上升。同时第二次工业革命的技术进步和机械设备的普遍应用也对劳动力教育素质提出了更高的要求，由此工业化国家的初级国民教育开始普及，大学等高等教育机构也开始不断出现。

如何解释不断出现的经济新现象？如何解决供过于求的矛盾，实现经济的均衡发展？这些成为当时经济学者们要研究解释的主要问题，新古典经济学阶段由此开启，该阶段与古典经济学的根本差别有三点：一是用"理性人"替代了"经济人"；二是用效用价值理论替代了劳动价值理论；三是引入边际分析方法，倡导量化分析工具和模型，推动经济学研究与政治学研究脱钩，从而形成一门独立的社会学科。以英国剑桥大学教授马歇尔的《经济学原理》出版为标志，经济学进入新古典经济阶段。

新古典经济学以理性人假说为前提，以边际量化分析为主要方法，以利润最大化（或成本最小化）作为企业要素投入和产出决策的基本原则，先后提出了完全竞争理论和垄断竞争（不完全竞争）理论。

就完全竞争理论而言，处于完全竞争市场中的企业被假设为生产组织单元和市场价格的完全接受者，只能通过选择产量的提升或者边际成本的最小化来实现利润最大化的目标，由此追求规模扩张和市场垄断成为企业最重要的发展战略。通过对现实世界中的企业和市场考察研究发现，并不存在完全竞争的市场，企业普遍具有追求规模扩张和产品差异化市场垄断，从而规避风险，追求利润最大化的特点。基于企业追求垄断行为的普遍现象，1933年，美国经济学家张伯伦的《垄断竞争理论》和英国经济学家罗宾逊夫人的《不完全竞争经济学》流行于世。

新古典经济学企业理论把企业看成一个将要素投入转化为产出的"黑匣子"，本质上是一个"生产函数"，即 $Y=F(K, L, R)$，以生产函数和生要素，包括劳动力（L）、资本（K）和土地（R），构建了厂商生产理论。

通俗地讲，新古典经济学企业理论首先将企业视为既定存在的厂商，即生产单元，研究在完全竞争和垄断竞争市场条件下，厂商如何确定其价格和产量，主要关注企业的要素配置效率，而不研究其内部组织效率；没有把企业看作独立的经济组织，而是把企业视为一个运行中的产业生产集合体，这有助于我们理解一个产业的整体企业行为和同产业企业之间纵向并购与横向联盟的逻辑。

总之，新古典经济学企业理论仅关注企业的要素配置效率，而不研究企业的组织效率和劳动力对企业的决定性影响，因此我们可以把新古典经济学企业理论称为"企业生产决策理论"。该理论有几个假设前提：现存企业都有盈利能力，交易双方无交易费用，交易双方信息对等，企业是一个"黑匣子"。这些假设由于与现实情况不符合，显得过于理想化。但是，新古典经济学企业理论也为第二次世界大战后美国崛起的新制度经济学、信息经济学、行为经济学，包括新结构经济学提供了研究创新的方向。

三、企业交易成本理论

新古典经济学企业生产决策理论是把企业视为市场中的生产个体集合，而从科斯开始的企业交易成本理论作为第三代企业发展理论，力图打开企业这个"黑匣子"，促使人们对企业为何会出现，以及企业内部产权结构的经济意义等问题进行更深入的探索。具体而言，它以"交易"为分析单位，考察企业内部组织以及企业与市场之间的关系，深入分析企业的性质、企业的边界以及企业内部权力等问题。

第八章 企业从何而来

在20世纪三四十年代，随着英国、美国等工业强国经济发展和产业结构转型升级，出现了很多从事重化工业务的大型生产型集团企业，人们开始思考大企业为何出现，以及内部组织是如何运行的。

1931年，科斯在英国伦敦参加了阿诺德·普兰特主持的研讨班，第一次接触到了"看不见的手"的经济学理论，认识到生产者会相互竞争，使消费者得到最需要的产品，而整个经济都是通过市场价格机制来协调的，这对当时的科斯而言是不小的思想冲击。但科斯最想探究的问题却是："为什么人们要建立企业，而不是直接在市场进行交易？"为此他择机前往美国，在工会朋友的帮助下，走访调查福特汽车和通用汽车等大企业，然后科斯于1937年发表了50多年后让其获得诺贝尔经济学奖的论文《企业的性质》。这篇文章对企业的定义、企业的性质、企业规模的边界做出了天才的分析阐述。

如果将企业理论严格定义为解释企业为什么会出现、企业内部如何运作、企业组织如何变革的理论，科斯的《企业的性质》可看作第一次对企业产生的原因、边界及本质的系统剖析，由此打开了新古典经济学企业理论中企业这个"黑匣子"。但这篇论文几十年无人问津，直到他于1960年在美国发表了《社会成本问题》后，才引起了经济学界关注。20世纪70年代之后，科斯的交易成本理论才逐渐被美国经济学界认可和热议，并催生了新制度经济学派。奥利弗·威廉姆森继承和发展了科斯的交易成本理论，提出了机会主义、不确定性、资产专用性、企业组织效率等，形成了交易成本经济学。

企业和市场作为治理结构起源于节约交易成本，企业资产专用性是决定交易费用的重要基础，是决定采用企业或市场制度结构的核心变量。当资产专用性较弱时，适合市场交易；当资产专用性较强时，企业组织有优势，应采用企业模式。为了解决资产专用性强弱带来的机会主义和套利行为，交易双方应该合并为一个企业，这就是"纵向一体化"问题。其他经济学家陆续提出了产权理论、不完全契约理论、关键资源理论等思想逻辑。

上述企业交易成本理论与新制度经济学理论，虽然打开了新古典经济学企业理论中企业这个"黑匣子"，但实际上都是从企业内部组织来研究企业的效率和控制问题的，并不擅长解决企业的扩张发展问题，在一定程度上忽视了企业作为市场主体单元的外部竞争，这给企业竞争战略理论创新留出了"用武之地"。

四、企业竞争战略理论

第二次世界大战结束之后，出现了一些新兴经济体。日本战后的经济腾飞让西方经济学家开始注意产业转移现象对经济增长的促进作用，随着全球化进程的推进，产业转移活动不断活跃，以产业发展为主的产业组织、产业转移、产业政策、产业聚集等问题开始成为经济学关注的焦点，日本经济学家赤松要提出的"雁阵理论"比较形象地解释了国际产业转移现象。

在企业理论发展层面，随着产业的国际化转移，大型跨国企业集团的大量出现，企业理论的研究重点也从原有的专业化分工、生产统筹决策等开始向企业扩张与外部竞争战略，以及产业选择等方向转移。

第四代企业理论发展重心将企业研究视角转向了"马歇尔冲突"，将产业组织规模及其外部竞争优势作为研究重心，并将经济学的竞争思想与管理学的战略思想结合起来。由此可见，第四代企业理论发展仍基于新古典经济学,专注于产业发展中的产业组织与外部竞争效率的关系,由此诞生了产业组织理论,以及把产业组织理论与战略理论有机结合的竞争优势战略理论。

马歇尔认为,垄断只不过是竞争过程中的暂时现象,长期垄断的企业终将因技术进步受到挑战而无法维持垄断地位,从而恢复到完全竞争状态。1936年,张伯伦提出垄断竞争理论,由于存在产品的差异性和规模效应,现实中典型的市场结构并非完全竞争,而是处于垄断竞争状态。在垄断竞争市场结构中,厂商联盟具有一定的决定价格的"市场力量"。因此在该框架下,单靠市场机制的自发作用不足以实现资源的最优配置,而必须由政府出面对垄断势力加以干预,才能确保市场的适度竞争。这也是美国反托拉斯法的理论基础。

(一)产业组织理论的形成和发展

哈佛大学的梅森(E. S. Mason, 1939)和贝恩(J. S. Bain, 1959)在吸收和继承马歇尔的完全竞争理论、张伯伦的垄断竞争理论和克拉克的有效竞争理论的基础上,以实证研究为手段,从外部冲击、产业结构、企业行为、企业绩效四方面对产业中的存续企业进行分析,建立了一个既能深入企业具体环节,又有产业发展逻辑体系的SCP框架(见图8-2)。

SCP分析框架的基本含义是市场外部因素变化决定了产业的竞争状态,并影响企业的行为及其战略,而企业行为又最终决定企业的绩效。SCP理论从特定产业结构、企业行为和企业绩效三个角度,分析在企业受到外部冲击时,基于投入产出最优化的情况做出可能的战略调整及行为变化,因此SCP框架成为产业组织理论分析同一产业中企业竞争行为和企业绩效评估的主要工具。

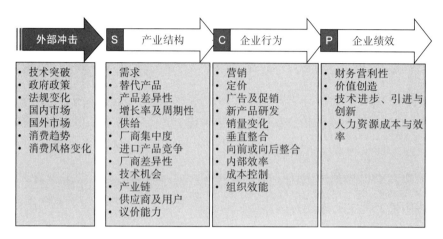

图 8-2　SCP 框架

市场竞争和规模经济的关系决定了某一产业的集中程度，具备产业集中度是企业在市场竞争中追求规模经济的必然结果。一旦企业在规模经济上形成"垄断"，就会充分利用其地位与竞争者共同限制产出和提高价格以获得稳定的利润。同时产业内的企业通过构筑产业进入壁垒使其可长期获得利润。

（二）企业竞争战略理论

哈佛大学的波特教授基于产业组织理论的逻辑和不足，从产业发展和企业竞争角度提出了企业竞争战略理论。波特 1980 年出版的《竞争战略》、1985 年出版的《竞争优势》和 1990 年出版的《国家竞争优势》三部著作，构成了企业竞争战略理论三部曲，系统分析了产业发展变迁中的企业竞争问题，创造性提出了企业竞争优势与企业三大竞争战略，以及国家竞争优势、产业集群等相关理论，同时提出了"五力模型"、企业价值链和国家竞争力模型等分析工具。波特还归纳出总成本领先、差异化竞争、目标集聚三大企业竞争战略。可以说，波特的竞争优势理论是对产业组织理论的创新，对现代企业理论的发展具有重要的现实应用价值。因此可以把产业组织理论和竞争优势理论并称"企业竞争战略理论"。

产业组织理论和企业竞争战略理论也有发展地域和发展阶段的历史局限性。波特的企业竞争战略理论是对其同时代美国企业和产业存在问题的阐释，但是在波特所处时代的美国已完成工业化进程，开始进入后工业化阶段，大量中低端产业转移到新兴经济体。因此波特的理论在后工业化国家逐步失去指导意义，对于发展中经济体转型或者计划经济背景下的经济体转轨因发展空间与时间不同也有很大的局限性。

波特的企业竞争战略理论曾红极一时，成为一段时间内全球企业界人士必须了解的思想，其理论的分析工具广为企业家称道。波特提出的总成本领先战略、差异化战略以及目标聚焦战略三大通用竞争战略能够较好地解释工业化强国的企业竞争行为，但是既不能为发展中经济体的企业生存提供实质帮助，也不能为在计划经济转轨经济体的国企改革提供战略指导。

基于波特的竞争战略理论的全球影响力，波特曾先后担任印度、葡萄牙、马来西亚等国的政府经济顾问，但这些国家在经济方面并没有过多杰出表现。波特企业竞争战略理论也不能免除历史局限性。

由于产业组织理论和企业竞争战略理论产生于美国工业化进程中基本完成的竞争市场，假设现存企业均具有盈利能力。但对于转型的发展中经济体或转轨的计划经济背景下的经济体而言存在大量没有盈利能力的企业,这是基于赶超战略和国家战略安全需要而建立的企业,是普遍存在的,但 SCP 框架和企业竞争战略理论对此无力做出合理解释,且不能提出相应对策。企业竞争战略理论主要关注企业在同产业中的竞争,但没有关注企业为何选择某个产业,以及该产业为何能在该经济体中盈利,而且逐步形成了区域产业集群等现象。

尽管上述四代企业理论都对先发的工业化国家在不同发展阶段的经济现象拥有相当的解释力,但是放在转型的发展中经济体和计划经济背景下的转轨经济体中显得水土不服,难以适用。究其原因,正是因为这些主流理论基本总结于发达工业化国家的企业现象和实践经验,不自觉地就会将企业具有自生能力作为暗含前提。而在发展中经济体或计划经济背景下的转轨经济体中,这一假设并不成立,也造成这些理论不能因地制宜、因时制宜、因结构制宜地应用,出现水土不服的尴尬现象。

CHAPTER 9 | 第九章

企业自生能力理论

经济学企业理论来源于企业对实践的研究总结,从古典经济学的企业劳动分工理论,到新古典经济学的企业生产决策理论,再到新制度经济学的企业交易成本理论,以及产业组织理论与企业竞争战略理论皆总结自欧美先发工业化国家的企业实践活动,理论所要解释的也是发达工业国家企业发展过程中出现的各种行为和现象,进而用于解决发达国家企业不断面临的新问题。

综上所述,以往的企业理论都受时间与空间的限制,并非放之四海而皆准的真理。同时,上述企业理论均有一个假设暗含其中,被经济学家们不自觉地当作经济学研究和企业理论研究的既定前提,即企业具有自生能力。

企业自生能力,是指在一个开放、竞争的市场中,只要有着正常的管理，就可以预期这个企业可以在没有政府补贴、其他外力的扶持或保护的情况下，获得市场上可以接受的平均利润。在企业都具有自生能力的暗含前提下可以推论，如果一个企业在市场竞争中并未获得大家可以接受的产业平均利润，则股东会"用脚投票"，选择退出；同时按前四代企业理论发展推测，企业一定出现了内部管理成本问题或外部竞争战略选择问题，但是大家不会质疑企业是否具有自生能力。

在发达经济体的经济研究中假定企业具备自生能力，原因在于发达经济体中，除了少数特殊产业外，一般是不给予竞争中的企业财政补贴或产业政策保护的。一个企业如果在正常的管理下，大家认为它无法赚到市场上可以接受的产业平均利润，那么不会有人投资；如果这样的企业因为错误的信息或决策创立，投资者也会选择"用脚投票"使这家企业破产倒闭。既然如此，主流的经济学和企业理论将自生能力作为暗含前提来建构理论是合适的。

但是，从传统农业社会转型的经济体和从计划经济转轨的经济体中，有很多企业是不具备足够的自生能力的，即在正常的管理下不能获得足够的利润，还要依靠一部分外力的支持。

为什么这些经济体中有很多企业不具备足够的自生能力？原因主要是它们基本建立在不具备要素禀赋结构比较优势的基础上，由于企业缺乏足够的自生能力，又不能宣布破产，只能靠外力保护才能生存下去。

如果一个企业所在产业不符合这个经济体的要素禀赋结构比较优势，则企业所生产的产品必然在开放竞争的国际市场中失去竞争优势。为了尽快追赶先发经济体，后发经济体一开始建立的企业一般是属于国家战略型产业或追赶型产业，如能按照要素禀赋结构比较优势逐步转型升级，则会陆续出现转进型产业、领先型产业，甚至出现换道超车型产业共计五大产业类型。

中国经过改革开放后 30 多年的经济高速发展，在 2010 年人均 GDP 达到 3.08 万元（超过 4000 美元），进入中等偏上收入国家行列，经过渐进式双轨制的改革，五大产业类型陆续出现。如处于领先型的家电、高铁、水电等快速发展；转进型的劳动密集型的轻工产业开始向越南、印度、非洲等地转移，产品的设计和营销则保留在国内；换道超车型则有互联网应用、手机、游戏等产业。

由于后发者可以直接学习模仿先发者成功的经验和模式，引进市场适用的成熟技术，降低自己的探索时间和试错成本，因此可以加速缩短与先发者的差距，具有后来者优势。后发者如能在有效市场机制中发挥有为政府的作用，运用产业政策推动符合要素禀赋结构比较优势的企业创业创新发展，并形成产业集群，则会加速经济体的产业结构转型升级，推动工业化进程，不断提高国民的收入水平。

基于新结构经济学理论的企业自生能力理论可以解释发展中转型或计划经济转轨经济体所出现的企业无盈利能力问题，也就是企业无自生能力的问题，并依据该经济体的要素禀赋结构比较优势提出合理的发展战略建议。

新结构经济学企业自生能力理论基本要义如下。

第一，企业在符合所在经济体要素禀赋结构比较优势的产业中创业发展是成功的关键。反之，若选择了不具备要素禀赋结构比较优势的产业，则该企业难以在市场中形成企业自生能力，难以盈利、生存。

第二，根据经济体的要素禀赋结构及其动态变迁的逻辑，以及我国企业发展的历史经验，我们可以把企业划分为劳动密集型企业、资本密集型企业、技术密集型企业和数据密集型企业四种类型。

经济体转型必须从创办劳动密集型企业开始，然后按照禀赋要素结构的变迁状态，逐步转型升级到以资本密集型企业为主，进而随资本积累、技术进步、人才储备状况转型升级到以技术密集型企业为主，同时发展相关配套的服务业企业。

第三，从传统农业经济体向工业化经济体转型时，启动的产业一般只有国家战略型和追赶型两种产业，发展符合要素禀赋结构比较优势的企业，是企业拥有自生能力、创业普遍成功的基点，也是企业从小到大、从弱到强发展的依据。经济体按照正确的顺序启动工业化进程，发挥后来者优势，可以快速缩小与先发者的差距，并在进入中等偏上收入经济体行列后逐步出现五大产业类型。同时，拥有自生能力的产业发展形成的收益可以补贴、支持国家战略型产业的生存与进步，坚持有效市场和发挥有为政府的作用才能实现经济的可持续发展。

第四，后发者追赶先发者时有后来者优势，通过引进成熟技术，学习成功经验、成熟商业模式、管理制度等，可以节约探索的时间成本和试错成本，实现加速追赶。但是这种后来者优势不是邯郸学步式的简单模仿，而是必须因地区制宜、因发展阶段制宜、因要素禀赋结构制宜地学习应用，要与自身制度环境和基础设施、市场规模等相结合运用。

总之，一个"天时""地利"与"人和"的企业，才能具有企业自生能力，拥有最优的生产成本，加上合理的交易成本，实现总成本竞争优势，无论是面向国内市场还是国际市场都有竞争能力，实现资本快速积累和技术进步。如果能形成优秀企业家领导的管理团队，采取正确的发展战略和竞争战略，企业就能做大、做强、做优，不断转型升级，成为产业领先型企业。

何为企业的"天时""地利""人和"的？

首先，要选择符合所在经济体要素禀赋结构比较优势的产业去投资、创业和发展，这可称为顺"天时"。

其次，最好选择在一个特定地区，如经济特区、经济开发区、产业园区、自贸区等，具备过硬的交通基础设施配套，以最大限度降低交易成本，这可称为合"地利"。

最后，企业所在地政府能提供良好的投资营商环境和相应的产业政策，积极发挥有为政府的作用，这是"人和"保障。

符合"天时""地利""人和"条件的企业必然拥有企业自生能力，创业成功概率大幅提升，企业可以实现从无到有的创业成功，进而企业从小到大，实现规模效益，加速资本积累和技术进步，最终从弱到强、从追赶到领先，成为产业领军企业。

回看中国 40 多年的改革开放与经济发展历程，这样的企业可谓比比皆是。中国已出现一批这样的优秀企业，在改革开放不同阶段遵循要素禀赋比较优势创业成功，进而采取正确的发展战略不断做大做强，转型升级为产业领军企业，借助中国超大市场规模效应发展成为世界级知名企业，如华为、比亚迪、福耀玻璃、华大基因、美的、小米、京东、腾讯、大疆等，这份企业名单很长，而且入选的中国企业还在不断增加中。

一、企业自生能力 EIGP 分析框架

企业自生能力理论来源于新结构经济学理论逻辑，按照经济体要素禀赋比较优势，制定合理的企业发展战略，按照有效市场中有为政府的逻辑，既要鼓励招商引资，更要激发本土企业家精神，使其勇于创业发

展,在"干中学"的过程中,借助后来者优势,实现从无到有、从小到大、从弱到强的发展,加速缩小与先发者的差距,并借助中国超大市场规模效应,最终力争成为国际领先企业。

同时要按照企业自生能力理论对经济体中现存企业做出甄别,对属于国家战略型产业的企业要做出国防安全和经济安全角度的分析;确定是否需要继续执行政府财政补贴或制定相应的产业政策保护,对一般性企业实行市场化改革,符合比较优势的一般性竞争企业则积极开放、招商引资、鼓励创业和改善软硬基础设施与制度环境,鼓励市场竞争。

发展中经济体普遍劳动力丰富廉价、资本匮乏、技术落后,因此,具有比较优势的产业一般是劳动密集型的轻工业。发展到一定阶段后,随着资本积累和人力资源教育水平提升,经济体再进入资本密集型的重化工业发展阶段;在重化工业发展成熟后,待资本积累丰富后才进入技术密集型的高端制造业赶超阶段,发展出高精尖企业、领先技术和知名品牌等。

一个经济体无论规模大小,如能完成这三个阶段则必然会跨过"中等收入陷阱",成为高收入经济体。目前全球完成工业化进程三个阶段的经济体有30多个,主要分布在欧洲、北美、东亚等地区,涵盖人口约11亿,仅占世界人口总数的不到15%,由此可见工业化强国之路的艰难曲折。

中国目前已进入工业化进程的第三个阶段,预计2035年前将完成工业化进程,成为高收入国家,这将是人类历史上绝无仅有的伟大实践。

由于中国的人口规模将超过现有全部发达经济体人口总数,由此对人类社会的影响不可估量,而中国要完成这一转变必然对全球化产业转移和能源需求提出巨大挑战,这也是中国推动"一带一路"倡议与实施

"双碳"经济的根本原因所在,必须推动能源转型和全球经济发展,实现合作共赢。中国的工业化进程和城市化发展必然对人类命运共同体的共同富裕和进步做出应有的贡献。

工业化进程艰难曲折,每个经济体完成的过程都各具特色,但根据禀赋要素结构比较优势,制定合理发展战略,逐步推动产业升级,跨越工业化三个阶段则是历史规律,只能循序渐进,无法跨越。

基于新结构经济学理论,我们提炼了一个企业自生能力EIGP分析框架,将要素禀赋、产业结构特征与发展战略选择、有为政府与产业政策和企业自生能力嵌入框架,以构造一套EIGP企业自生能力分析框架,如表9-1所示。

表9-1 EIGP企业自生能力分析框架

(E)要素禀赋	(I)产业结构特征与发展战略选择	(G)有为政府与产业政策	(P)企业自生能力
• 要素禀赋内容 1. 劳动力 2. 资本 3. 自然资源 • 要素禀赋结构 1. 资本劳动比率 2. 人均GDP • 要素禀赋比较优势 供给侧比较优势 • 市场规模优势 需求侧规模优势	• 产业对标 1. 要素禀赋结构 2. 人均GDP比较 • 产业发展战略选择 1. 符合比较优势 2. 不符合比较优势 • 企业竞争战略 1. 总成本优势 2. 差异化竞争 3. 聚焦式发展 4. 创新领先战略	• 产业升级政策 1. 追赶型政策 2. 转进型政策 3. 领先型政策 4. 换道超车型政策 5. 国家战略型政策 • 产业贸易政策 1. 出口导向政策 2. 进口替代政策 • 产业发展政策 1. 产业集群政策 2. 产业技术政策	• 企业自生能力平均利润: 产业平均利润率 × 收入 • 企业竞争能力超额利润: 平均利润 + 边际利润 其中,边际利润 = 边际收入 − 边际成本 • 企业核心竞争力"垄断"利润: 超额利润 + 垄断价格利润

"E"为该框架的起点。判断一个经济体的要素禀赋结构比较优势及相适应的产业,是甄别企业比较优势和判断企业有无自生能力的基础。这包括对一个经济体所具备的要素禀赋结构特征、结构变迁过程以及比较优势的甄别。

要素禀赋主要包括劳动力、资本、自然资源，要素禀赋结构主要指三要素之间对比的稀缺程度，其中最重要的两个指标是资本劳动比率和人均GDP，这些要素禀赋及其结构决定了企业的比较优势，即某种要素禀赋越丰裕，价格越低。而经济体的要素禀赋结构决定的比较优势又决定了其最优产业结构、企业的最优发展方向与发展战略选择。

"I"为企业所选择的产业结构特征和企业相应的发展战略选择。一个经济体的产业结构决定于该时点上劳动力、资本和自然资源的相对丰裕程度。因此，随着要素禀赋结构的不断变迁，经济体的比较优势发生改变，最优产业结构随之改变。一个经济体内生于要素禀赋及其结构的比较优势的最优产业结构，这是能够让该经济体在国内市场和国际市场具备最优竞争力的产业结构。产业结构不仅包括产业本身，而且包括技术结构、产业布局、产业聚集与产业链。

"G"为有为政府与产业政策。在产业发展的过程中，有为政府应该解决特定区域投资企业存在的市场环境及基础设施配套建设和协调问题，通过产业政策帮助企业实现转型升级。有为政府在产业多样化与产业升级过程中的作用，包含提供关于新产业的信息、协调统一产业中不同企业的关联投资、为先驱企业补偿信息外部性，以及通过鼓励外商直接投资来孵化和培育新产业。

"P"为企业自生能力评估。首先，拥有自生能力的企业可以获得产业正常利润，具备持续经营和做大规模的基础；其次，企业通过差异化竞争实现单一产业甚至单一产品的规模增长，实现企业边际利润的持续增长，获得基于规模效应的"超额利润"；最后，企业在做大的基础上通过聚焦细分产业领域不断创新实现做强，成为细分产业的领先企业，并长期保持技术创新的领先地位，则可以获得创新的"垄断"利润。因创新获得的"垄断"利润是市场竞争的合理结果,也是现代企业发展的最高目标。

企业自生能力分析框架侧重于分析经济体的要素禀赋结构以及特定产业结构变迁的动态过程,并将有为政府因势利导的产业政策作用也包括进来,不仅解决了产业组织理论 SCP 框架强调外部因素影响、有缺乏动态分析、忽略政府产业政策的作用等不足,也更适用于发展中经济体的企业甄别、发展战略选择、产业政策导向确定,以及企业经营绩效评估等问题,是企业家决策和地方政府制定产业政策的有效分析工具。

总之,企业自生能力理论以要素禀赋及其结构决定的比较优势为前提,以产业结构特征为制定企业发展战略的依据,以有效市场为必要条件,以有为政府为充分条件,发挥因势利导产业政策的催化作用,不仅能助力企业从无到有,还能不断推动企业从小到大、从弱到强的转型升级,并以企业的利润绩效综合评估为企业能力评估提供依据,判断企业盈利能力能否进化为竞争能力和核心竞争力。

企业自生能力 EIGP 分析框架强调企业发展是一个逐步积累与结构变迁的过程,将要素禀赋结构决定的潜在比较优势转化为市场竞争优势。在市场竞争上,企业家优先选择符合比较优势的产业创业,以保障拥有企业盈利能力基础;进而通过学习模仿应用创新等后来者优势,运用差异化竞争和规模效应将企业从小做大,使企业盈利能力转化为企业竞争能力;在企业创新上,则需要发挥企业家创新精神,通过持续创新打造出企业的核心竞争力,获得创新的"垄断"利润。最终创新型企业家才有机会成为产业中的领军人物。

二、企业自生能力与企业类型划分

新结构经济学理论的微观基础是企业自生能力,决定于企业所在的产业和所使用的技术是否同要素禀赋结构所决定的比较优势一致。换言之,一个企业要想具备自生能力,就需要根据其所在经济体的要素禀赋结构来选择所进入的产业,该产业必须符合该地区的要素禀赋结构比较优势。这是企业发展战略层次上的决策依据,也是企业战略选择的最重要一步。

企业在获得自生能力后,要想超越其他拥有同样比较优势的产业竞争对手,就必须降低交易成本。企业生产总成本包含了生产成本和交易成本两个部分,生产成本由要素禀赋结构决定,可由企业管理者控制;交易成本涉及交通基础设施配套、投资环境、政府产业政策等不可控因素,特定地区政府具有决定性影响,这是有为政府的作用所在。"要想富,先修路"就是对有为政府作用的形象描述。

产业的生产成本较低具有潜在比较优势,但由于一些地区软硬基础设施建设不完善,不能形成具有规模的产业链和产业集群,导致该产业的交易成本过高,在面向市场时并不具备竞争能力。

根据经济学理论,可以从不同的角度把企业划分为不同类型。

(1)依据产权性质,可以把企业划分为国有企业、集体所有制企业、民营企业、外资企业等。

(2)根据企业组织形式,可以把企业划分为个人企业、合伙制企业、有限公司、股份公司、上市公司等。

(3)根据企业规模大小,可以把企业划分为大型企业、中型企业、小微企业等。

（4）依据企业产品特点，可以把企业划分为轻纺企业、食品企业、化工企业、高科技企业等。

在此，我们需要依据企业自生能力理论中的要素禀赋结构特点，把一个经济体的企业划分为劳动密集型企业、资本密集型企业、技术密集型企业和数据密集型企业，以便分析理解企业的产生、发展，并随要素禀赋结构动态变迁而不断转型升级的过程。

第一种是劳动密集型企业。这是历史上出现的第一批企业，基于劳动分工原则，在传统农业社会向工业化社会转型的初级阶段大批出现。亚当·斯密完成《国富论》时正是英国工业革命开始的时代，大量基于水力和风力的手工业纺织工厂已遍布英国乡镇。羊毛纺织业兴旺，并随着殖民地扩张逐步发展成为以棉花为主要原料的棉纺织业。大量的农村富余劳动力，甚至女工和童工从事繁重的体力劳动。这个阶段的英国要素禀赋结构是劳动力丰富、廉价而资本稀缺，工业化技术处于早期探索阶段，随着工业革命的发生，改良蒸汽机开始应用，但其效率的提升是一个缓慢的过程，机器替代人力历经数十年探索发展。

第一次工业革命的技术溢出效应逐步影响到欧洲大陆国家和北美等地，推动了当地的工业化进程和列强的崛起，并逐步催生了美国、德国为主体，以电力、内燃机为主要动力的第二次工业革命，世界开始进入电气化时代，但劳动密集型企业是工业化企业形成发展中必须经历的第一个阶段。

中国的劳动密集型企业早期诞生于江浙一带，主要来自纺织业和食品加工业，但大规模的建立则发生于1978年以后，以乡镇集体企业基础，利用农村大量富余劳动力，在国家搞活经济、开放市场的背景下，由乡镇集体企业发展到农民企业家创办的劳动密集型企业。这些企业如雨后春笋在中国各地野蛮生长,同期创业发展的还有以从事商贸、餐饮等服务业为主的城镇个体户。

中国的劳动密集型企业顺应了中国当时的要素禀赋结构比较优势,把农村大量的富余劳动力组织起来,利用廉价的土地和简单的设备工具,以劳动分工的初级状态开始了劳动密集型企业的创业及发展。由于符合中国要素禀赋结构的比较优势,这些乡镇企业拥有自生能力,不需要复杂的管理即可实现盈利,创业成功率很高。加之借助后来者优势,这些劳动密集型企业历经十多年的发展,从无到有、从小到大,到20世纪90年代中期达到高峰。

乡镇企业崛起的同时,沿海经济特区通过招商引资,大力发展以纺织、食品为主的加工业,以及电子产品组装业等,这些劳动密集型产业,利用源源不断的劳动力推动产业结构转型升级,为我国下一步重化工业的起飞奠定了基础,如表9-2所示。

表9-2 劳动密集型企业特征

内容	特征
要素禀赋	劳动力丰富廉价、资本稀缺、技术落后,发展劳动力密集型产业
发展目标	主要解决吃穿问题
标志事件	1993年取消粮票,逐步实现供需平衡
企业家	乡镇企业家、城镇个体户、沿海经济特区中小企业老板
企业性质	乡镇企业、城镇私营商户、沿海经济特区中小型加工企业
创新结构	学习模仿为主,后来者优势,基本不具备创新能力

1995年私人购买轿车不再受限,这是中国轻工产业发展从量变到质变的第一个临界点,中国资本密集型的重化工业转型升级的起飞阶段悄然降临。虽然中国仍处于低收入阶段,但要素禀赋结构已不断变化,资本积累和国家财政状况大幅改善,社会对铁路、公路、机场、港口及城

市基础设施的需求不断增长，这些助推了中国资本密集型重化工业的二次崛起。

第二种是资本密集型企业。这是工业化企业集团崛起的阶段。第一次工业革命后，人类的生产力水平几何级提升，使用蒸汽机的轮船、火车等交通工具大大拓展了人类的活动范围，但是蒸汽机的庞大沉重，煤炭的燃烧效率低，依然限制了生产力的提升和通信的便利。第二次工业革命期间，德国人本茨发明了内燃机，制造了第一辆燃油汽车；美国人贝尔发明了电话，特斯拉发明了交流电机，由此人类开始进入电气时代。电力和内燃机对蒸汽机的替代以及工业技术的进步推动社会进入了新的阶段，基于钢铁、电力、石油化工的资本密集型的重化工业发展全面启动。

首先是战争武器的巨大研发制造需要，其次是工业生产效率的需求以及交通运输物流的刺激，钢铁冶炼、煤电、石油化工及输变电设备、电报、电话、汽车等相继问世，并迅速发展。重化工业的强弱决定了国防军事力量的强弱，影响着国民的生活水平，汽车、楼房、电话、电器等成为美国等工业强国的必需品，而不再是奢侈品。但是重化工业需要投入巨量资本，大规模生产，拥有高技术门槛，需要大量受过高等教育的工程技术人员。

重化工业的溢出效应向欧洲、北美扩散，进而日本和苏联也先后启动了重化工业进程。由于重化工业首先服务于国防需要，前期普遍亏损，必须用农业和轻纺工业利润弥补，只有形成完整的规模体系后才能使边际成本不断下降，实现盈利。

新中国成立后前30年的重工业优先发展战略未能明显推动中国城市化进程，改革开放前中国农业人口超过80%。改革开放后中国的重化工业持续亏损，为此我们采取了渐进式双轨制的改革模式，一方面对轻工业全面开放，实行全面市场经济，另一方面对重化工业实行产业政策保护，逐步市场化。

1995年是一个分水岭，十几年的劳动密集型乡镇企业大发展，基本解决了中国民众的吃穿问题，另外中国加速了资本积累，具备重化工业的设备资产和技术人才储备，同时国内轻工业的发展推高了对重化工业产品的需求，中国要素禀赋结构的改善为重化工业的二次起飞创造了结构转型条件。

劳动密集型企业中，大批创业成功和先富起来的乡镇企业家的财富示范效应改变着中国传统社会士农工商的等级观念，也刺激了企业家精英们创业、致富的愿望。大批有企业家精神的精英群体下海创业，主要进入与基础设施建设和重化工业相关的产业，如建筑、房地产、运输、机械设备、通信、电子产品等。大批的职工开始进入民营企业、外资企业打工，或者自行创业，成为职业经理人和企业家。同时，大中型重化工业企业由于符合当时的禀赋要素结构比较优势，借助后来者优势，在历经近20年的渐进式双轨制改革后开始具有了企业自生能力。

中国人口众多，市场规模巨大，在政府的指导下我们开启了基建之路，从铁路、公路、机场建设开始，快速扩展到高速公路、港口建设，进而启动城市化基建加速扩张，形成了推动中国经济发展的三驾马车。相关的钢铁、化工、电力、汽车、轮船、建材、通信设备、家用电器等资本密集型企业快速发展和壮大，催生了大批新兴民营企业，建筑、房地产、煤炭、家电等行业出现了中国第二批企业家群体，同时资本密集型企业可以迅速做大规模，截至2010年中国重化工业出现大批领先型企业，如表9-3所示。

表 9-3 资本密集型企业特征

内容	特征
要素禀赋	由于劳动密集型企业的高速发展，资本快速积累，要素禀赋结构的升级快，使原来不符合比较优势的资本密集型企业逐渐符合比较优势。同时基础设施如公路、铁路、机场、港口的发展创造了市场需求
发展目标	主要解决住行问题
标志事件	中国成为世界最大的制造业国家
企业家	精英企业家、转型升级的乡镇企业的企业家
企业性质	大中型国企集团，新兴民营企业和合资、外资企业
创新结构	模仿型为主，发挥后来者优势，自主创新逐步开始

根据第六次人口普查数据，2010年我国城市化水平为49.68%，人均GDP约为3.08万元（超过4000美元），进入中等偏上收入国家行列，中国产业转型升级又到了第二个临界点，开始进入高端制造业赶超阶段。

以资本密集型企业为主的重化工业发展阶段是工业化进程承前启后的关键性阶段，完成这个阶段才有可能进入高端制造业赶超阶段。但是由于重化工业属于资本密集型企业，启动初期产品不能出口创收，国内市场规模需求又较小，必须由国家财政补贴维持，所以要么直接建立国有企业，如英国、法国、苏联、中国等，要么由私营企业承担，国家给予多种形式补贴，如日本、韩国等。目前完成重工业发展阶段的国家也非常有限，如印度始终没有全面启动这个阶段，导致其国防军工主要通过外购。苏联在即将完成这个阶段时解体，俄罗斯在转轨阶段采用"休克疗法"，快速推行私有化，使没有自生能力的重化工业国企体系瓦解崩溃，仅能以能源产业收益力保关键的国防军工产业运营维持。拉美国家采取国企体制发展重化工业，由于长期亏损而在20世纪80年代实施国企私有化改革，结果私有化并没有减轻财政负担，反而因大量借外债补贴维持，形成恶性循环的外债经济，陷入"中等收入陷阱"30多年，反复挣扎，难以自拔。

新中国实施重化工业优先发展战略，为了独立自主的强国梦，经历了近30年的艰苦奋斗，打造了一套基本完整的重化工业体系。改革开放后，又采取了务实理性的决策，实施渐进式双轨制改革，最大限度保护了中国重化工业体系的资产和技术人才储备，并最终在轻工业启动阶段完成后，实现了重化工业的二次崛起，这是中国工业化进程中不可分割的重要组成部分。

同期，部分劳动密集型企业不断转型升级，形成了一批国际领先企业，成为中国轻工业出口产品的主力，从企业自生能力阶段转化为企业竞争能力阶段。由于国内人力成本的持续上升，部分劳动密集型企业已开始向东南亚、非洲等国外劳动力廉价区域转移。调整产业链中低价值部分，保留微笑曲线的两端，以促成整条产业链的升级。

第三种是技术密集型企业。这是高端制造业的主要承担者。根据历史经验数据，一个国家工业化进程在经历了轻工业启动阶段、重工业发展阶段后，将进入高端制造业赶超阶段，一是追赶发达工业化强国的制造业水平；二是部分高端制造业要实现超越，达到世界领先水平。完成这一阶段意味着劳动生产率的大幅提升，人均GDP达到发达国家门槛，并持续提升到中等发达国家水平。

高端制造业主要由高新科技、高端装备制造、高新材料、生物工程、航空航天等产业组成，主要载体是技术密集型企业。与资本密集型企业相比，技术密集型企业可能不需要巨大的设备厂房等固定资产投资，但需要更多受过高等教育的工程技术研发人员，产业分工更为细化，人力成本和技术研发费用逐渐成为企业最大的成本费用。资本密集型企业的最大成本是固定资产投资产生的财务成本和折旧费用，企业以厂房建设、各种工艺设备等固定资本投入为主,引进成熟技术、工艺装备,人力成本和技术研发费用占较小比例,主要靠固定资产形成工业中间产品生产能力,销售方式相对简单,营销成本也占比不高。但是技术密集型企业主要成本体现在高精尖的人力成本和技术研发费用上,不管是引进先进的技术,消化吸收并应用创新,还是自己研发高新技术均要付出很高的成本和试错代价。而固定资产则可以用租赁的方式解决,从而大幅降低固定资产投资成本。

目前中国技术密集型企业占比还不太高,主要集中分布在一线城市和沿海发达地区,比较突出的是深圳聚集了一批技术密集型的民营企业,如表9-4所示。

表9-4 技术密集型企业特征

内容	特征
要素禀赋	技术密集企业大量崛起,出现创新创业潮流,第三产业和高端服务业实现大发展
发展目标	解决技术"卡脖子"的问题
标志事件	人均GDP达到发达国家门槛,工业化进程完成,进入后工业化社会阶段
企业家	科技型企业家(混合所有制+民营企业+合资企业)大量涌现
企业性质	国企高端制造集团、高科技创新企业、多种风投基金、合资类高科技公司等
创新结构	自主技术创新井喷,"中国制造"升级为"中国创造",中国品牌、中国标准等出现

由于创新研发会产生较大的试错成本,技术密集型企业对企业家创新精神的要求越来越高,面对不确定性风险的压力持续提升,因此以保障国家战略安全为主要责任的国有企业,比较适合进入对国防安全性与经济安全性要求较大的领域,如铁路、公路、机场、电力以及能源、粮食安全等。

技术密集型企业较难获得大银行的信贷支持。技术密集型企业并不强调固定资产投资，甚至尽可能避免投资低效的固定资产，因此较难获得抵押物贷款，企业主要资金来自风险创投基金、产业投资基金以及股权投资基金等，这些基金通过培育成功创业企业和收回上市企业的投资获取高额回报，以弥补项目失败的亏损。因此，最大限度鼓励风险投资和完善资本市场建设是推动技术密集型企业崛起，助力中国高端制造业前行的重要产业政策，否则很难促使技术密集型企业的大批涌现。这个阶段的企业家群体主要由科学家、工程师等组成，少数劳动密集型企业的优秀乡镇企业家和部分精英企业家能够转型成功，但主体必然由新兴的科学型企业家群体构成。

第四种是数据密集型企业。主要指以移动互联、物联网、人工智能、大数据应用等业务为主的企业，也可称其为知识密集型企业或人力资本密集型企业。第三次工业革命为信息控制技术革命，从20世纪四五十年代开始，到20世纪90年代计算机普及，再到2010年后的移动互联网阶段。这次工业革命使世界成为一个地球村，社会交易成本大幅度下降，很多信息化产品和服务的边际成本趋于零，因此世界诞生了很多互联网巨头企业。

互联网几乎已渗透到所有产业并引发了大量改变，不能顺应数字经济趋势的企业必然被淘汰出局。由于互联网规模越大边际成本越低，反之边际利润越高，因此基于互联网数据平台高速成长的数据密集型企业也被称为独角兽企业。目前中美两国独角兽企业数量最多，究其原因，主要是互联网平台企业的发展依赖于同一语言的人口规模，讲汉语和英语的人口比例较高。这或许可以解释为什么美国硅谷主导的互联网数据密集型企业主导了英语世界，其他英语国家和地区只能跟随。

互联网企业发展至今再次面临人工智能、无人化和智能化的挑战，国际经济学界已开始讨论第四次工业革命，虽未形成广泛共识，但越来越多的人认为基于人工智能、万物互联、生物工程、生命科学的技术革命即将来临，而其核心技术基础是大数据的存储计算、分析应用等。由于智能化的核心基础是海量的数据，以及对大数据的精准计算，数据将成为企业最大的无形资产，因此这类企业被定义为数据密集型企业。目前美国的硅谷巨头谷歌和中国的字节跳动已有明显的数据密集型企业特征。"未来已来"可能是对第四次工业革命比较贴切的描述，数据能否成为第四个生产要素，目前经济学界见仁见智，尚未达成共识，但越来越多的经济学者们开始认同这个新的经济学理论逻辑。

三、企业能力与企业绩效

（一）企业自生能力与产业平均利润

新结构经济学倡导企业依据要素禀赋结构的比较优势选择产业和适用技术，在正常的经营管理下即可达到社会认可的利润率，即获得产业的平均利润。这是企业创业和发展的基本点，依据企业自生能力 EIGP 分析框架，主要包括企业的生产成本，但不包含企业的交易成本。

企业在具有自生能力后，要想让该地区产业战胜其他地区拥有同样比较优势的产业，就必须降低交易成本。交易成本主要受交通基础设施配套、市场环境、招商投资政策等因素影响，这是有为政府的作用所在。

例如，东南亚地区的劳动力成本相对较低，但对于很多早期在东南亚设厂的企业而言，它们获得的利润并不高于中国的厂商，一个很重要的原因在于，该地区尚未形成具有规模的产业集群。另外，东南亚地区在基础设施建设方面（如公路、港口等）也大大落后于中国，因此在实际的商业活动当中，这些因素无形中拉升了企业的交易成本，因此该地区企业在国际市场上并不具备明显的竞争优势。

在企业自生能力理论框架下，主要有两种因素可以影响交易成本：一是软硬基础设施影响；二是企业外部性影响。

在软硬基础设施影响方面，政府可以通过完善软硬基础设施建设来降低经济体中该产业的企业交易成本。在企业外部性影响方面，政府可以利用产业政策来降低企业的外部性影响，比如为新兴产业提供适当的补贴和政策倾斜，通过产业规划来减少不同产业间的负向影响。这里就需要政府选择符合该经济体比较优势的产业进行扶植和推动。

一个企业要想获得预期利润，正常的经营管理必不可少，但在进行经营管理之前，必须选择符合该地区要素禀赋结构的产业和技术。如果选择不符合该地区要素禀赋结构的产业和技术，企业就无法获得自生能力，经营管理也就无从谈起。正如林毅夫所说："在一个竞争的市场里，企业的经营管理将影响其盈利能力，这是一个公认的命题。然而，企业的预期获利能力也取决于其产业和技术选择。"

企业要素的生产成本较低就具有（潜在）比较优势，但由于一些经济体的软硬基础设施建设不完善，不能形成具有规模的产业集群，因此可以认为该经济体的产业交易成本过高，在实际的经济活动中并不具备竞争能力。企业的生产成本与交易成本共同构成企业总成本，只有企业总成本具有领先优势，企业在开放竞争的市场中才能获得社会认可的正常利润，也就是产业平均利润，这种情形与劳动密集型企业比较匹配，其发展战略也可以理解为总成本领先战略。

（二）企业竞争能力与产业超额利润

企业依据经济体要素禀赋结构的比较优势选择合适的产业和技术可以获得自生能力，获得产业平均利润，这意味着企业从无到有环节的成功，但企业要继续发展，从小做大，成为产业中有竞争力的企业则不能止步于平均利润，而应该获得超过平均利润的利润，只有这样才能快速积累资本，获得更多的股东支持，获得做大做强的能力。

然而如何获得超额利润呢？当企业选择的产业符合要素禀赋结构，同时交易成本又处于较低水平时，该企业从理论上就具备了潜在的竞争优势，而把竞争优势转化为竞争能力，就是把企业从小做大的过程。专注于一个产业甚至一个产品，集中企业有限的资源，做大规模以实现规模效应，而规模扩大的同时必然带来边际成本的下降，从而获得超过平均利润的超额利润，这种规模差异化既带来边际成本的下降，产生更高的利润，也带来数量规模上的竞争优势，最终企业的利润率将高于产业平均利润率，这就是获得超额利润的秘诀，也是差异化竞争战略的本质。

企业专注于一个产业甚至一个产品，采取规模化的竞争战略，推动产量的不断提升，实现规模化效应的边际成本持续下降，在产品价格、品质不变的情况下获得更高的利润率和更大的销量，从而获得超过产业平均利润的超额利润。或者通过改良产品，在产销量不变的情况下，通过提升价格获得超额利润。一般而言在技术一定的前提下，提升产销量、降低边际成本的方法比改善品质、提升价格的方法更容易实现。

企业的所有者和管理者绝大部分情况下创业又守业，但创业者不一定能成为优秀的企业家。只有力争成为产业领先者，才能成为敢为天下先的优秀企业家。

（三）企业核心竞争力与产业"垄断"利润

根据企业自生能力框架，企业从无到有的创业若按照要素禀赋结构的比较优势选择产业和技术就能拥有企业自生能力，通过正常经营管理，在开放竞争的市场中则可以获得社会认可的正常利润回报，即产业平均利润，创业成功的概率很大。但企业创业成功并不意味着长治久安，市场竞争加剧，不进则退，必须做大做强。

企业如何做大做强是创业者必须面临的问题，首先，做大规模，获取规模效应的边际超额利润，进一步发挥企业家创新精神，通过差异化竞争，形成规模效应，加速资本积累。其次，明确企业转型发展的方向，把资金投入到自主技术研发创新中，形成企业的技术竞争优势，推动企业成为所在产业的领先企业，不仅在规模上领先，更要在技术研发创新方面居于领先地位，形成企业的技术壁垒，把企业的强大竞争优势转化为竞争对手难以匹敌的竞争能力，也就是核心竞争力。企业规模效应随技术进步处于动态变化中，由此形成的边际超额利润也随产业的内外竞争压力变化而变化，只有通过技术研发创新，保持产业技术领先者地位才能保持企业领导地位，这种竞争对手不可复制的独特竞争优势和能力，就是企业核心竞争力所在，而核心竞争力给企业带来的回报则可能是长期的"垄断"利润。

"垄断"利润一词听上去比较负面，现实企业竞争的最高目标其实就是获取"垄断"利润，但应该是合理的"垄断"利润。什么是合理"垄断"利润？通过企业家持续创新，因技术壁垒形成的市场利润就是合理的"垄断"利润，是全世界市场参与者可以接受的。通过行政特权规定和"天然垄断"行业控制获取的"垄断"利润则是不合理的，这应该属于国家公共利益和责任的组成部分,不能由少数企业垄断。

下面我们将通过案例分析来理解企业自生能力理论逻辑、分析框架运用以及企业的三种能力和对应的三种利润来源。

四、企业自生能力理论框架的案例应用分析

(一)比亚迪,从电池大王到新能源汽车领先者

在国内新能源汽车市场中,要说哪个自主品牌销量最好,大多数人想到的都是比亚迪,它没有奔驰、宝马那样悠久的历史,也不像特斯拉那样高调激进,但是在新能源汽车领域,它却成为中国新能源汽车领域自主品牌的龙头。比亚迪是科技型企业家王传福1995年创建于深圳的民营企业,以生产电池起家,曾被誉为"电池大王",2003年通过收购西安秦川汽车有限责任公司进入汽车整车生产领域,2008年推出了第一款不依赖专业充电站的双模电动车比亚迪F3DM,2011年开始批量销售新能源电动车E6。目前公司形成了以新能源汽车业务为核心,包括电池制造、手机代工、云轨(轨道交通)在内的完整产业链。汽车业务已成为比亚迪集团最主要的收入来源,"电池大王"向新能源汽车领域的进军,使比亚迪在全球新能源汽车领域中处于领先者的地位。比亚迪的企业转型发展故事很传奇,那么它是如何实现的呢?

1. 从电池作坊到新能源巨头的跃进

比亚迪创始人王传福属于科技型企业家,曾在北京有色金属研究总院(现中国有研科技集团有限公司)从事科技研发工作。1995年王传福

认为日本镍镉电池将发生产业转移，在中国开工厂有极好的产业承接机会，于是成立了深圳比亚迪实业有限公司。此后，比亚迪自主研发半自动电池生产线，人力与自制生产设备相结合，替代昂贵进口设备，既大幅节省了固定资产投资，又发挥了要素禀赋结构比较优势，借助深圳良好的软硬基础设施开始创业。比亚迪的销售额从1995年的2000万元，到1999年底的4.2亿元，每年都保持100%的增长率；员工从1995年的20人增长到1999年的7000多人。同时，比亚迪还成立欧美分公司，积极参与国际市场竞争。2002年，成立仅7年的比亚迪已迅速发展成为中国的"电池大王"，在全球市场中占据举足轻重的地位，其镍镉、镍氢和锂电池分别名列全球第二、第三、第四。⊖

2002年7月31日，比亚迪在香港主板上市。

2003年初，王传福力排众议，收购西安秦川汽车有限责任公司，意图将比亚迪转型成为民营汽车企业并进军新能源电动车领域。这一行为一时成为汽车业界人士的笑谈。当时公司内部、资本市场与社会舆论一度看衰这次收购，但王传福认为，汽车工业发展到一定阶段必然走向电动化，而比亚迪掌握了先进的电池及控制技术，遂决心以电动车为主要发展方向。

2008年，比亚迪发布了全球首款不依赖专业充电站的双模电动车F3DM；2010年5月，比亚迪开始在深圳市场陆续投放850辆E6纯电动出租车，并于2011年正式批量发售。2015～2017年，比亚迪新能源汽车的销售量位居世界第一，2018年以24.78万辆新能源车的销量超过特斯拉，蝉联全球新能源汽车销量冠军。

⊖ 钜大 LARGE. 比亚迪：从电池作坊到新能源汽车巨头 [EB/OL]. (2021-11-12) [2021-12-27]. http://www.juda.cn/news/218514.html.

让比亚迪成为全球新能源汽车的领导者是王传福的目标,比亚迪的新能源大巴车不仅进入了欧美各个主要国家市场,比亚迪也开始在当地建厂,通过本土化布局,形成触角更细的服务网络。它的产品涵盖家用轿车、城市公交、出租车、大巴车等车种,涉及城市物流以及环卫、仓储、矿山、港口等特种车领域。

然而比亚迪的新能源发展之路也并非一帆风顺,大体可分为三个阶段。

第一阶段是2002～2010年的学习造汽车和营收快速增长期,2005年比亚迪下线了第一款燃油乘用车F3,上市后迅速获得市场认同,成为畅销车型。比亚迪也在该车型拉动下实现了2006～2010年市场占有率的提升。此时比亚迪紧锣密鼓但低调研发新能源纯电动汽车系列技术,以实现汽车磷酸铁锂电池、电机、电控技术专利的储备。

第二阶段是2010～2015年的新能源电动车上市实验调整期,比亚迪陆续推出新能源出租车、大巴车和乘用车,投放市场测试反应和产品问题。期间经历了五年的汽车销售收入增长瓶颈、新能源汽车出现市场负面反应和问题并被新闻曝光。这一阶段,比亚迪燃油车销量不增反降,经销商普遍亏损退出渠道,问题集中爆发,再加上国内汽车市场进入供大于求阶段,市场竞争激烈,比亚迪燃油车销量回落,市场占有率逐渐下滑,企业面临内外部多方面质疑。

第三阶段是2015年开始至今的新能源汽车起跑期,这一阶段比亚迪携新能源汽车先发优势,不断改进技术,提升产品性能,改善用户体验,比亚迪出租车、大巴车得到市场认可,国内外订单量快速提升。2016年新能源汽车得到欧洲国家产业政策支持,挪威首先宣布2025年禁售传统燃油车,此政策很快诱发连锁反应,欧洲大小国家陆续公布传统燃油车禁售时间节点,2025～2035年不等。由此全球开始了推崇新能源汽车的潮流。比亚迪和特斯拉成为全球两大行业领军企业，比亚迪重点拓展中国市场，出租车和乘用车销量进入快速增长期，大巴车主要出口至欧美发达国家；特斯拉则以美国为基地，向全球市场扩张。

新能源汽车的核心是电池，它替代了发动机，电机和电控技术替代了变速箱和底盘技术。比亚迪新能源汽车用的电池是自己开发的磷酸铁锂电池，相对便宜、安全，但能量密度比较弱，比亚迪独拥电池技术，不为其他汽车企业供应电池。特斯拉选用松下三元锂电池，生产技术全部公开。日本丰田的氢动力电池由于使用成本偏高，在乘用车领域逐步被边缘化。

在中国政府产业政策激励和比亚迪的成功示范下，多家企业进入新能源汽车行业，在中国汽车市场角力。除传统汽车集团外，互联网新势力和房地产商、金融资本等均介入新能源汽车领域，推动中国成为全球新能源汽车产业链中心。特斯拉在上海建成超级工厂，蔚来、小鹏、理想三家互联网造车新势力陆续推出新能源汽车。

比亚迪深耕电池技术，一是 2017 年共享电池产品，改变业内被动局面；二是 2020 年推出刀片电池，改善磷酸铁锂电池能量密度比性能；三是邀请国际设计师团队，改善新能源汽车设计，推出中高端乘用车系列；四是 2022 年 3 月正式宣布全面停产燃油车。经过一系列的调整，比亚迪新能源汽车销量持续增长，单价有所提升，从而拉动了比亚迪汽车营收的增长。2018 年比亚迪新能源车销量达 24.78 万辆，2021 年比亚迪乘用车全系销量超过 73 万辆，新能源汽车超过 59 万辆，比亚迪营收超过 2000 亿元，新能源汽车连续九年保持中国市场销量第一。

可以看到比亚迪的成功并不是一蹴而就的，而是通过一步步转型升级实现了"换道超车"，这个过程和中国经济的发展息息相关。

2. EIGP 框架下比亚迪转型发展逻辑

比亚迪的成功转型是个传奇，它在中国汽车业界专家和消费者的普遍质疑中克服困难、艰难崛起，实现了典型的"换道超车"，成为中国新能源汽车产业的领先者，成为同特斯拉比肩的推动全球新能源汽车产业崛起的两种技术路线之一的领跑者。

比亚迪在新能源汽车领域取得的成就，其一离不开王传福的远见卓识和坚持；其二离不开电池等核心技术的不断创新和升级；其三离不开把人力成本的比较优势与自主设计研发设备生产线的低成本投入的有机结合；其四离不开通过学习制造传统燃油汽车掌握了汽车整车配套制造的全部流程和工艺。这是企业微观层面的竞争优势。同时，中国进入 21 世纪后，要素禀赋结构不断变迁，传统汽车产业作为重工制造业的典型，具备快速发展的潜力。

随着中国加入 WTO，开放汽车产业合资和民营资本，中国汽车企业"八仙过海、各显神通"，开始超高速发展，仅用十年时间中国就成为全球汽车最大产销国，汽车产业链重心不断向中国聚集。中国汽车产业的高速发展为民营汽车企业的崛起提供了难得的历史机遇，吉利、长城、比亚迪三家民营汽车企业按照各自的产品差异化竞争战略发展不仅生存了下来，而且不断发展壮大，实现了规模和效益的共同增长，这说明中国的要素禀赋结构比较优势与汽车产业的发展相匹配，汽车企业已拥有企业自生能力，这是中国汽车产业崛起的宏观经济背景。

中国传统汽车产业属于追赶型产业，面对汽车工业强国，超越艰难。但新能源汽车却是换道超车型产业，为什么比亚迪作为中国民营汽车企业可以实现换道超车？

比亚迪的崛起，从微观层面看是企业自主研发核心技术和不断积累，领先于世界的结果；从中观产业层面看是中国传统追赶型产业向换道超车型产业的转型升级，是供给侧的产业链聚集，受到政府产业政策的扶持；从宏观层面看是中国要素禀赋结构的变迁，有为政府发挥因势利导的产业政策作用，是需求侧中国超大市场规模效应的支撑。

按企业结构转型 EIGP 框架分析结论如下。

首先，在要素禀赋方面（E），比亚迪创业之初，我国人均 GDP 处于较低水平，劳动力丰富，比亚迪承接的从日本转移的电子产品电池业务属于劳动密集型产业，符合当时中国的要素禀赋结构，因此比亚迪具备了企业自生能力，可以获得产业平均利润。但由于王传福把人力成本比较优势与自主研发的低投资设备生产线进行了结合，获得了技术创新的竞争能力和超额利润。优良的软硬基础设施和营商环境使比亚迪的电池系列产品无论出口还是内销，交易成本均趋于最优，因此比亚迪可以做大做强，创业短短 7 年就成为"电池大王"，从而获得超额利润，完成了产业资本积累，通过 2002 年香港上市，进一步获得资本市场支持，为转型升级做好了准备。

加入 WTO 为中国劳动密集型企业产品的出口创造了更加巨大的市场，符合比较优势的中国商品潮水般进入全球市场，加速了中国资本积累，改善了中国要素禀赋结构，中国资本密集型的重化工业因符合比较优势而获得了自生能力，中国汽车产业就是从产业政策保护型产业转型为普遍盈利型产业的典型。比亚迪的转型升级再次赶上了中国资本密集型的重化工产业的二次起飞，实现了重化工产业的"进口替代战略"，疏解了我国重化工业产品和设备对工业化强国的依赖，并逐步形成了国际市场竞争力。

其次，从产业结构特征与发展战略选择看（I），中国汽车产业的高速发展吸引了全球汽车产业链向中国聚集，汽车制造的产业链完整和供应链高效形成了中国汽车制造供给侧总成本最优的竞争力；随着电子产品组装产业向中国转移，电池产业也向中国大规模转移，使中国在21世纪初成为全球最大电池供应地，发展出多家专门从事电池开发与生产的企业，比亚迪就是其中的佼佼者。以此为基础，中国新能源汽车产业在政府产业政策鼓励下，在新能源汽车制造的"三电"关键技术领域很快形成巨大的规模优势。

中国动力电池行业集中度较高，中国2018年新能源汽车动力电池装机的总量为56.89GWh，宁德时代以23.43GWh高居榜首，占比41.18%；比亚迪装机量为11.43GWh，位列第二，占比20.1%；合肥国轩装机量为3.07GWh，占比5.4%。前三家电池企业装机量之和占总装机量的66.68%，前十家企业的装机总量超过了47GWh，占动力电池装机量的82.87%。比亚迪在行业内有着举足轻重的地位，磷酸铁锂电池技术属于世界领先，它安全、稳定，具有成本优势，早已实现规模化生产，2020年研发的刀片电池实现能量密度大幅提升、成本大幅下降，比亚迪由此已经形成核心技术竞争优势。刀片电池已成为新能源汽车产业最具竞争力的车载动力电池。

从需求侧看，中国汽车市场的超大规模为新能源汽车替代传统汽车提供了巨大潜力和可能性。根据汽车工业协会统计，2017年中国汽车销量接近2900万辆，超过美国、日本和德国的汽车销量总和。巨大的市场规模效应和中国消费者实用主义的消费态度为新能源汽车在中国的高速发展提供了无限可能。图9-1为2015～2021年国内动力电池装机量及同比增长率。

再次，在有为政府与产业政策方面（G），我国从21世纪之初就开始制定产业规划和激励政策促进新能源汽车发展,一方面因势利导制定产业政策,激励供给侧的改善;另一方面也与时俱进,不断调整改善激励政策,使其趋于合理,从软硬基础设施两方面入手,为新能源汽车产业发展降低了交易成本。

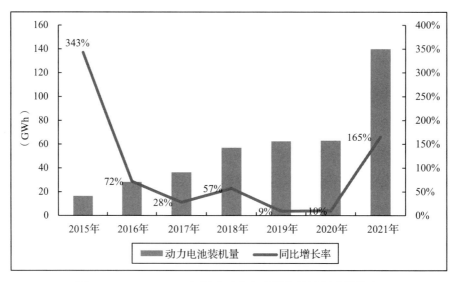

图 9-1 2015～2021 年国内动力电池装机量及同比增长率

资料来源:GGII。

我国早在 2001 年就开始布局新能源汽车的技术研发,是世界上极早重视新能源汽车技术开发的国家之一,研发涉及新能源汽车关键技术、平台集成技术、整车技术和关键零部件技术等多个领域,形成以纯电动汽车、油电混合动力汽车、燃料电池汽车三种车型为"三纵",以驱动电机及其控制系统、多能源动力总成控制系统、动力蓄电池及其管理系统为"三横"的庞大布局,如图 9-2 所示。

进入新能源汽车元年后,我国就新能源汽车产业推出了一系列的激励政策，包括但不限于减税和补贴，对于重点技术的攻关由发展改革委、交通运输部和科学技术部等多部门共同推动。在需求侧，比较典型的就是新能源汽车的购置补贴以及免除汽车购置税等措施。随着购置补贴的退坡，中国新能源汽车市场已经初步建立，目前新能源汽车产业主要依托双积分政策和购置税减免，从供给和需求两侧来培育和激励新能源汽车发展。

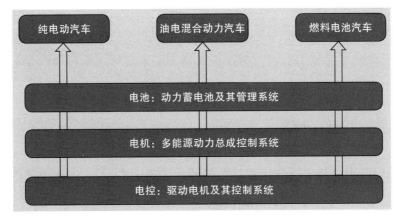

图 9-2　新能源汽车"三纵三横"

在基础设施建设方面，我国在相关公共设施建设方面也投入较大，比较典型的是高速公路的充电桩建设和相关充电设施的建设。截至2021年底，中国新能源汽车与公共充电桩的比例为 6.8∶1，与私人充电桩的比例接近 3.7∶1。中国目前在充电桩基础设施建设上已经处于领先地位，基础设施的完善也为中国新能源汽车普及提供了有利的环境。

最后，在企业自生能力方面（P），我国新能源企业凭借规模优势以及完整的产业链配套，已经形成了多点开花的局面，外资车企（如特斯拉、大众、宝马）、国企集团（如北汽、上汽、广汽等），以及互联网造车新势力（如蔚来、小鹏、理想等）和本土民营车企（如比亚迪、吉利、长城），在新能源汽车领域都已具备企业自生能力，中国已成为全球新能源汽车产业最大的试验场和聚集地，也必然会成为世界新能源汽车产业的设计研发制造中心。

回顾比亚迪的企业发展史，它从一个电池代工作坊到"电池大王"，再到中国新能源汽车领域的龙头，不断抓住机遇，高速发展。企业的发展是中国工业化进程中产业不断转型升级的缩影，放眼整个新能源产业，通过不断转型发展而取得成功的不只比亚迪一家，宁德时代、杉杉股份等很多企业都经过不断的转型发展走到了今天，成为新能源汽车制造业不同细分领域的领先企业。

（二）福耀集团，从乡镇企业到中国汽车玻璃大王

第92届奥斯卡最佳纪录长片奖颁予《美国工厂》，这部由奥巴马夫妇监制的纪录片，讲述的正是福耀玻璃在美国建厂的故事。有人认为，福耀玻璃在美国建厂，预示着美国制造业的回流，更有甚者认为，福耀玻璃赴美建厂，将吹响中国制造业转移的号角。当喧嚣散去，我们回顾福耀玻璃的发展史，不难发现《美国工厂》的背后，是曹德旺与福耀集团的跌宕前行，也是中国制造业海外发展的缩影。

1. 福耀玻璃——从曹德旺说起

1983年，曹德旺承包了高山公社异形玻璃厂，生产水表玻璃。一次偶然的机会，他听说进口的丰田海狮面包车前挡风玻璃一块就要几千元，而且还不好买，于是动了做汽车玻璃的心思。这拉开了福耀一系列中外合资合作的帷幕。

1987年福耀玻璃注册成立,刚开始主营配件市场,1991年福耀玻璃和一汽合作,为解放牌卡车提供配套玻璃,逐渐成为一汽商用车玻璃第一大 OEM。让福耀玻璃发展壮大的是供应乘用车玻璃,1994 年捷达上市,福耀玻璃也成为捷达的供应商,当时的一汽坚持培养自主品牌的供应商,福耀玻璃借此机会一举做大。福耀玻璃的产品不但配套国内汽车品牌,还配套世界主流汽车品牌,成为包括大众、奥迪、丰田、现代、铃木、三菱、福特、通用等全球二十大整车集团的汽车玻璃供应商。扎根国内、拓展海外的战略让它一举成为全球汽车玻璃巨头,福耀玻璃于 1993 年在上交所上市,2015 年在港交所上市。

然而福耀玻璃的发展也并非一帆风顺,1993 年 A 股上市时,福耀除了经营汽车玻璃外还投资了房地产(福耀工业村、耀华装饰公司)和证券业(南方证券)。1994 年,股东大会批准转让了福耀工业村和耀华装饰公司的投资,1995 年收回了南方证券的投资,所得资金全部用于福建万达汽车玻璃公司的建设,这标志着福耀玻璃确立了"以主营汽车安全玻璃及相关工业"作为发展方向。1995 年,福耀集团成立,并提出了如何从股东结构上解决主营业务做强做大的问题。1995 年,公司主营业务收入增长到 2.7 亿元,核心资产增长到 7.7 亿元。

随着新控股股东的加入和国家宏观经济政策的调整,福耀玻璃的盈利水平虽然步入低谷,但主营业务收入从 1995 年的 2.7 亿元增长到 1998 年的 5 亿元,福耀玻璃的主营业务基础得到了实质性的增强。

1999 年,曹德旺收购了法国圣戈班的全部股权,同时改组了董事会。公司收购了万达 51% 的股权、福州绿榕玻璃 100% 股权,成立了自己的研发中心,数项革新成果获国家专利;"福耀"商标获得"中国驰名商标"称号;曹德旺当选行业协会会长;福耀 ERP 项目重新启动……公司重拾效益快速增长的态势。

2001～2005年，曹德旺带领福耀团队艰苦奋战，相继打赢了加拿大、美国市场上的两个反倾销案，震惊世界。普遍的观点认为，福耀玻璃成为全球汽车玻璃龙头是在2008年，在经历了一系列的艰苦经营之后，福耀玻璃进入了飞速发展的时期。2008年6月，福耀玻璃自主研发的四款挡风玻璃获得宾利认可，并开始为其供货，标志着福耀玻璃已经成为汽车玻璃的龙头。2011年，福耀玻璃还成为中国国产动车组及高铁列车的玻璃供应商，在防弹玻璃领域占据我国40%的市场份额。

在福耀玻璃生产的汽车玻璃占中国汽车玻璃70%市场份额的同时，它还成功挺进国际汽车玻璃配套市场，在竞争激烈的国际市场占据了一席之地。

福耀玻璃成功的背后，离不开其创始人曹德旺先生。在汽车产业大发展的大背景之下，专注是福耀玻璃成功的关键。数十年的发展中，福耀玻璃用其专注的精神和在技术上的不断追求，造就了中国汽车玻璃制造产业的一大奇迹。

2.福耀玻璃发展的经济学逻辑

福耀玻璃的成功离不开专注二字，然而中国汽车产业大发展则是其成功的大背景，站在经济学的维度，福耀玻璃的成功又该如何解读呢？

传统的观点认为，玻璃制造在初级阶段是一个劳动密集型产业，相较于其他制造业来说，劳动密集是该产业的特点，如果从要素禀赋及其结构入手，那么随着中国经济的不断发展，作为劳动密集型的玻璃制造产业其比较优势将不断降低，最终成为"转进型"产业，如同纺织业一样，最终会向东南亚地区不断转移，然而福耀玻璃却没有将产业大幅转移到东南亚,而是去美国设立工厂,人们不禁要问,福耀玻璃为何可以"逆势而为"呢?

福耀玻璃的成功源于企业家曹德旺的专注与创新,然而中国经济结构的变迁,中国汽车产业的高速发展,以及汽车产业供应链的特点也是福耀玻璃能够获得成功的关键。按照企业转型发展EIGP框架分析如下。

从要素禀赋方面分析(E),福耀玻璃创业时走的是早期中国民营企业的发展路径。当时我国资本稀缺,而劳动力充裕,因此曹德旺选择了承包一家乡镇企业生产水表玻璃,发展劳动密集型企业。这为福耀不断转型发展提供了原始的资本积累。之后福耀玻璃选择进入汽车玻璃配套领域,是玻璃制造业的产品升级,依然是典型的劳动密集型产业,具备比较优势,因此可以继续快速发展。

1993年福耀玻璃上市,多元化扩张、多角度探索。福耀玻璃这种扩张和探索,显然并不成功,效益不增反降。曹德旺付出了一系列试错成本后,毅然选择了专注于汽车玻璃行业,并做大做强的发展战略,卖掉不相关的产业股权,解散合资企业或收回汽车玻璃产业相关企业的股权,集中财力、物力与精力专注于把汽车玻璃业务做大做强。

福耀玻璃的战略选择无疑是成功的,不仅可以把企业有限的资源集中起来,而且快速做大规模可以获取边际利润,加快资本积累,进而投入技术研发,获取因技术进步带来的超额利润。福耀玻璃进入良性发展的快车道,并顺应新世纪中国汽车产业高速发展的环境,实现了做大做强,成为中国汽车玻璃产业的领军企业,也跻身世界汽车玻璃产业巨头,成为领先型企业。

随着中国要素禀赋结构的变迁,第一代乡镇企业普遍面临第一次转型升级,有些乡镇企业不思进取,有些乡镇企业掉入多元化的陷阱,有些优秀的乡镇企业做出了专注于主业做大做强的正确选择,福耀玻璃就是成功的典型之一。类似的知名企业还有吉利汽车、美的集团、海尔电器等,这类企业在珠三角、长三角及沿海等民营企业发达的地区大量存在,构成了中国民营制造业的主体力量。

从产业结构特征与发展战略选择方面分析(I),2000年之后,中国汽车产业随中国要素禀赋结构的变迁,已进入高速发展阶段,尤其是中国加入WTO之后,中国汽车产业对民营资本全面开放,从上游零部件加工生产到中游整车研发制造,再到下游营销服务体系的建设,中国民营汽车企业获得了难得的历史发展机遇。福耀玻璃抓住了这个历史机遇,专注于汽车玻璃产业做大做强,实现了企业的持续转型升级。2000年福耀玻璃长春分公司成立,标志着福耀玻璃依托汽车OEM业务的大幅扩张,而在2000~2007年,中国汽车产量增长了四倍,如图9-3所示,这也是福耀玻璃可以快速扩张的基础。

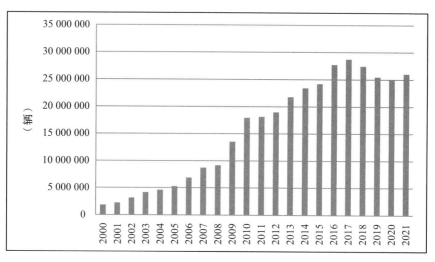

图9-3 2000~2021年中国汽车行业汽车总产量

资料来源:中国汽车工业协会。

从有为政府与产业政策方面分析（G），我国政府对汽车产业的发展始终高度关注。渐进式双轨制的改革实际是对不符合比较优势的重化工业的产业政策保护，汽车产业作为其中的典型产业获得了多年的保护扶持，在要素禀赋结构不断改善的情况下，政府的产业政策也在与时俱进地不断调整。在汽车零部件行业，政府较早允许了民营企业的进入，这助推了大批汽车零部件加工产业集群和一些知名企业的发展。加入WTO后汽车企业进入合资时代，政府制定了相关产业政策，推动了中国汽车零部件产业的快速发展和转型升级。福耀玻璃也是这些产业政策的受益者，它借此做大的同时，发挥后来者优势，加大技术研发投入，形成从浮法玻璃生产到各类汽车玻璃产品定制的技术专利，不仅做大，还要做强，从追赶到超越，成为世界领先型企业。

从企业自生能力方面分析（P），福耀玻璃创业发展的第一个阶段，通过承包乡镇企业生产水表玻璃而成功立足，由于符合劳动密集型产业比较优势，所以企业有自生能力，可以实现精打细算管理下的盈利和资本积累。福耀玻璃上市后进入资本市场，引入国际资本，组建合资合作企业，探索多元化经营，但效益却不断下降，为什么会这样呢？原因是福耀玻璃有基于比较优势的企业自生能力，但没有产业竞争力，也就是没有形成规模竞争优势，因此不能获取超额利润。

福耀玻璃第二个发展阶段的关键则是形成竞争优势，打造竞争力。曹德旺凭借企业家的敏锐观察力发现了福耀玻璃的问题所在，强力调整发展战略，把有限的企业资源集中于主业汽车玻璃制造。福耀汽车玻璃突飞猛进，崛起成为"玻璃大王"，而规模效应带来的超额利润，形成了福耀汽车玻璃的竞争优势，企业竞争能力越来越强。企业获得的超额利润加速了资本积累，推进了技术改造，并有能力把更多的资金投入技术研发中，实现企业的技术专利积累，从而打造了企业的核心竞争力。

福耀玻璃第三个发展阶段的关键则是持续的技术研发投入，形成自主技术专利体系，通过技术进步推动企业效率和效益的增长，通过持续的技术进步和技术领先地位形成的竞争优势会为企业打造出核心竞争力，企业核心竞争力实际就是竞争对手难以模仿的企业竞争能力，核心竞争力能给企业带来合理的行业"垄断利润"。2010年以后福耀玻璃不断加大技术研发的力度，新产品、新技术不断出现，拥有了核心竞争力，不仅为国内汽车厂，也为全球知名汽车集团提供汽车玻璃。为了降低物流成本和交易费用，福耀玻璃凭借其先进技术和管理方法陆续在德国、俄罗斯和美国建厂，为当地汽车厂就近配套生产，这也反映出了福耀玻璃的技术优势和核心竞争力。

从新结构经济学企业自生能力理论的角度看，福耀玻璃的发展就是企业随着要素禀赋结构变迁，把握比较优势，因势利导不断实现结构转型的历程。福耀从创业之初的劳动密集型乡镇企业，发展到一定程度后转型为资本密集型的企业，上市成为股份公司；进而持续专注于汽车玻璃产业技术研发创新，转型升级为技术密集型高端制造企业，成为中国汽车玻璃行业的领跑者和世界汽车玻璃产业的领先型企业。它是中国民营制造企业从无到有、从小到大、从弱到强，持续转型发展的一个成功典范。

（三）三星集团，从商贸创业到芯片制造业

随着经济结构不断转型升级的例子仅仅存在于中国吗？事实上，放眼全球，随着一个地区经济结构不断转型而调整核心业务的企业不在少

数，成功的例子也很多，当然也有很多企业转型失败从而消失在了历史的长河之中。

三星集团是韩国最大的企业集团，该集团包括44个下属公司及若干其他法人机构，三星集团在全世界68个国家拥有429个分支机构、23万名员工，业务涉及电子、金融、机械、化学等众多领域。目前，三星集团有近20种产品的世界市场占有率居全球企业之首，三星集团每年总营业额接近韩国国内生产总值的20%。

三星集团成立于1938年3月1日，创始人李秉喆以3万韩元在韩国大邱市成立了"三星商社"。李秉喆早期的主要业务是将韩国的干鱼、蔬菜、水果等出口到中国，属于农副产品贸易商，20世纪50年代时业务逐步扩展到制糖、制药、纺织等轻工制造领域，属于家族制企业。

1951年1月，三星Moolsan（现称为三星物产）成立。

1969年，三星电子成立。

1983年12月，三星成功开发出64K DRAM（动态随机存储器）VLSI芯片，并因此成为世界半导体行业领导者。

1996年，三星集团跻身全球第五大集团。

在2003年韩国政府税务预算中，三星集团占了6.3%的税款。2011年，三星集团资产总额达3437亿美元，净销售额达2201亿美元，占韩国GDP总量11 162.47亿美元的19.72%。[一]

纵观三星集团的发展史，从最初的农副产品贸易商到后来进军芯片市场，最终发展为多种部门多种行业的巨无霸级别的企业集团，三星集团的发展一方面离不开企业发展的结构转型与调整，另一方面也离不开

[一] 赛迪网.三星家族财富大起底[EB/OL].(2014-05-19)[2021-12-27].http://korea.people.com.cn/n/2014/0519/c205196-8729447.html.

韩国整体要素禀赋结构的变迁。在三星集团不断成长的过程中，韩国政府发挥了极为重要的因势利导作用。

1. 第一阶段：从创业到三星电子成立

三星商社是农副产品贸易商，后期还涉足制糖和纺织等劳动密集型产业。这与当时韩国的要素禀赋及其结构是相适应的。

在要素禀赋方面（E），1938年朝鲜半岛南部主要从事农业和渔业等第一产业，服务业基本上被日本的财阀所控制。朝鲜战争结束后，韩国面临物资短缺、通货膨胀等很多经济问题，也没有重化工业体系，资本积累匮乏。当时的韩国是世界上最贫穷的国家之一，三分之一的人口失业，大部分农民在饥饿线上挣扎，又缺乏矿产资源，一穷二白，前景堪忧。

当时的韩国具有大量的劳动力，劳动力成本较低，因此更适合发展劳动密集型产业，因此，在20世纪50年代，三星商社逐步扩展为覆盖制糖、制药、纺织等领域的劳动密集型加工企业。在这一时期，纺织和农业是韩国的支柱型产业，20世纪60年代，随着日本经济的腾飞，一些日本的纺织业开始从日本转移到韩国，从数据上看，日本纺织业向韩国迁移并不明显。但从要素禀赋来看，韩国当时处于劳动力成本低、资本积累少的状态，因此发展劳动密集型的加工产业符合当时韩国要素禀赋结构比较优势。

在产业结构特征与发展战略选择方面（I），以1963年为例，韩国的食品加工占整个工业增加值比重的31.6%，纺织业占整个工业增加值的20%。因此从产业特征来看，韩国当时主要是以土地密集型的农业和劳动密集型的加工产业为主，并不具备发展重工业的能力。

在有为政府与产业政策方面（G），朴正熙执政初期提出"经济第一主义",1962年开始制定第一个五年经济发展计划,韩国改善同日本的关系,建立同日本的经济联系,从而承接从日本转移出来的产业。当时日本的经济已经开始腾飞,进入重工业发展阶段,因此一些劳动密集型的产业开始向海外转移。

在企业自生能力方面(P),其主要影响来自产业特征变化和产业政策变化。在企业转型发展EIGP逻辑框架下,在特定的要素禀赋与产业政策背景下,现有产业结构与最优产业结构之间的偏离程度决定了企业自生能力的水平。三星集团在其第一阶段的发展中,主要受到韩国本身要素禀赋和产业政策的影响,只能通过农副产品的出口获得利润。20世纪五六十年代进入制糖和纺织加工行业,也是由当时韩国的要素禀赋与产业结构特征决定的,三星集团这一阶段的发展也证明了当时韩国的要素禀赋结构与这两个产业匹配,产业是具有企业自生能力的,这种自生能力为后来三星集团进军电子制造业积累了一定的资本。

2. 第二阶段:1969～1983年三星进军电子行业

1969年三星电子正式创立,在很长的一段时间里,三星电子主要以生产家电为主,如洗衣机、微波炉、冰箱等。三星在20世纪70年代末期的转型,同样是随韩国要素禀赋结构的变迁和产业政策的调整而转型的。

在要素禀赋方面(E),20世纪60年代,韩国逐步积累资本,同日本的关系缓和,获得了大量来自日本和美国的投资,韩国资本积累增速大幅提升。1964～1970年,韩国的资本积累速度同比增长率大幅提高,而韩国第二波资本积累总额大幅增加是在1972～1980年,这一阶段是韩国第二个投资高峰期。

与此同时,韩国的制造业开始快速发展,韩国制造业占 GDP 的比重逐步上升,这个阶段韩国开始从原来的传统农业国家向工业化国家转型,启动了工业化进程。

在产业结构特征与发展战略选择方面(I),该阶段韩国的劳动力依然丰富,从世界银行的数据来看,1979 年韩国 15~24 岁人口比重达到最高,占总人口的 50%,此阶段,韩国的城市化率也大幅度提升,重化工业在制造业中的比重也不断上升,化工产业和电子设备产业增长明显。

在有为政府与产业政策方面(G),韩国政府强调"产业计划""投资计划",从对产业计划和投资计划的倾斜中,大体可以看出这一时期韩国产业政策的重点是产业投资分配与投资经济拉动。同时,为了保护脆弱的本国工业,韩国实行高度严格的贸易保护主义。对于外国商品,韩国会收取很高的关税或者直接禁止进口。

1973 年韩国发表《重化学工业化宣言》,确定了十大战略产业,把包括化工、造船、钢铁、有色金属等在内的产业作为特定产业培育并重点扶持。

在企业自生能力方面(P),从宏观上看,一方面韩国的四次经济五年计划,助力韩国从原来以农业、轻纺工业为主的产业结构向重化工业方向转型,三星集团也顺势开始发展化工、重工业和家电制造业。另一方面日本某些相对初级的制造业向韩国转移,由此推动了大量日本技术持续向韩国输出。三星集团抓住时机,完成了第二次企业结构转型,即从食品轻纺工业向家电制造和重化工业转型。

3. 第三阶段:韩国芯片制造业腾飞

1983 年 12 月三星成功研发出 64K DRAM VLSI 芯片,自此三星在芯片制造领域走上了快车道。在此之前，三星只为本国市场生产半导体。

在要素禀赋方面（E），韩国经历了20世纪六七十年代的经济飞速发展，城市化率提升显著，人均收入大幅提升。在劳动力方面，韩国的人力成本加速上升，出生率下降，早年的人口红利开始消退，因此韩国需要大力发展资本密集型产业和技术密集型产业，从而实现产业转型升级。

在产业结构特征与发展战略选择方面（G），韩国在这一阶段由重化工业开始向技术更加密集的电子芯片制造业转移，从20世纪90年代开始，高新技术产业在工业增加值中占比大幅提升，而原有的纺织、食品加工等产业开始大幅萎缩。20世纪90年代起，中高新技术产业成为韩国工业增长的主要动力，并且其比重还在不断上升，2017年韩国中高新技术产业在工业增加值中占比达到63%。

在有为政府与产业政策方面（G），1981年韩国重新确立新形势下的比较优势产业。通过技术革新提高产业技术水平，以推进新形势下向比较优势产业结构转变，成为这一时期韩国产业政策的重点。在"第六次经济开发五年计划"中，韩国政府确立了"促进产业结构调整与实现技术立国"的基本方针，通过扶持核心企业，促进企业内部结构优化，同时鼓励技术革新与促进对新技术的投资。韩国"第六次经济开发五年计划"的发布可以视为韩国经济发展的转折点，也是韩国第一次正式调整其出口战略，将以出口为主的经济增长战略转向以产业结构转型发展为主的经济增长战略。

在企业自生能力方面（P），由于韩国的出口战略发生调整，电子芯片制造业开始逐步成为韩国的支柱产业。同时，得益于逐渐激烈的日美贸易争端，大量日本芯片生产加工转移到了韩国，三星电子利用代工这一方式逐步扩大在电子芯片制造领域的市场占有率，经过长时间的发展，三星集团终于成为世界芯片制造业的重要集团之一。

三星集团的发展，既离不开三星根据自身要素禀赋结构变化对企业转型发展的正确选择，也离不开政府产业政策的推动。从三星集团的发展历程中不难看出，三星集团的主营业务在不断变化，一些产业随着发展不断退出，同时新的产业不断进入。三星集团在不同时期所选择的产业基本上都符合韩国当时的要素禀赋结构比较优势。三星集团量力而行，靠农副产品出口贸易积累经验、资本；时机合适时选择了劳动密集型产业，如食品和纺织等行业；在资本得到一定积累之后，三星集团开始向资本密集型的重化工业转型，并顺势最终转型至技术密集型的高端芯片制造产业。

另外，三星集团转型的成功同样也离不开韩国政府的产业政策扶持。我们发现在韩国产业转型升级的过程中有一个显著的特点，即承接美国和日本在本国不具备比较优势的产业。这些产业在美国和日本等国家已不具有自生能力，但是符合韩国的要素禀赋结构的比较优势，因此这些产业在韩国具有自生能力。

在这一过程中，韩国政府的产业政策发挥了有效的推动作用。韩国政府通过产业政策引导韩国企业转型，并给予企业大量优惠扶持政策，韩国的财阀集团在一定时期内承担了国家战略型产业发展和转型升级的重任，并获得了政府的大量资源支持和产业政策优待，后在市场竞争中被逐步淘汰。由于韩国国内市场规模有限，所以必须发展外向型经济模式，随产业不断转型升级和资本海外扩张，韩国的产业范围只能不断收缩。分析三星集团案例，我们既可以看到一个企业结构转型和不断发展的典型过程，也可以发现随要素禀赋结构比较优势的变化，企业必须顺势而为转型发展，还可以发现政府产业政策扶持发挥的重要作用。

CHAPTER 10 | 第十章

中国的企业家精神与新征程

新中国成立后,我国以举国之力实施重工业优先发展战略,由于这不符合当时的要素禀赋结构比较优势,我国只能采取三位一体的计划经济体制,聚集社会资源,支撑重化工业体系的发展,用计划经济替代市场经济。

改革开放四十多年,随着市场经济大潮的起伏,一代代中国创业者和企业家层出不穷,成长为中国市场经济的核心力量,推动中国民营企业从无到有、从小到大、从弱到强,从国内市场走向国际市场。他们背景不同,创业历程千差万别,在中国工业化进程的不同阶段陆续登场,推动了中国产业的转型升级,也铸就了中国民营企业的全面崛起,一些民营企业已发展成为国际领先的500强企业集团。

中国企业家也成长为世界企业家群体中最具活力和竞争力的企业家

队伍，不仅在中国市场，而且在世界市场发挥着越来越大的影响力。为此我们不禁要问，中国企业家从哪里来？他们有什么特殊之处？他们靠什么把企业做大做强？

回顾工业革命后的经济发展历程，企业扮演着关键性角色，企业也因此成为经济学的重要研究对象。而企业的核心实际上就是企业家，企业家与众不同的最大特质就是企业家精神。由此我们必须回答更深入的经济学问题，谁是企业家？企业家精神又是什么？本章主要基于新结构经济学企业自生能力理论分析和回答上述问题。

一、企业家定义与特质

"企业家"，特指冒险事业的组织者、决策者和风险承担者。如何定义企业家群体是经济学界长期讨论的话题，至今未能达成共识。在第八章中，笔者总结了四代主要的企业发展理论，相关企业家的概念也隐含其中。下面笔者将详细分析企业家和企业家精神的定义，并进一步界定中国企业家和企业家精神的内涵与意义。

在古典经济学阶段，法国经济学家萨伊秉承亚当·斯密《国富论》思想，根据自己多年考察研究心得，写成了《政治经济学概论》一书，提出了萨伊定律、生产三要素理论，明确定义企业家是把生产三要素组织在一起从事冒险经营活动，并承担破产风险的第四种要素。企业家在支付了劳动力工资、资本利息和土地租金等生产费用之后，获得的利润是企业家承担风险和付出复杂智力劳动的报酬。

新古典经济学的代表马歇尔在其经典著作《经济学原理》一书中，

引入了边际分析法和效用理论,并提出了产业组织概念,通过厂商理论把企业抽象为一种生产函数、一种市场供需均衡的生产单元。但是他只关注了产量与价格,无法解释企业规模问题,留下了"马歇尔冲突"之间。为此,他提出了产业组织概念来解释规模与效率之间的矛盾,并把企业家仅视为发现市场不均衡而冒险投机的套利者。

新制度经济学企业交易成本理论则打开了企业性质的"黑匣子",提出了企业本质是社会市场交易成本的替代者,企业存在的价值在于企业管理成本低于社会交易成本。因此,作为企业核心的企业家也演变为社会交易成本的节约者。

源于产业组织理论的企业竞争战略理论,则把企业家定位为产业竞争状态甄别与企业竞争战略的决策者,并对企业的竞争风险承担责任,企业的发展会经历要素驱动、效率驱动和创新驱动三个阶段。

美国经济学家熊彼特在《经济发展理论》一书中对企业家做了界定,即从事"破坏性创新"的企业领导者,是生产要素新的组合者,并提出了五种创新方式。熊彼特的企业家创新精神相关思想获得了很大的认可,并由此把企业家简单界定为套利型企业家和创新型企业家两类。

以上几种企业家的定义各有其合理性和时代局限性。为了易于理解中国四十多年的经济高速发展和产业转型升级中不同阶段企业家的特点和历史作用,笔者依据企业自生能力理论,在此将企业家定义为一个经济体中不同发展阶段的生产要素的组织者和决策者,他们敢于挑战不确定性,承担企业经营责任和风险,通过向市场提供可交换的产品和服务获得利润,为社会创造就业机会和税收。

根据我国的基本国情和中国工业化进程中不同发展阶段的企业家鲜明特征,依据上述企业家定义,笔者在此把中国企业家划分为乡镇企业家、精英企业家、科技企业家、创新企业家四种类型（见表10-1）。

表10-1 中国企业家类型与分类逻辑

企业家类型	乡镇企业家	精英企业家	科技企业家	创新企业家
来源	乡镇基层干部与农村能工巧匠	政府公务员与国企人员	工程师与技术教育背景人士	理工科学教育群体
产业类型	轻工业	重工业	高端制造业	科技创新业
产业结构	劳动密集型	资本密集型	技术密集型	数据密集型
企业能力	自生能力	竞争能力	核心竞争力	创新竞争力
企业绩效	平均利润	超额利润	"垄断"利润	"垄断"利润
竞争战略	总成本领先	规模差异化	聚焦细分目标	创新竞争
竞争本质	廉价劳动力	资本积累	技术人才积累	人力资本聚集

改革开放初期，我国诞生了一大批乡镇企业和城市个体户，乡镇企业的创业者绝大部分来自当时的乡镇基层干部和农村能工巧匠。这些人作为中国第一批"创业型"企业家和"先富起来"的人，是中国改革开放后第一批进入市场的开拓者，为中国工业化进程中的轻工业启动做出了重要的贡献，他们是改革开放后中国市场经济的第一批创业者，也是第一代企业家群体，第一代企业家有的失败了，有的退休了，有的至今仍在奋斗中。

在改革开放后的第一代企业家群体出现及其示范效应的影响下，随着中国要素禀赋结构变迁，产业不断转型升级，精英企业家、科技企业家陆续出现，成为中国市场经济的核心力量和中国产业转型升级的推动者。

在中国改革开放的初级阶段，渐进式双轨制的改革模式保护了大量国企逐步过渡。当时的政府部门和国企机构中有不少精英，他们中的一些具有企业家精神的人在20世纪90年代初期进一步改革开放的趋势以及第一批乡镇企业家成功的示范下，承担前途未定的风险，毅然进入市场经济大潮，成为中国第二代企业家群体，即精英企业家群体。到20世纪 90 年代后期，中国政府实行"抓大放小"的国企改革，这推动大批的国企职工自谋出路，离开企业自主创业。这其中又诞生了一大批创业者，成为精英企业家群体的组成部分。

创业者可能成功或者失败，成功的创业者绝大部分按照中国当时的要素禀赋结构的客观情况，发挥了自身的比较优势，选择了合适的产业创业，通过正常经营管理积累资本，进而实现了做大做强。其中少数优秀者使企业成为地区产业的领头羊，极少数甚至把企业做成了国际知名企业，成为优秀企业家代表。但失败的创业者依然是企业家群体的组成部分，他们为社会做了贡献，并为成功企业提供了失败的经验教训。

创业者出身不同，来源多样，有的可能集投资者、管理者、技术专家于一身；有的创业者成功了继续做大做强；有的创业者失败了悄然退场；有的中途退休或者转行了，但企业家不问出身来历，不论成败，所有曾创办企业，创造产品或服务，创造就业机会与税收的创业者们都是企业家群体中不可或缺的组成部分。

二、中国企业家来源与分类

林毅夫教授提倡回到亚当·斯密的方法论，从现实而不是书本和数学模型研究经济现象。《国富论》也称《国民财富的性质与原因研究》，可见没有放之四海皆准的经济学真理，只有因地制宜、因时制宜、因结构制宜甄别一个经济体要素禀赋结构，按照比较优势顺势而为，创业发展，企业才会具有自生能力，可以获得产业平均利润；反之，不符合比较优势的创业在开放竞争的市场环境中基本是失败的。

从改革开放后中国企业发展的角度观察，可以按照鲜明的时代特色把中国的企业家群体划分为乡镇企业家、精英企业家、科技企业家、创新企业家四种类型，他们分别在中国经济发展的不同阶段做出了不同的历史贡献。

第一代乡镇企业家群体以创办劳动密集型企业为主，借助乡镇原有合作社的土地和简陋设备，利用农村富余劳动力，以纺织、食品、玩具等轻工业产品加工为主，从早期小范围自产自销，向不受地域销售限制，承接外贸出口订单的专业化企业转型。

由于乡镇企业属于非私营的集体所有制，因此在农村承包责任制大见成效后，政府鼓励其向集体所有制乡镇企业转移，并予以支持。中国乡镇企业开始爆发式增长，大批乡镇企业家在长三角地区、珠三角地区、环渤海等沿海地区大批涌现，并在中国大地开花结果。

由于当时中国各种轻工业产品匮乏，所以乡镇企业生产的大量物美价廉的产品进入市场，在市场自由竞争下，逐步提升质量和技术水平，并随着后来者优势的发挥，从国内市场逐步向国外市场发展，很快成为中国改革开放初期市场经济的主要力量，大量乡镇企业家群体形成。大量乡镇企业的创业发展，就地吸纳了大批农村富余劳动力，他们转化为工人，拉动了地方经济的快速发展，形成了典型的产业聚集现象，推动了城镇化建设。

在乡镇企业崛起的同时，部分城镇居民开始自谋出路创业，从事商品零售、餐饮、维修、服装加工等各种城镇服务业，中国城镇个体户大量出现。

同时，中国加快对外开放的步伐，先后设立深圳、珠海、汕头、珠海四个经济特区，实验试点发挥比较优势、招商引资，吸引主要从事劳动密集型产品的中小型企业主进入特区投资，建立出口导向型的"三来一补"加工厂，带动相关产业发展。经济特区的成功实验逐步扩大到十四个沿海城市，招商引资的范围和产业也在不断扩大中。

之所以把这个阶段出现的创业者群体概括为乡镇企业家，因为这个阶段我国人口大量分布于农村，乡镇企业家是这个阶段最主要的创业者组成部分，乡镇企业也是解决就业，推动工业化、城镇化的重要力量，是创业者占比最多、企业家数量最大的群体。

大量的乡镇企业在全国各地涌现，但最后普遍成功的绝大多数处于沿海地区，原因何在？笔者基于新结构经济学逻辑分析认为，一是这些地区人口密集，劳动力丰富，生产成本低，这里的乡镇企业具有自生能力；二是交通运输条件相对便利，海运成本低，便于运输出口等，相对交易成本低；三是地方政府服务意识强，发挥有为政府作用，积极创造条件，建立"一村一品、一镇一业"规模效应的产业集群，有利于企业创业并发展做大，企业普遍拥有总成本最优的企业自生能力和竞争优势。

丰富的劳动力是乡镇企业最大的竞争优势，企业有自生能力，可以获取产业平均利润，因此在生产成本差不多的情况下，由道路交通决定的物流运输成本就成为决定性竞争因素，生产成本与交易成本总和最低的地区企业竞争力最强。加之沿海地区地方政府积极有为推动产业集群的形成，实现了集腋成裘的规模效应。最典型的例子如浙江义乌小商品生产集群的形成。这里市场集散地的建立与基础设施建设的配套，无疑是地方政府有为作用助力无数小商品生产者，把小商品做成了遍布世界的大生意的最好证明。

乡镇企业家来自农村其实并非中国独有的现象，考察英国、德国、美国、日本等发达国家的经济发展历史，就会发现它们的第一代创业者主要也是来自乡镇的庄园主、乡绅以及手工作坊主,因为传统农业社会生产要素主要分布于乡镇,而现代化城市都是随着工业集聚后才逐步建立发展起来的。

服装大王、皮鞋大王、领带大王、袜业大王、饮料大王等的传奇故事被人津津乐道,他们构成了中国第一代创业者群体,也是"先富起来"的群体,为中国传统农业社会向工业化社会转型发挥了重要的示范作用,做出了不可磨灭的历史贡献。

第二代精英企业家群体主要由来自政府部门、事业单位、国有企业以及军队转业人员组成。1992年邓小平的南方谈话,坚定了中国改革开放的决心,十几年改革开放形成的财富示范效应和乡镇企业家成功崛起的榜样作用,既在改变中国士农工商的传统观念,也使有企业家精神的人下定决心创办企业,获取财富,改变人生之路。

中国劳动密集型企业的大量崛起,吸纳了大批农村富余劳动力就业,对城市化的基础建设,如房地产、能源电力、通信设施、建材、家用电器等形成巨大需求,这些资本密集型企业多为国企,但为了市场竞争开始了不同方式的国企改制,中国"抓大放小"的国企改革开启,为精英企业家提供了巨大的发展机遇。

基于这样的历史背景,中国要素禀赋结构的变迁为重化工业的二次起飞创造机会,也为精英企业家群体的崛起带来了历史机遇。1995年之后,中国铁路、公路、机场、港口展开大规模建设,同时城市里的服务性设施建设启动,对重化工业相关的钢铁、建材、机电、化工产品的需求高速增长。

第二代精英企业家群体因各自比较优势的不同特点与机遇进入了不同的产业,但最大的发展机遇来自房地产行业和相关的产业链,建筑、钢材、建材、家具、电器等行业的发展催生了一批大型民营企业集团和上市公司。

精英企业家群体的崛起加速推动了中国工业化和城市化进程，借助资本市场上市和金融运作，形成了一大批产业领军型民营企业，它们其中有些进入了中国企业五百强，部分企业甚至进入了世界企业五百强，21世纪之后中国出现了一些领先型产业。

另外，中国政府坚持渐进式双轨制改革结出硕果，在1995年以后，中国要素禀赋结构不断变迁，一批重化工业大型国企集团由于符合比较优势具备了企业自生能力，借助中国基础设施建设的跨越式发展、城市化扩张等形成的需求，市场规模出现爆发式增长。企业通过成熟技术引进和后来者优势快速提高管理和技术水平，成长为规模和技术领先的国有企业集团，从过去的需要政府财政补贴保护逐步转化为普遍盈利，成为新的税利大户和政府财政收入重要来源。

2010年后，中国开始陆续出现一些高速发展的科技企业，由此相应的一批科技企业家出现了，这是中国工业化进程良性发展和市场有效竞争的标志。科技企业家群体中一部分是前两类企业家的"转型升级"，但绝大部分由科学家、工程师等拥有技术背景和互联网应用背景的企业家构成。这些企业普遍具有技术密集型的特点，从不同产业和技术路径进入高端制造业，包括高新技术、高端装备制造、高新材料、新能源以及互联网应用产业等。

第三代科技企业家群体的出现依赖于中国轻工业和重化工业的发展阶段的成熟，出口导向型产业向中高端转型升级，进口替代的重化工业产品也开始供过于求，进入绿色可持续高质量发展阶段。中国要素禀赋结构变迁与高端制造业的发展需求逐步匹配，可以说没有工业化进程前两个阶段，解决了中国社会的衣食住行四大刚需问题，并且随着中国人力资源成本的持续提升，企业对高科技产品和高端装备制造的需求快速增长，科技企业家也就没有产生和发展壮大的土壤。

劳动密集型企业虽然对技术设备要求不高，但随着产品从出口转向内需，产品向中高端升级，加之劳动力成本持续提升，企业对技术设备替代劳动力的研发生产需求快速提高。资本密集型企业引进吸收成套设备和成熟技术可以有多种选择，产品首先满足内需市场，实现进口替代；从企业盈利能力转化为企业竞争能力后产品开始大批量出口，进入国际市场竞争，因此产品的质量标准也会逐步提升，由此对高精尖技术装备的需求也会不断提升。因此工业化进程的前两个阶段的成熟以及相关产业转型升级的需求对高端制造业形成了更高要求，这就为高端装备制造、高新科技与高新材料自主研发提出了持续进步的要求，同时这两个阶段的成熟也不断改善着要素禀赋结构及其比较优势，为中国产业结构的转型升级提供了强大动力和保障。

从2010年开始，中国科技企业家层出不穷，在胡润财富榜上逐步替代房地产投资者，成为中国民营企业新旗手，华为、比亚迪、宁德时代、大疆、蔚来等成为中国高端制造业的企业榜样。

我国一些国有企业的领导者，有强烈的企业家精神，推动企业不断改革，带领企业发展成为国际领先的企业集团，如格力董明珠、海尔张瑞敏、中国建材宋志平、中粮集团宁高宁等人，他们是带领中国国有企业走向世界级企业集团的富有企业家精神的卓越领导者。

第四代创新企业家，主要是指经营数据密集型企业为主的科技创新型产业以及高端制造业领域的技术引领者。创新企业家最大的资产是产业技术专利积累和海量数据积累，以及数据云计算能力。技术专利与数据积累是企业最重要的资产,部分高端制造企业以新技术研发为主,其最重要的资产是专利技术,即一种数据资产。目前中国这样的企业多数属于互联网产业,如腾讯、字节跳动、京东、美团等。

经济学界目前就大数据是否是第四种生产要素尚未达成普遍共识,但是大数据的重要经济意义不言而喻,已成为未来的第四次工业革命的核心资源。大数据是万物互联、人工智能技术的最重要支撑力量。智能化机器人、生物基因工程、无人机、无人汽车、智能城市等未来的智能化产业均建立在大数据精准计算的基础上。由于中国的消费人口规模优势,中国海量大数据的积累和应用将成为具有资源禀赋的比较优势和消费人口应用规模的边际成本最低化优势。

三、中国企业家精神的含义与价值

中国企业家群体的形成具有鲜明的中国特色,是中国特殊国情下的产物,但是也不违背世界先发国家企业家形成的一般规律。无论是世界第一个工业化国家英国,亚洲第一个工业化国家日本,还是目前工业科技化水平强大的美国都经历了轻工业启动、重化工业发展、高端制造业赶超阶段,在完成工业化进程的三个阶段和城市化率超过70%之后,进入后工业时代。

随人力资源成本的持续提升,进入后工业时代的发达经济体,中低端制造业均会因失去比较优势而难以为继,只能逐步放弃或把产业转移到发展中国家,实现产业转型升级或向高端服务业转移。目前欧美主要发达国家第三产业GDP占比均超过70%,美国已高达85%左右,原因就在于人力资源资本的高昂使得中低端制造业企业必然亏损，政府不能给予补贴帮助，企业只能转型或将相关业务转移到其他发展中国家。

20 世纪 80 年代，中国催生了第一代乡镇企业家。20 世纪 90 年代中后期，中国的内需市场逐步扩大，国内消费从衣食温饱向住行改善升级，中国政府则大规模启动基础设施建设。内需消费与投资拉动催生了第二代精英企业家，由于精英企业家的特质和机遇，民营资本进入资本密集型产业，民营企业顺势而为，高速增长，一批上市民营企业集团进入中国五百强行列，部分企业甚至跻身世界五百强之列。乡镇企业有部分成功转型为资本密集型企业（如吉利汽车、美的集团、福耀玻璃等），也有部分坚持原商业模式，把企业的价值链低端部分向劳动力成本低廉的地区转移，获得了企业发展的第二春，成为转进型产业类型（如华坚集团、富士康等）。

2010 年前后，我国人力成本持续上升，与此同时，我国有许多工业中间产品和终端消费品产销量均名列世界第一，汽车产销量也超过美国，成为世界第一汽车产销量大国，被称为"世界工厂"。由于我国高端制造业从追赶型、换道超车型变成了既有国内市场巨大需求，也有要素禀赋结构变迁支持的产业，科技企业家群体也在默默奋斗中厚积薄发，他们带领的企业逐步成为领先型企业，如华为、比亚迪、大疆、小米等。一批民营高科技企业开始崭露头角。

同时，中国巨大的人口规模和不断增长的消费能力，移动通信基础设施的跨越式发展，以及后来者优势为中国互联网应用产业，尤其是移动互联网应用产业的跨越式发展创造了巨大的市场需求，中国创新企业家群体也开始冒头，在高精尖制造业和互联网应用产业不断涌现，助推中国在 2020 年成为独角兽企业最多的国家。代表企业有百度、腾讯、华大基因、京东、抖音等，它们构成了大数据主导的数据密集型企业群体，推动了中国智能化产业的崛起。

中国工业化这四十多年走过了先发工业化国家一百年以上的发展历程，而我们有幸在一代人的时间里亲历了中国"百年未有之大变局"中最精彩的部分。在这个进程中，企业无疑成为推动产业转型升级的主力，而企业的核心是企业家，企业家的灵魂则是企业家创新精神。

狭义的企业家创新精神是指帮助企业取得颠覆式创新的力量，包含新技术、新材料、新产品、新市场、新管理模式五种创新，属于领先世界的革命性创新。其实达到这种标准的企业家少之又少，由于发展阶段不同和研发条件差异，领先创新大部分只在发达国家出现，而广大发展中国家既缺乏投资能力、也没必要投入巨资研究这种创新，发挥后来者优势才是快速缩短差距的捷径。

更广义的企业家精神，首先包含了承担风险，挑战不确定性，敢于创业，直面市场竞争；其次应致力于选择符合所在经济体要素禀赋比较优势的产业创办企业，风险最小化，让企业拥有自生能力，力争创业成功；最后是发挥后来者优势，学习标杆企业做大规模，因地制宜地通过模仿式、组合式、应用式创新适应本土市场特点做大做强，这是不断超越自身的"纵向创新"，是企业发展过程中快速进步，加速缩短与领先者差距的最佳路径。

这种更广义的企业家精神是对那些勇于挑战、敢担风险、不怕失败的创业者们的公平评价，也是对不断进取、力争赶超的优秀企业家群体的客观肯定，当然还包括对那些少数成为世界领先企业的杰出企业家的高度认可和赞扬。

认同这种广义的企业家精神定义之后，我们就可以理解，有些国有企业的领导者虽然只是管理者，但是具有企业家精神，能推动企业与时俱进地改革，在保障国家战略型产业安全的同时，也推动国企生产效率的不断提升。

除了企业家精神外，企业家才能的高低也是一个很难剖析的问题，目前更多的是以企业家成就的高低论英雄。由此我们可以将优秀企业家理解为一种稀缺的人力资源，他们所拥有的才能难以培训，也没有办法随着血缘关系传承下去，更多的是通过市场竞争机制筛选出来。企业从无到有，从小到大，从简单到复杂，包括在失去后来者优势后必然面对的横向领先性创新，在不同阶段都彰显着企业家精神的稀缺和宝贵。

建立保护企业家和有利于企业家精神发挥的制度环境是中国企业家群体不断壮大的保障，是中国企业由大变强的重要支撑，因此中国产业转型升级临界点的到来既是要素禀赋结构变迁的需要，也是企业家创新精神的时代召唤。

改革开放四十多年来，中国经济的高速发展令世界瞩目，无数的创业者乘着改革开放的东风大施拳脚，有的一飞冲天，有的急流勇退，有的销声匿迹，但是长江之水不会倒流，时代的发展机遇造就了不同时代的企业家，每个时代的机遇是相似的，但敢于承担风险，挑战不确定性的创业者永远是少数人，因此除了"个人奋斗"和"历史的机遇"外，勇于挑战、敢担风险、不断创新、不怕失败的企业家精神才是推动企业家们不断前行的"看不见的手"。

四、中国供给侧比较优势

中国属于后发国家，历经几代仁人志士的探索，走上了正确开启工业化进程的道路，但前人留下的宝贵探索经验和教训，应该继续照亮中国强国富民的工业化进程。

当今世界处于百年未有之大变局，先发的工业化强国对世界的影响力在逐渐下降，新兴的工业化国家和发展中国家在全球产业化转移过程中对世界的影响力不断提升，中国是最重要的新兴工业化国家，发展至今已形成巨大的比较优势和竞争优势。中国如何发掘自身的比较优势，继续按照正确的工业化路径推进产业持续转型升级，这需要有为政府发挥因势利导的作用，更需要中国企业家发挥积极创新精神，通过无数中国企业的做大、做强、做优，实现中国产业的持续转型升级。

中国目前是全球唯一拥有全部工业门类的国家，中国工业增加值从1952年的120亿元增加到2018年的30多万亿元，按不变价格计算增长约971倍，年均增长11%。根据世界银行数据，2010年中国制造业增加值超过美国成为第一制造业大国。2018年，中国制造业增加值占全世界的份额达28%以上，成为驱动全球工业增长的重要引擎。中国高度重视工业体系的建设，从第一个五年计划开始就把有限的资源重点投向工业部门，为此后的工业化发展奠定了坚实的基础。经过70年的发展，中国成为全世界唯一拥有联合国产业分类当中全部工业门类的国家，在世界500多种主要工业产品当中，有220多种工业产品中国的产量占居全球第一。[一]

这是基于中国的超大人口规模和自力更生的工业化发展路径所决定的，中国在改革开放后采取了渐进式双轨制改革，保护了曾经不具备比较优势的重化工业资产和技术储备，逐步积累形成了如今巨大的产业比

[一] 人民日报海外版.中国成为唯一拥有全部工业门类国家[EB/OL].(2019-09-21)[2022-11-16].http://www.gov.cn/xinwen/2019-09/21/content_5431829.htm.

较优势。这种比较优势体现在企业竞争上很容易转化为制造成本的竞争优势，并可在很短时间内高效完成产品零部件的配套和产品研发设计的推出。

中国工业化进程发展至今，国家战略型、追赶型、转进型、领先型、换道超车型五大产业类型齐全，并且领先型产业越来越多。除极少数国家战略安全型产业外，中国绝大部分产业已具备了自生能力，部分产业已具备了全球竞争力，少数产业已具备了核心竞争力。

由于中国具有工业门类齐全的优势，加之中国政府在铁路、公路、航空、海运、通信等基础设施配套的超前建设，中国的产品供应链效率也在持续提升，接近世界一流水准，使中国制造业不仅在生产成本上趋于最优，也在交易成本方面不断优化。目前中国已在产品制造、网络支付、物流供应等部分领域处于世界领先地位。基于中国全部工业门类和要素禀赋结构变迁及其比较优势演变，中国企业的竞争优势也在持续提升和积累中，中国不仅有五大产业类型，也保留了劳动密集型、资本密集型、技术密集型等多种企业类型，因此在出口导向、国内消费、投资拉动三方面依然具备很强的全球竞争优势和竞争能力。

五、需求侧超大市场规模效应优势

需求侧代表国内外市场总和，从国际市场看，中国产品依然具有不断增长的市场潜力，而且产品种类从低端向中高端不断丰富，"世界工厂"是中国制造业的美誉，实至名归。从国内市场看，中国有14亿人口规模，比目前全世界发达国家人口总数还多，其市场规模总量还在不断增长中。同时中国依然在推动城市化进程，每年约有超过总人口1%的农业人口进入城市工作生活,他们既成为工业化劳动力供给侧的组成部分,同时也转化为国内市场规模的有效增长来源部分。

截至2021年底,中国城市化率达到64.7%,城市常住人口已超过9亿人,上海、北京、天津、重庆、广东、江苏、浙江七个省级行政区域城市化率已超过70%,每年预计仍以超过1%的增速助力城市化进程。人们进入城市后吃穿住行都要消费,转化为有效市场的组成部分,国内市场规模便会不断扩大,而传统农业自给自足的生产生活方式,人口既无法成为工业化或城市服务业从事专业化分工的有效劳动力,获得工资报酬,也无法转化成市场消费的有效组成部分。

同时,先发工业国的历史经验证明城市化率在超过70%后,农业人口人均拥有的土地数量将达到临界点,农业现代化将会逐步全面展开,即分散低效率的小农经济模式必然向分工协作的农业工业化合作经济体转化,农业人口也会成为机械化生产的农场主或者农业工人,从事专业化分工和机械化劳动。农业人均生产效率不断提升,收入持续增长,农业现代化推动新农村建设,农业人口也将转化为有效市场的组成部分。

这就是中国超大人口规模市场需求侧的最大优势,而且中国仍在城市化率提升和农业现代化的进程中,因此实现国内国际双循环是现实可行的。目前中国政府在完成精准扶贫后,助力扩大内需的同时,进一步推动市场,不仅推动中国商品、资本、一般劳动力的自由流动,而且推动能源、技术、信息和人才的自由流动,保障市场需求侧要素的高效运转。中国大规模基础设施配套和房地产投资高峰已过去,但是城市的精细化公共设施和服务配套,以及新基建投资等仍有巨大的市场空间可供挖掘发展。

另外,面对中国工业化和城市化进程的推进,对能源需求的持续提升，本着对人类发展和地球环境保护的责任，中国政府积极参与全球气象大会，制定"双碳"目标，新能源绿色产业投资规模增长潜力巨大。

为了促进发展中国家的合作共赢，助力工业化转型，中国提出了建立"人类命运共同体"，实施"一带一路"倡议，推动"南南合作"，不仅把中国产品推销出去，也把中国的适用于发展中国家的工业化技术推广到其他发展中国家，致力于全世界人民共同脱贫致富，推动全球市场规模的持续扩大。

目前中国的第三产业占比刚超过50%，与发达国家第三产业占比70%以上相比仍有巨大的发展空间，文化、旅游、教育、医疗、养老等很多第三产业尚处于初级阶段，仍有巨大的增长潜力。

总结与思考

本篇主要介绍了企业自生能力理论的主要逻辑、分析框架,还有企业分类以及不同类型企业崛起的工业化进程与产业迭起的历史背景。比较详细地分析了企业自生能力、竞争能力和核心竞争力这三种能力,以及对应的三种利润来源与形成逻辑。

笔者选择了三个企业转型发展的成功案例,运用新结构经济学企业自生能力分析框架逐一分析企业的发展历程,从中可以看到,任何企业在创业阶段都必须要符合所在经济体的要素禀赋结构比较优势,拥有企业自生能力,获得产业平均利润,才能成功立足;进而明确企业产品或产业发展方向,力争做大企业规模,获取产业规模效应的超额利润,加速资本积累;然后要在技术进步研发创新方面舍得持续投入,形成企业的技术领先优势和技术知识产权积累,打造企业的核心竞争力,获得合理的技术"垄断"利润,成为领先型企业。

通过分析韩国三星集团,我们可以站在第三者视角看到三星集团从无到有、从小到大、从弱到强的不断转型升级的发展历程。首先,把握住产业发展的历史机遇,从事符合比较优势的行业;其次,要因地制宜、因时制宜、因结构制宜,明确企业发展方向;再次,企业发展离不开有效市场,也离不开有为政府,政府通过产业政策扶持本国企业发展既是中国,也是东亚经济体成功的原因之一;最后,任何一个经济发展阶段企业家面临的机会是相似的,但结果的千差万别则同企业家精神和才能的差别有关,企业家群体中平凡者比比皆是,具有产业领军者能力的优秀企业家则寥寥无几。

通过分析比亚迪和福耀玻璃两家中国企业案例,也让我们近距离看到熟悉的企业家如何因时而变,不断创造企业转型发展奇迹的内在逻辑。他们同样遵循了企业转型发展的规律,创业阶段拥有企业自生能力,通过专注于一个产业做大规模,发展出企业竞争能力,进而通过持续技术研发创新打造出企业核心竞争力,成为产业领军企业。

这样的企业案例在中国比比皆是,遍布于各行各业,这些企业的发展路径可能各有特色,但其发展的内在经济学逻辑是相同的,这些企业既是中国工业化进程的产物,也是中国产业持续发展的核心力量,而这些企业的领导力量则来源于企业家精神的发挥。

本篇的最后,笔者试图探讨中国的企业家精神与新征程。改革开放四十多年,市场经济大潮波涛起伏,创业者和企业家层出不穷,成长为中国市场经济的核心力量,推动中国民营企业从无到有、从小到大、从弱到强、从国内市场走向国际市场。他们背景不同,创业历程千差万别,在中国工业化进程的不同阶段陆续登场,推动了中国产业的转型升级,助推中国民营企业全面崛起。

　　中国用四十多年的时间走过了先发工业化国家百年以上的历程，而我们有幸在一代人的时间里亲历了中国"百年未有之大变局"中最精彩的部分。企业是推动产业转型升级的主力，企业的核心是企业家，企业家的灵魂是企业家创新精神。

　　时代的发展机遇造就了不同的企业家，机遇是平等的，但是敢于承担风险，挑战不确定性的创业者永远是少数人。勇于挑战、敢担风险、不断创新、不怕失败的精神才是推动企业家们不断前行的"看不见的手"。

参 考 文 献

[1] 曹树基.1959～1961年中国的人口死亡及其成因[J].中国人口科学,2005(1):16-30;97.

[2] 陈登科,陈诗一.资本劳动相对价格、替代弹性与劳动收入份额[J].世界经济,2018,41(12):73-97.

[3] 陈吉元,胡必亮.中国的三元经济结构与农业剩余劳动力转移[J].经济研究,1994(4):14-22.

[4] 陈其林.90年代后期中国经济特区的产业结构和产业政策[J].经济学家,1995(5):70-77;128.

[5] 贝尔.后工业社会的来临:对社会预测的一项探索[M].高铦,等译.北京:新华出版社,1997.

[6] 何顺果.人类正面临从未有过的变化——论高科技革命的世界历史意义[J].世界历史,1999(3):3-13;128.

[7] 金戈.中国基础设施资本存量估算[J].经济研究,2012,47(4):4-14;100.

[8] 李克强.论我国经济的三元结构[J].中国社会科学,1991(3):65-82.

[9] 林毅夫.李约瑟之谜、韦伯疑问和中国的奇迹——自宋以来的长期经济发展[J].北京大学学报(哲学社会科学版),2007(4):5-22.

[10] 林毅夫.繁荣的求索:发展中经济如何崛起[M].张建华,译.北京:北京大学出版社,2012.

[11] 林毅夫，王燕，董熙君，等. 重新审视发展融资及开发银行：耐心资本作为比较优势 [J]. 中国金融学，2018(1)：1-26.

[12] 林毅夫，赵秋运. 关于"一带一路"与中非产能合作的建议 [Z]. 国务院参事室智库政策.

[13] 林志帆，赵秋运. 金融抑制会导致劳动收入份额下降吗？——来自世界银行2012年中国企业调查数据的经验证据 [J]. 中国经济问题，2015(6)：49-59.

[14] 罗长远. 比较优势、要素流动性与劳动收入占比：对工业部门的一个数值模拟 [J]. 世界经济文汇，2011(5)：35-49.

[15] 王丽莉，文一. 中国能跨越中等收入陷阱吗？——基于工业化路径的跨国比较 [J]. 经济评论，2017(3)：31-69.

[16] 魏下海，董志强，赵秋运. 人口年龄结构变化与劳动收入份额：理论与经验研究 [J]. 南开经济研究，2012(2)：100-119.

[17] 文一. 伟大的中国工业革命："发展政治经济学"一般原理批判纲要 [M]. 北京：清华大学出版社.

[18] 吴季松. 知识经济 [M]. 北京：北京科学技术出版社，1998.

[19] 张建武，王茜，林志帆，等. 金融抑制与劳动收入份额关系研究 [J]. 中国人口科学，2014(5)：47-56；127.

[20] 张建武，赵秋运，黄仟. 对国内劳动收入份额下降的共识、分歧及未来走向的新发现 [J]. 中国社会科学院研究生院学报，2013(5)：68-72.

[21] 张军，吴桂英，张吉鹏. 中国省际物质资本存量估算：1952—2000[J]. 经济研究，2004(10)：35-44.

[22] 张军，章元. 对中国资本存量K的再估计 [J]. 经济研究，2003(7)：35-43；90.

[23] 张毅，张颂颂. 中国乡镇企业简史 [M]. 北京：中国农业出版社，2001.

[24] 赵秋运，李成明，胡巧玉. 地方政府干预与劳动收入份额：基于分税制的视角 [J]. 经济理论与经济管理，2017(12)：36-46.

[25] 赵秋运，林志帆. "欲速则不达"：金融抑制、产业结构扭曲与"中等收入陷阱" [J]. 经济评论，2015(3)：17-30.

参考文献

[26] 赵秋运，王勇. 新结构经济学的理论溯源与进展——庆祝林毅夫教授回国从教30周年 [J]. 财经研究，2018，44(9)：4-40.

[27] 赵秋运，魏下海，张建武. 国际贸易、工资刚性和劳动收入份额 [J]. 南开经济研究，2012(4)：37-52.

[28] 赵秋运，张建武. 中国劳动收入份额的变化趋势及其驱动机制新解——基于国际贸易和最低工资的视角 [J]. 金融研究，2013(12)：44-56.

[29] 中国铁道学会，中国铁道学会铁道知识杂志社，北京中资在线信息技术中心. 新中国铁路60年 [M]. 北京：中国财政经济出版社，2010.

[30] 曾智华. 解读"中国奇迹"经济特区和产业集群的成功与挑战 [M]. 北京：中信出版社，2011.

[31] 中国汽车工业协会. 中国汽车发展战略研究：缩略版 .[M]. 北京：机械工业出版社，2012.

[32] 中国汽车技术研究中心，日产(中国)投资有限公司，东风汽车有限公司. 中国新能源汽车产业发展报告：2017 [M]. 北京：社会科学文献出版社，2017.

[33] 中国汽车技术研究中心，日产(中国)投资有限公司，东风汽车有限公司. 中国新能源汽车产业发展报告：2018[M]. 北京：社会科学文献出版社，2018.

[34] 何虎. 中国汽车产业 SCP 分析及对策研究 [D]. 青岛：中国石油大学（华东），2015.

[35] 关云平. 中国汽车工业的早期发展：1920～1978 [M]. 上海：上海人民出版社，2015.

[36] 关云平. 计划经济时代中国汽车工业的产品研发——以一汽为中心 [J]. 近代史学刊，2018(1)：171-183.

[37] 刘世恺，刘宏. 汽车百年史话 [M].2 版. 北京：人民交通出版社，2005.

[38] 刘宗巍，史天泽，郝瀚，等. 中国汽车技术的现状、发展需求与未来方向 [J]. 汽车技术，2017(1)：1-6；47.

[39] 刘思瑞. 美国汽车产业的进步与竞争新动向 [J]. 中外科技信息，2001(2)：31-33.

[40] 刘雨锟.中国汽车"山寨时代"末路[EB/OL].(2019-06-17)[2019-12-27].http://weekly.caixin.com/2019-06-15/101427242.html.

[41] 史自力.美、日、欧、中汽车产业技术创新比较研究[D].长春：吉林大学，2008.

[42] 史容.汽车产业国际竞争力评价研究[D].天津：天津大学，2010.

[43] 叶根楼.加入WTO对上汽集团的影响和对策建议[J].上海汽车，2000(4)：6-9；27.

[44] 吴敬琏.当代中国经济改革教程[M].上海：上海远东出版社，2010.

[45] 国务院发展研究中心产业经济研究部，中国汽车工程学会，大众汽车集团（中国）.中国汽车产业发展报告：2015[M].北京：社会科学文献出版社，2015.

[46] 国务院发展研究中心产业经济研究部，中国汽车工程学会，大众汽车集团（中国）.中国汽车产业发展报告：2018 新时代的新能源汽车产业发展战略[M].北京：社会科学文献出版社，2018.

[47] 国务院发展研究中心产业经济研究部，中国汽车工程学会，大众汽车集团（中国）.中国汽车产业发展报告：2011 [M].北京：社会科学文献出版社，2011.

[48] 威廉姆森.反托拉斯经济学——兼并、协约和策略行为[M].张群群，黄涛，译.北京：经济科学出版社，1999.

[49] 安海彦.我国新能源汽车产业政策解读及对策建议[J].科技管理研究，2012，32(10)：29-32；41.

[50] 张平，胡安荣.我国电动汽车产业发展路线图研究[J].现代经济探讨，2012(10)：28-32.

[51] 德姆塞茨.所有权、控制与企业——论经济活动的组织[M].段毅才，等译.北京：经济科学出版社，1999.

[52] 施蒂格勒.产业组织和政府管制[M].潘振民，译.上海：上海三联书店，1989.

[53] 曾耀明，史忠良.中外新能源汽车产业政策对比分析[J].企业经济，2011(2)：107-109.

[54] 杨兵，何跃.汽车——拉动日本经济的第一引擎[J].辽宁经济，2014(12)：34-37.

[55] 林毅夫.产业政策与我国经济的发展：新结构经济学的视角 [J].复旦学报（社会科学版），2017，59(2)：148-153.

[56] 林毅夫，蔡昉，李周.中国的奇迹：发展战略与经济改革：增订版 [M].上海：格致出版社，2014.

[57] 张世贵.新结构经济学在新中国的创立及其理论创新——访北京大学新结构经济研究院院长林毅夫教授 [J].行政管理改革，2019(5)：12-20.

[58] 沈志华.苏联专家在中国：1948—1960[M].北京：新华出版社，2009.

[59] 泰勒尔.产业组织理论 [M].张维迎，等译.北京：中国人民大学出版社，1997.

[60] 王宏雁，刘忠铁，边云峰.由国际竞争力看我国的汽车工业 [J].汽车研究与开发，1994(6)：9-13.

[61] 云游看天下.德国汽车工业百年发展史 [EB/OL].(2017-07-14)[2019-12-27]. http://www.360doc.com/content/17/0714/19/30458787_671360705.shtml.

[62] 王莹.不同向度下的中国汽车产业社会史时期划分 [D].沈阳：东北大学，2010.

[63] 中华人民共和国科学技术部."十五"电动汽车重大科技专项通过验收 [EB/OL].(2006-02-20)[2022-02-27].https://www.most.gov.cn/kjbgz/200602/t20060219_28821.html.

[64] 路跃兵，蒋学伟，任荣伟.中国汽车产业成长战略 [M].北京：清华大学出版社，2014.

[65] 中国汽车技术研究中心.节能与新能源汽车发展报告：2017 [M].北京：人民邮电出版社，2017.

[66] 郭克莎.汽车产业对经济发展的带动作用 [J].财经问题研究，2001(9)：3-8.

[67] 金明善.战后日本产业政策 [M].北京：航空工业出版社，1988.

[68] 陈军，成金华，付宏.中国汽车产业：SCP 范式的分析 [J].产业经济研究，2004(6)：14-20；59.

[69] 陈清泰.汽车产业和汽车社会：一个汽车人的思考 [M].北京：中信出版社，2014.

[70] 雅慈.沃尔夫冈·艾格真的会给比亚迪带来新的王朝吗?[EB/OL]. (2017-04-28)

[2019-12-27].http://www.sohu.com/a/137012577_204890.

[71] 颜光明，钱蕾，王从军. 中国汽车四十年 [M]. 上海：上海交通大学出版社，2018.

[72] 颜炳祥. 中国汽车产业集群理论及实证的研究 [D]. 上海：上海交通大学，2008.

[73] 中华人民共和国国家能源局. 关于组织开展新能源汽车产业技术创新工程的通知 [EB/OL].(2012-09-20)[2022-02-20].http://www.nea.gov.cn/2012-10/16/c_131908404.htm.

[74] 中华人民共和国科学技术部. 关于"十三五"新能源汽车充电基础设施奖励政策及加强新能源汽车推广应用的通知 [EB/OL].(2016-01-20)[2022-02-20].https://www.most.gov.cn/tztg/201601/t20160120_123772.html.

[75] 蔡玳燕. 永恒的经典：德国汽车文化掠影 [M]. 北京：机械工业出版社，2008.

后　　记

　　1776年，世界上发生了三个重要的历史事件，瓦特改良了蒸汽机并用于工业化生产，美国发表了《独立宣言》，亚当·斯密出版了《国富论》。近250年的时光过去，瓦特改良的蒸汽机成为人类工业革命的标志性成就；美国成长为强大的现代化工业国家；亚当·斯密的《国富论》则催生了现代社会科学的经济学理论体系。

　　中国工业化进程艰难曲折，历经多代仁人志士试错探索，终于正确开启了中国工业化进程的独特道路，在渐进式双轨制的改革开放中保护了前三十年重化工产业的资本和技术积累，补充了劳动密集型轻工业的缺失，再次推动了资本密集型重化工业的起飞，并进入技术密集型的高端制造业赶超阶段。中国重新屹立于世界舞台，成为第二大经济体，并借人口规模效应形成赶超之势，产业转型升级和技术进步速度加快，引发了世界各国的关注。

工业革命发展至今，完成工业化进程的经济体有30多个，加上部分高收入的非工业化国家，总人口约11亿，英国是第一个完成工业化进程的国家，其他国家都是在学习模仿英国的基础上陆续完成工业化进程的，模仿先进国家既不可耻，也不可怕，是虚心学习、快速进步的捷径，这是后发国家的后来者优势，有效利用可以加速缩短与先发国家的差距。

目前人口最多的工业强国是美国，还有日本、德国、法国、英国、韩国和意大利等，这些国家完成工业化进程的路径各有特点，而共同之处则是按照要素禀赋结构比较优势变迁规律依次启动轻工业、发展重化工业、赶超高端制造业，同时带动城市化进程和大众教育进步，互为支撑。

中国工业化进程遵循了普遍规律，但也有自己的独特路径，这种独特性导致西方国家普遍不看好中国，并多次抛出了不同版本的所谓"中国崩溃论"。但改革开放四十多年过去，蓦然回首，中国已到了工业化进程的最后冲刺阶段。

中国城市化进程正常推进，2021年城市化率为64.7%，预计城市化率仍以每年1%以上的增速转化，预计于2030年前超过70%，完成城市化进程，并全面推动最后一个现代化，即农业现代化，推动农民收入快速增长，实现城乡收入差距的逐步平衡。

本书先后从宏观层面中国工业化进程、中观层面产业转型升级、微观层面中国企业发展壮大，分上、中、下三篇共十章做了系统分析。透过现象看本质，找寻这些现象背后的因果逻辑，这就是本书从宏观国家经济发展到中观产业转型升级，再到微观企业诞生发展的研究分析原则。

经济学研究首先面临效率与公平二者之间的对立统一矛盾，其次研究发现经济发展的周期性规律，明确事物发展是螺旋式上升、波浪式前

后　　记

进的。所谓临界点实际就是在量变积累到一定程度时的质变突破点，中国已跨越了劳动密集型的轻工业向资本密集型的重化工产业转型的第一次临界点，目前走到了产业从大到强的资本密集型的重化工产业向技术密集型的高端制造业转型升级的第二个临界点。笔者坚信中国政府必能发挥有为作用，中国的企业和企业家们必能发挥创新精神，成功跨越第二个临界点，实现产业转型升级，推动中国完成工业化进程，成为工业化强国。

回顾历史可以更好地展望未来，中国工业化进程也是流血、流泪和流汗的艰苦历程，中国依靠自力更生和自我牺牲，在艰苦奋斗的积累中和平崛起。蓦然回首，中国改革开放四十多年的发展已远超人们当初最乐观的预测，新一代中国青年的民族自信心也逐步建立起来。

展望未来，中国产业转型升级到了二次质变的临界点，中国城市化进程也即将完成，中国工业化进程不会停下发展的脚步，坚信在2030年前，中国的城市化进程必将完成。中国经济的发展大趋势无可阻挡。

虽然中国未来会面临多种挑战和不确定因素，但是随着中国经济实力不可阻挡的崛起，持续发展壮大，中国科技水平必然会持续进步，中国产业转型升级的步伐不会停止。经济基础决定上层建筑，基于农业经济的中华文明曾为世界做出了重要贡献，中国曾落后于工业化时代，但随着中国工业化进程的完成与赶超，基于中国超大规模优势和强大的经济基础，以及尊师重教的文明传统，随着高等教育的普及和各种高精尖人才的积累，中国必将再次对世界现代化文明的进步做出不可或缺的重要贡献。